Som

Avec ce guide
voici les
Cartes Michelin
qu'il vous faut :

Ch. Ar. 1

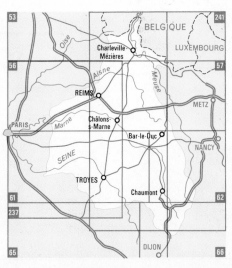

PRINCIPALES CURIOSITÉS

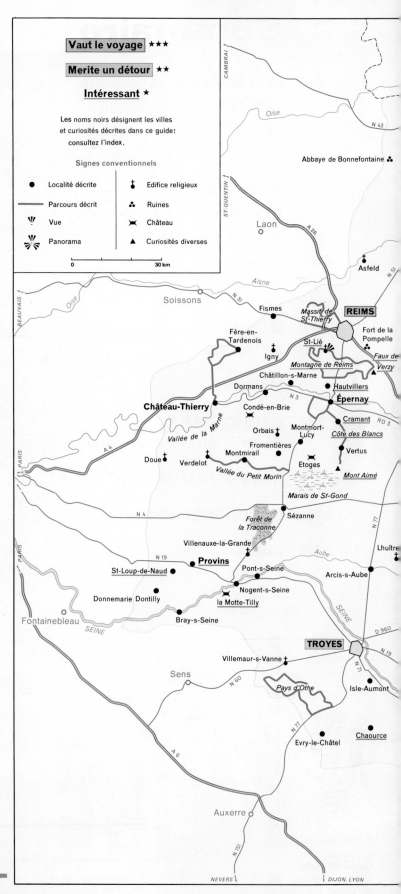

Vaut le voyage ★★★

Merite un détour ★★

Intéressant ★

Les noms noirs désignent les villes
et curiosités décrites dans ce guide:
consultez l'index.

Signes conventionnels

● Localité décrite
— Parcours décrit
Ⱳ Vue
Ⱳ Panorama

✝ Edifice religieux
⁂ Ruines
⋈ Château
▲ Curiosités diverses

0   30 km

CAMBRAI

Oise
N 43

ST-QUENTIN

Abbaye de Bonnefontaine ⁂

Laon

Asfeld
N 51

BEAUVAIS

Oise

Aisne

Soissons
N 31

Fismes

Massif de
St-Thierry

REIMS

Fort de la
Pompelle

Fère-en-
Tardenois

St-Lié
Ⱳ

Faux de
Verzy

Igny

Montagne de Reims
▲

Châtillon-s-Marne

Dormans   Hautvillers

Épernay

Château-Thierry

N 3

Condé-en-Brie

Cramant

Vallée de la Marne

Orbais   Montmort-
Lucy

Côte des Blancs

Fromentières   Vertus

Doue   Verdelot

Montmirail

Etoges

Mont Aimé
▲

Vallée du Petit Morin

Marais de St-Gond

N 4

Forêt de
la Traconne

Sézanne

N 77

Aube

Lhuître

Villenauxe-la-Grande

PARIS

N 19

Provins

Pont-s-Seine

Arcis-s-Aube

St-Loup-de-Naud

Nogent-s-Seine

la Motte-Tilly

SEINE

Donnemarie Dontilly

Bray-s-Seine

Fontainebleau   SEINE

D 960

TROYES

N 19

N 71

Villemaur-s-Vanne

Sens

N 60

Pays d'Othe

Isle-Aumont

N 77

Evry-le-Châtel

Chaource

A 6

Auxerre

N 151

NEVERS   DIJON, LYON

4

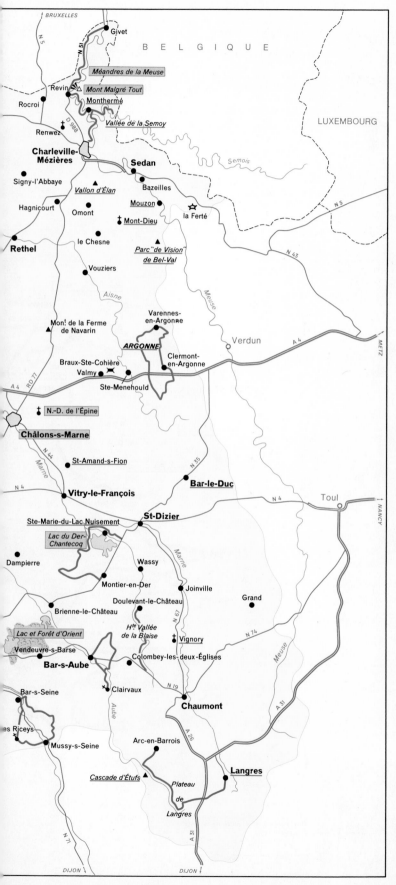

ITINÉRAIRES DE VISITE RÉGIONAUX

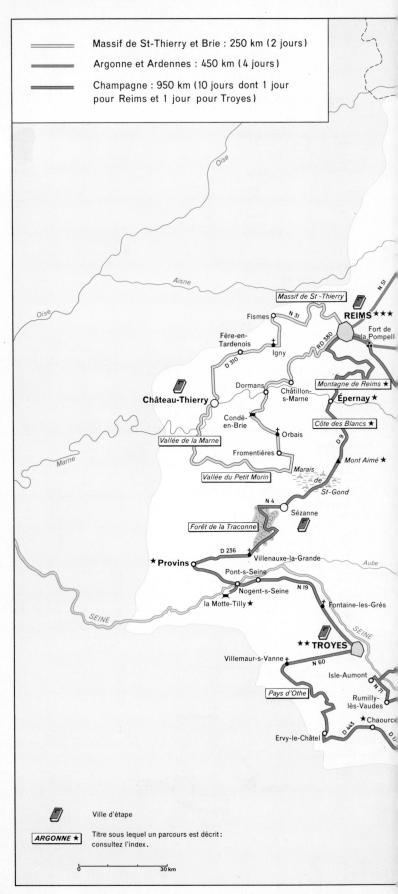

Massif de St-Thierry et Brie : 250 km (2 jours)

Argonne et Ardennes : 450 km (4 jours)

Champagne : 950 km (10 jours dont 1 jour pour Reims et 1 jour pour Troyes)

Oise

Aisne

Oise

Marne

Massif de St-Thierry

N 51

Fismes   N 31   REIMS ★★★

Fère-en-Tardenois   Fort de la Pompell

✝   Igny

RD 380

Dormans   Châtillon-s-Marne   Montagne de Reims ★

Château-Thierry   Épernay ★

Condé-en-Brie   Orbais   Côte des Blancs ★

D 9

Vallée de la Marne   Fromentières   Mont Aimé ★

Marais de St-Gond

Vallée du Petit Morin

N 4   Sézanne

Forêt de la Traconne

D 236   ✝   Villenauxe-la-Grande   Aube

★ Provins   Pont-s-Seine   N 19

Nogent-s-Seine   Fontaine-les-Grès ✝

la Motte-Tilly ★   SEINE

SEINE

★★ TROYES

Villemaur-s-Vanne ✝   N 60   Isle-Aumont   N 7

Pays d'Othe   Rumilly-lès-Vaudes

★ Chaource

Ervy-le-Châtel   D 443   D 11

Ville d'étape

ARGONNE ★   Titre sous lequel un parcours est décrit : consultez l'index.

0   30 km

6

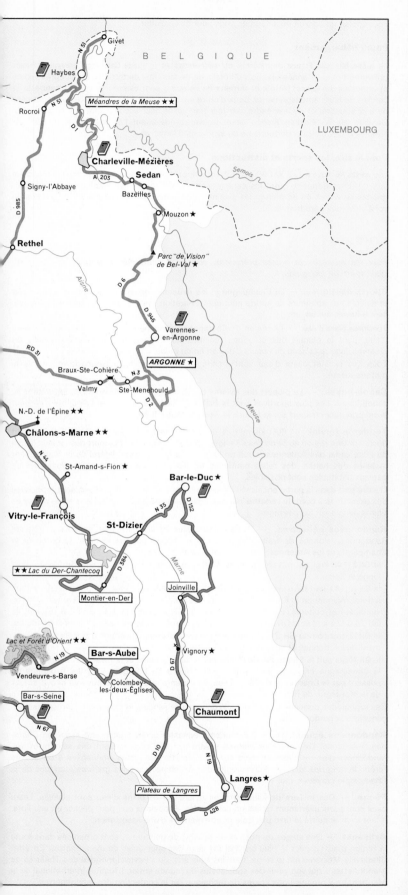

Givet

BELGIQUE

N 51

Haybes

Méandres de la Meuse ★★

LUXEMBOURG

Rocroi N 51

D 1

Semois

Charleville-Mézières

D 985

A 203

Sedan

Signy-l'Abbaye

Bazeilles

Mouzon ★

Rethel

Parc "de Vision"
de Bel-Val ★

Aisne

D 6

D 946

Varennes-
en-Argonne

RD 31

ARGONNE ★

Braux-Ste-Cohière

N 3

Valmy

Ste-Menehould

D 2

N.-D. de l'Épine ★★

Meuse

Châlons-s-Marne ★★

N 44

St-Amand-s-Fion ★

Bar-le-Duc ★

N 35

D 152

Vitry-le-François

St-Dizier

D 384

Marne

★★ Lac du Der-Chantecoq

Joinville

Montier-en-Der

Lac et Forêt d'Orient ★★

N 19

Bar-s-Aube

D 67

Vignory ★

Vendeuvre-s-Barse

Colombey-
les-deux-Églises

Bar-s-Seine

Chaumont

N 67

D 10

N 19

Langres ★

Plateau de Langres

D 428

LIEUX DE SÉJOUR

Pour choisir un endroit où séjourner, vous pourrez consulter :

Pour l'hébergement

Le **guide Michelin France** des hôtels et restaurants et le **guide Camping Caravaning France** présentent chaque année un choix d'hôtels, de restaurants, de terrains, établi après visites et enquêtes sur place. Hôtels et terrains de camping sont classés suivant la nature et le confort de leurs aménagements. Ceux d'entre eux qui sortent de l'ordinaire par l'agrément de leur situation et de leur cadre, par leur tranquillité, leur accueil, sont mis en évidence. Dans le guide Michelin France, vous trouverez également l'adresse et le numéro de téléphone des bureaux de tourisme ou syndicats d'initiative.

Pour le site, les sports et distractions

Les **cartes Michelin** à 1/200 000 permettent d'apprécier d'un simple coup d'œil le site de la localité. Elles donnent, outre les caractéristiques des routes, les emplacements des baignades en rivière ou en étang, des piscines, des golfs, des hippodromes, des terrains de vol à voile, des aérodromes…

LOISIRS

Pour les adresses et autres précisions, voir le chapitre des « Renseignements pratiques » en fin de guide.

Sports nautiques. — La Champagne et les Ardennes offrent de nombreux plans d'eau et rivières aux amateurs de sports nautiques : natation, voile, planche à voile, ski nautique, canoë-kayak, aviron, etc.

Principaux plans d'eau. — La région de Champagne-Ardenne est très riche en lacs et plans d'eau, pour la plupart des créations récentes dont la vocation première est celle de réservoir *(voir le tableau des plans d'eau en fin de guide)*.
Tous ces lacs et plans d'eau sont aménagés pour la voile, la baignade et parfois le motonautisme.

Canoë-kayak. — La plupart des rivières de Champagne et des Ardennes se prêtent au canoë-kayak. Les plus sportives sont la Blaise, la Saulx, le Rognon et l'Aire, mais on peut aussi pratiquer ce sport sur la Meuse (à Sedan), l'Aube, la Marne.

Tourisme fluvial. — 600 kilomètres de voies navigables s'offrent à ceux qui aiment découvrir une région au fil de l'eau. Le long de ces voies, pour la plupart des canaux (canal de l'Est, canal des Ardennes, canal de l'Aisne à la Marne, canal latéral de la Marne) sont installés des haltes, des relais nautiques et des ports de plaisance. Des locations de bateaux habitables sont possibles.
D'autre part dans la partie encaissée de la Meuse, entre Charleville et Givet, sont proposées des excursions à bord de vedettes panoramiques avec passage des écluses et de superbes points de vue sur les paysages.

Randonnées pédestres. — Plusieurs centaines de kilomètres de sentiers de Grande Randonnée, jalonnés de traits blancs et rouges horizontaux permettent de parcourir la Champagne et les Ardennes. Les principaux sentiers sont :
- le GR 2 (148 km) qui traverse le Pays d'Othe, aux pittoresques paysages vallonnés, puis longe la Seine.
- le **GR 24** (141 km) formant une boucle au départ de Bar-sur-Seine, en passant par le Parc naturel régional de la Forêt d'Orient, le Barsuraubois et le Barséquanais à travers forêts, vignobles et cultures. Plusieurs variantes : le GR 24 A (50 km), le GR 24 B (57 km), le GR 24 C (24 km) et le GR 24 D, permettent d'approfondir la connaissance de cette région.
- le **GR 12,** tronçon du GR 3 européen (Atlantique-Bohême), qui coupe à travers le département des Ardennes et se poursuit vers l'Ardenne belge.
- le **GR 14** qui suit la Montagne de Reims parmi les vignobles et la forêt puis continue dans la Champagne crayeuse jusqu'à Bar-le-Duc avant de bifurquer vers les Ardennes en passant par la Chartreuse du Mont-Dieu. Sa variante le GR 141 propose un circuit autour de la Montagne de Reims.
Des topoguides donnent le tracé détaillé de tous ces sentiers et procurent d'indispensables conseils aux randonneurs.

Randonnées équestres. — Le tourisme équestre connaît un grand essor en Champagne-Ardenne. De nombreux centres y sont installés et proposent des séjours et des randonnées d'un ou plusieurs jours sur les kilomètres de pistes aménagées à travers les forêts, le long des lacs, sur les hauteurs des Ardennes, dans les grandes étendues de la Champagne crayeuse, etc.

Pêche. — Des milliers de kilomètres de rivières et de plans d'eau sont classés. Leurs eaux sont particulièrement riches en salmonidés. Rappelons que pour pêcher en eau libre, il faut avoir acquitté la taxe piscicole et être membre d'une association.

Artisanat. — Des stages de poterie, de tissage, de peinture… sont organisés dans toute la région mais l'aspect le plus original est celui des spectacles de marionnettes. En effet Charleville-Mézières est le siège, tous les trois ans, du « Festival mondial des Théâtres de Marionnettes » qui voit venir des spécialistes du monde entier. L'Institut international de la Marionnette y organise des stages de technique sur la confection des marionnettes.

Introduction
au voyage

Entre l'Ile-de-France et la Lorraine s'étendent les vastes horizons de la Champagne venant buter sur le massif des Ardennes. Des vignobles du célèbre vin pétillant au quadrillage des cultures céréalières de la Champagne sèche, des profondes forêts de la Champagne humide aux sombres parois schisteuses de la vallée de la Meuse, cette région présente des aspects variés. Reims, Troyes, Châlons-sur-Marne, les trois grandes villes, regorgent de monuments remarquables, d'œuvres d'art au caractère bien champenois, mélange de gaieté légère et de finesse dont le symbole est le fameux Ange au sourire de la cathédrale de Reims.

(Photo P. Lorne/Explorer)

Paysage de la Champagne crayeuse.

Afin de donner à nos lecteurs l'information la plus récente possible, les Conditions de Visite des curiosités décrites dans ce guide ont été groupées en fin de volume.

Les curiosités soumises à des conditions de visite y sont énumérées soit sous le nom de la localité soit sous leur nom propre si elles sont isolées.

Dans la partie descriptive du guide, p. 39 à 124, le signe ⊙ placé en regard de la curiosité les signale au visiteur.

PHYSIONOMIE DU PAYS

LA FORMATION DU SOL

Ere primaire. — Début : il y a environ 600 millions d'années. A la fin de cette ère se produit un bouleversement formidable de l'écorce terrestre, le plissement hercynien, dont la forme en V apparaît en tireté sur la carte ci-dessous. Il fait surgir un certain nombre de hautes montagnes parmi lesquelles les Ardennes. Ce massif de roches schisteuses va être nivelé peu à peu par l'érosion.

Ere secondaire. — Début : il y a environ 200 millions d'années. Au milieu de l'ère secondaire, le socle ancien s'effondre et la mer envahit tout le Bassin Parisien devenu un vaste golfe : les sédiments (dépôts) calcaires s'accumulent, formant notamment la grande auréole crétacée (de craie) dont la Picardie et la Champagne dessinent le rebord.

Ere tertiaire. — Début : il y a environ 60 millions d'années. A l'époque tertiaire, par deux fois, mer et lacs occupent le Bassin Parisien, y déposant des sédiments calcaires et des sables. Sous l'effet du plissement alpin, la bordure orientale du bassin se soulève à la périphérie déterminant la célèbre « falaise de l'Ile-de-France », ligne de côtes incurvée de la Seine à l'Oise, dont l'abrupt, fortement marqué, est une des formes de relief les plus typiques de la région.

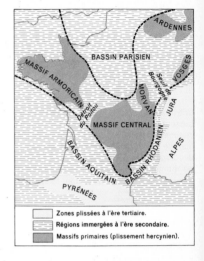

Zones plissées à l'ère tertiaire.
Régions immergées à l'ère secondaire.
Massifs primaires (plissement hercynien).

Ere quaternaire. — Début : il y a environ 2 millions d'années. C'est l'ère actuelle au cours de laquelle s'est développée l'humanité. Les effets de l'érosion achèvent de donner à la région sa physionomie actuelle.

LES PAYSAGES

Les Ardennes

Les Ardennes françaises ne sont qu'une petite partie d'un massif schisteux primaire qui s'étend surtout en Belgique. Enrobé de terrains secondaires et nivelé par l'érosion, ce massif atteint 502 m d'altitude à la Croix de Scaille sur la frontière franco-belge. Les Ardennes se présentent comme un plateau entaillé par la Meuse et la Semoy qui s'enfoncent en méandres au pied des pentes sombres couvertes de futaies de chênes, de forêts de feuillus et de conifères abritant sangliers et chevreuils. La vallée de la Meuse est jalonnée par les centres industriels essentiellement tournés vers la métallurgie : à Sedan (chaudronnerie et grosse tuberie), à Givet (cuivre), à Rocroi et Charleville-Mézières (aciérie et industrie automobile : Citroën), à Revin (équipement ménager). Les centrales nucléaires de Chooz et la centrale électrique de Revin fournissent l'énergie nécessaire à ces industries.

Au Sud du massif ardennais s'ouvre la **dépression subardennaise** aux terres grasses portant des cultures de céréales et des légumineuses ainsi que de beaux troupeaux de vaches et de chevaux de trait. Plus au Sud, bordé par l'Aisne, le **Rethelois** et le **Porcien** présentent une campagne bocagère, coupée de bois, de prés d'élevage et de vergers de pommiers.

La Champagne

La Champagne fait partie du Bassin Parisien, cette vaste cuvette dont les rebords extrêmes sont les massifs anciens des Ardennes, des Vosges, du Morvan, du Massif Central et de la Bretagne. Des auréoles de côtes de calcaire dur séparent le centre du bassin de ces massifs primaires. On peut comparer la configuration de cette région à une pile de plats emboîtés, l'ancienneté des plats diminuant avec leur taille.

La Champagne se compose donc d'une série d'auréoles concentriques et l'on trouve d'Ouest en Est : le plateau de Brie et du Tardenois, la Côte de l'Ile-de-France, la Champagne crayeuse, la Champagne humide et les rebords que sont l'Argonne, le Barrois, le Plateau de Langres et la Côte des Bars.

Des trois grandes villes champenoises, Châlons-sur-Marne est la seule située au cœur de la Champagne crayeuse, Troyes et Reims étant installées à ses lisières. Reims vit du négoce (le plus prestigieux étant celui du champagne) et d'industries diverses (métallurgie, textile, papeterie, alimentation, verrerie). Son université qui draine des étudiants de toute la région Champagne-Ardenne lui confère un rôle culturel important. Troyes, grand centre de la bonneterie française, a une vocation nettement plus industrielle tandis que Châlons-sur-Marne, préfecture du département de la Marne et capitale de la région Champagne-Ardenne assure avant tout une fonction administrative.

Le plateau de Brie et du Tardenois. — Ce vaste plateau drainé par de rares rivières, la Marne, les deux Morins et la Seine, est constitué d'une couche de marnes imperméables, qui entretient l'humidité, recouverte d'un revêtement de calcaire siliceux et de meulières. D'importantes exploitations se consacrent à la culture du blé et de la betterave à sucre.

Carte géologique
de la Champagne et des Ardennes

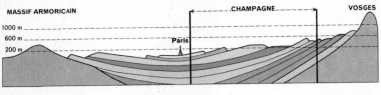

MASSIF ARMORICAIN

CHAMPAGNE

VOSGES

1000 m

600 m

200 m

Paris

Coupe schématique du Bassin Parisien.

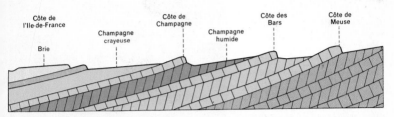

Côte de
l'Ile-de-France

Champagne
crayeuse

Côte de
Champagne

Champagne
humide

Côte des
Bars

Côte de Meuse

Brie

Évolution de la partie orientale du Bassin Parisien, depuis le tertiaire

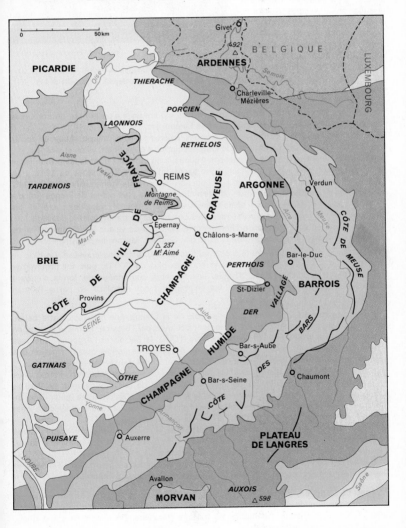

0   50 km

PICARDIE

THIÉRACHE

Givet

BELGIQUE

△ 4921

ARDENNES

LUXEMBOURG

Oise

Semois

Charleville-
Mézières

PORCIEN

LAONNOIS

RETHELOIS

Aisne

Vesle

REIMS

CRAYEUSE

ARGONNE

Verdun

TARDENOIS

Montagne
de Reims

Epernay

Aire

Meuse

CÔTE DE MEUSE

Marne

△ 237
Mt Aimé

Châlons-s-Marne

Bar-le-Duc

BRIE

L'ÎLE DE FRANCE

CHAMPAGNE

PERTHOIS

BARROIS

CÔTE DE

Provins

St-Dizier

VALLAGE

SEINE

Aube

DER

BARS

TROYES

HUMIDE

Bar-s-Aube

DES

GATINAIS

OTHE

CHAMPAGNE

Bar-s-Seine

CÔTE

Chaumont

Yonne

Armançon

PUISAYE

Auxerre

PLATEAU
DE LANGRES

LOIRE

Saône

Avallon

AUXOIS

MORVAN

△ 598

Ère tertiaire		Terrains sédimentaires (1ère et 2ème phase)
Ère secondaire		Argile et craie d'époque crétacée
		Calcaire et marne d'époque jurassique
		Grès (grains de sable fortement cimentés)
Ère primaire		Socle primitif (roches schisteuses et cristallines)

Côte de l'Ile-de-France. — Rebord du plateau de Brie et du Tardenois, elle forme à certains endroits une véritable falaise d'où son appellation géologique de « Falaise de l'Ile-de-France ». Elle est percée par les vallées de l'Aisne, de la Vesle, de la Marne et des deux Morins et prolongée par des avancées : la Montagne de Reims et le Mont Aimé.

La côte est le royaume du vignoble du champagne qui s'est développé sur les versants de la Montagne de Reims, le long de la vallée de la Marne et sur la côte des Blancs.

Champagne crayeuse ou sèche. — Cette région dénudée qui donna son nom à la Champagne (étymologiquement la champagne est une plaine calcaire) forme un arc de cercle d'une largeur de 80 km. On peut la situer sur une carte au relâchement du réseau routier et à l'espacement des villages. Autrefois cette région était si pauvre qu'elle était qualifiée de « pouilleuse ».

L'eau s'engouffrant dans les fissures de la craie laisse la terre sèche et ne réapparaît qu'à la

Montagne de Reims.
Paysage de vignoble depuis la chapelle St-Lié.

tête des vallons sous forme de sources appelées « Sommes » d'où le nom de nombreux villages : Somme-Vesle, Sommesous, Somme-Suippe, etc.

La région est traversée par quelques grandes rivières : Aisne, Marne, Aube et Seine, creusant de larges vallées à fond plat le long desquelles s'agglutinent villes et villages.

Après avoir été le domaine des immenses troupeaux de moutons dont la laine fournissait l'industrie rémoise au 17e s., la Champagne sèche fut plantée de pinèdes au 19e s. puis connut une véritable révolution avec l'introduction des engrais, généralisée depuis 1945. En quelques décennies, cette région est devenue l'une des plus riches de France grâce à la culture de la betterave à sucre et des céréales (blé et orge). Les silos, les sucreries, les bâtiments pour les industries agro-alimentaires ont achevé de transformer le paysage.

Vestiges d'une époque où la terre champenoise avait peu de valeur, les camps militaires occupent de vastes territoires (Mourmelon, Mailly, Suippes, Moronvilliers...)

Pays d'Othe. — Il forme une entité à part au Sud de la Champagne crayeuse. Ce bloc de craie a été soulevé atteignant à certains endroits plus de 300 m, puis fut protégé de l'érosion par un épais manteau d'argile. Les hauteurs couronnées de forêts s'élèvent au-dessus des vallons quadrillés par les champs qui ont remplacé en partie l'ancien bocage.

Champagne humide. — Encerclant l'auréole de la Champagne crayeuse, cette bande étroite aux sols sableux et argileux facilement déblayés par l'érosion, forme une sorte de dépression entre la Champagne sèche, le Pays d'Othe, le Barrois et l'Argonne. Quelques forêts y ont subsisté : celles du Der, d'Orient, de Chaource, tandis que la création des grands réservoirs de la Forêt d'Orient et du Der-Chantecoq a transformé le paysage.

Plusieurs petits pays s'y distinguent. Le **Der**, parsemé et strié de ruisseaux, est un pays d'embouche de bovins, d'élevage de vaches laitières et de chevaux de trait. Le **Perthois** autour de Vitry-le-François, au confluent de la Marne et de l'Ornain, n'est qu'un cône de déjection où se sont accumulés les débris des régions voisines. La betterave sucrière y est exploitée depuis longtemps et alimente d'importantes sucreries.

Le **Vallage** dont les principales localités sont St-Dizier, Joinville et Wassy, voit son activité centrée sur les vallées de la Blaise et de la Marne riches en bois et jadis en minerai de fer. Il a conservé une industrie métallurgique de transformation.

Le Sud de la Champagne humide autour de Chaource est surtout tourné vers l'élevage et l'industrie laitière et produit des fromages de pays dont le fameux Chaource.

Plateau de Langres, Barrois et Argonne. — Ces trois régions plus élevées ceinturent la Champagne humide. Le **plateau de Langres,** masse de calcaire très épaisse, s'élevant à plus de 500 m, est couvert d'importants massifs forestiers. De nombreux cours d'eau, dont la Seine, y prennent leur source.

Le **Barrois,** autre plateau calcaire et marneux, est sillonné par les vallées de la Saulx et de l'Ornain le long desquelles se sont installées les principales localités : Bar-le-Duc et Ligny-en-Barrois. Une petite métallurgie subsiste (fonderies). Le Barrois se prolonge au Sud-Ouest par la **Côte des Bars** (Bar-sur-Aube, Bar-sur-Seine), hauteurs dont les versants sont couverts du vignoble champenois de l'Aube.

Au Nord, l'**Argonne,** constituée d'une roche particulière, la gaize, grès cimenté par de l'opale très dur, s'élève jusqu'à 360 m. Enchevêtrement de crêtes, de plateaux et de défilés, cette région est en grande partie le domaine de vastes forêts.

MAISONS RURALES TRADITIONNELLES

De la riche demeure du vigneron de Champagne à la modeste maison du bûcheron de l'Argonne, les villages et les types d'architecture diffèrent selon les matériaux utilisés, tributaires de la nature du sol et des richesses en bois, et selon les occupations des habitants : vignerons, éleveurs...

En Champagne, l'une des premières distinctions vient de la toiture. Curieusement dans l'Est (Argonne, Barrois, Champagne humide) on utilise la tuile creuse comme dans le Midi de la France. Ces tuiles s'emboîtant forment une lourde couverture nécessitant une solide charpente et une faible inclinaison des pentes des toits. Près de l'Ile-de-France c'est le domaine de la tuile plate à crochets et des toits pentus.

Maison du vigneron de Champagne. — Perdus au milieu d'une mer de vignes, les gros villages se resserrent autour de rues étroites. Les habitations basses en pierre meulière, parfois en craie ou en brique, s'alignent régulièrement le long des rues, mais si une porte cochère s'entrouvre on aperçoit de vastes cours et une multitude de bâtiments au plan désordonné, abritant les pressoirs, et le matériel hétéroclite nécessaire à l'entretien des vignes, aux vendanges et à la fabrication du champagne.

Champagne sèche. — Dans ce pays de craie, les habitations regroupées autour des sources forment de gros villages éloignés les uns des autres. On pénètre dans les fermes par une porte cochère, « porterue » ou « charretil », surmontée d'un petit bâtiment faisant

souvent office de pigeonnier. Autour de la cour rectangulaire se répartissent le logis, côté rue, les granges, côté champ, et les autres bâtiments : bergerie, étable, de part et d'autre. Les maisons à haut toit sont construites en craie sur une assise de pierre, de brique ou de moellon. A l'Est et au Sud les pans de bois font leur apparition.

Champagne humide. — Des fermes et hameaux isolés dans le bocage occupent l'espace entre les villages. L'architecture à pans de bois se compose de colombages en sapin et en peuplier entre lesquels sont intercalés des hourdis à paillot (lattes de peuplier et torchis) ou des

Maison rurale traditionnelle de Champagne humide.

carreaux de terre. Les toits couverts de tuiles creuses présentent une faible pente et forment auvent. Les unités d'habitation sont petites et non jointives.

Les **églises à pans de bois,** construites avec les mêmes matériaux que les maisons, sont surmontées de flèches couvertes d'ardoises ou d'écailles de bois.

Dans la région de Troyes, la brique remplace souvent le torchis entre les colombages.

Argonne. — Les villages en longueur rappellent la proximité de la Lorraine. Les maisons, aux toits de tuiles presque plats faisant saillie, présentent un curieux mélange de matériaux. La façade est souvent en brique au rez-de-chaussée, alors que l'étage en torchis est protégé des intempéries par des lattes en chêne fendu posées horizontalement.

Le Sud de la Champagne. — Autour de Bar-sur-Aube, de Bar-sur-Seine, sur le plateau de Langres, dans la vallée de la Blaise, les villages apparaissent tout blancs sous les hauts toits de tuiles. Dans ces régions le moellon calcaire est le matériau de prédilection, les

pierres de taille n'étant utilisées que pour les encadrements de portes ou de fenêtres.

Ardennes. — Le schiste triomphe partout : ardoises mauves de Fumay, ardoises bleues de Rimogne, pierre bleue de Givet. Les maisons construites dans ces matériaux, forment de sombres demeures. Pour résister aux hivers rudes, habitations et communs sont réunis sous le même toit formant une bâtisse tout en longueur. Le toit, à l'origine couvert d'ardoises grossières et lourdes, les « faisaus », est presque plat et repose sur des murs de moellons de schiste fort épais.

Maison rurale traditionnelle des Ardennes.

QUELQUES FAITS HISTORIQUES

Romains et Barbares

Av. J.-C.	Le territoire actuel de la Champagne est occupé par plusieurs peuples : les Lingons (Langres), les Tricasses (Troyes), les Rèmes (Reims), les Catalaunes (Châlons-sur-Marne).
58-51	**Conquête romaine.** La Champagne fait partie de la Belgique. Langres et surtout Reims, nœuds routiers sur les voies Nord-Sud et Est-Ouest, deviennent des villes importantes.
Après J.-C.	
69-70	Troubles à la mort de Néron, assemblée de Reims.
2ᵉ et 3ᵉ s.	Des missionnaires évangélisent la région : saint Benigne à Langres, saint Savinien à Troyes, saint Memmie à Châlons et saint Sixte à Reims.
5ᵉ s.	Les Barbares envahissent la province et la ravagent. Les évêques sont les défenseurs des cités : saint Alpin à Châlons et saint Loup à Troyes.
451	Bataille des Champs Catalauniques : défaite d'Attila *(p. 49)*.
476	Chute de l'Empire romain d'Occident.

Mérovingiens et Carolingiens

498	Baptême de Clovis, roi des Francs, par saint Remi, évêque de Reims.
511	Mort de Clovis.
575-590	Loup, premier duc de Champagne.
816	Premier sacre d'un roi à Reims, celui de Louis le Pieux.
843	Le **traité de Verdun** partage l'Empire carolingien entre les trois fils de Louis le Pieux. La Champagne fait partie de la France occidentale, séparée de la Lotharingie par la vallée de la Meuse.

Moyen Age

983	Mort d'Herbert II de Vermandois.
987	Avènement d'Hugues Capet.
11ᵉ s.	A la suite de mariages la Maison de Blois réunit sous son autorité le Tardenois, Château-Thierry, Provins, Reims, Châlons et Troyes.
1079	Naissance d'Abélard.
1098	Robert de Molesme fonde Cîteaux.
12ᵉ s.	Fondation de l'abbaye de Clairvaux (1115) par saint Bernard. Le comté de Champagne rayonne sur toute la Champagne méridionale. Thibaud II (1125-1152) cherche à unifier ses domaines et développe les foires de Troyes, Provins, Lagny et Bar-sur-Aube.
1146	Saint Bernard prêche la deuxième croisade.
1153	Mort de saint Bernard.
1179-1223	Règne de Philippe Auguste.
1182	Charte communale de Beaumont-en-Argonne octroyée par l'archevêque de Reims Guillaume aux Blanches Mains.
1210	Début de la construction de la cathédrale de Reims.
1234	Le comte Thibaud IV de Champagne devient roi de Navarre.
1284	Le comté de Champagne est uni au domaine royal à la suite du mariage de la comtesse de Champagne et de Navarre, Jeanne, avec Philippe le Bel.
1337	Début de la guerre de Cent Ans. Après la mort de Philippe le Bel et de ses trois fils — les rois maudits — le problème de la succession se pose. Les barons français préfèrent le neveu de Philippe le Bel, Philippe VI de Valois à son petit-fils Édouard III d'Angleterre. Le siècle qui suit est jalonné de conflits entre les Français et les Anglais qui revendiquent la Couronne ainsi qu'entre les Armagnacs, partisans de la famille d'Orléans, et les Bourguignons, partisans des ducs de Bourgogne. En Champagne, cette période se traduit par la désertion des campagnes, l'arrêt de l'industrie textile et la décadence des foires.
1361	Rattachement définitif de la Champagne à la Couronne.
14ᵉ s.	Déclin des foires de Champagne.
21 mai 1420	Isabeau de Bavière, épouse du roi dément Charles VI, signe le honteux **traité de Troyes** qui prive le dauphin de ses droits à la succession, et désigne son gendre Henri V roi d'Angleterre comme héritier du trône de France.
1429	Jeanne d'Arc conduit Charles VII à Reims où il est sacré.

16ᵉ s.	Renouveau économique : le commerce reprend, de nombreux bâtiments se construisent. L'école troyenne est florissante.
1515-1559	Guerres contre la maison d'Autriche (1521 : siège de Mézières, 1543 : siège de Ste-Menehould, 1544 : siège de St-Dizier et destruction de Vitry par Charles Quint).
1542	Création de la Généralité de Châlons où un représentant du roi affirme l'autorité monarchique.
1562	Le massacre de Wassy *(p. 124)* est le premier signal des guerres de Religion en Champagne.
1619-1663	Vie de Colbert *(p. 20)*.
1642	La principauté de Sedan est cédée à Louis XIII et rattachée à la Champagne.
1643	Le jeune duc d'Enghien (Grand Condé) arrête les Espagnols à Rocroi.
1654	Sacre de Louis XIV.
1675	Mort de Turenne.
Fin du 17ᵉ s.	Dom Pérignon, moine de l'abbaye d'Hautvillers, découvre le procédé de fabrication du vin mousseux.
1779-1784	Napoléon Bonaparte étudie à l'école militaire de Brienne-le-Château.
1791	Le roi Louis XVI et sa famille sont arrêtés à Varennes-en-Argonne *(p. 120)*.

De la Révolution à nos jours

1792	Dumouriez arrête l'invasion prussienne à Valmy.
1814	Campagne de France de Napoléon *(p. 22)*.
1856	Napoléon III crée le camp de Châlons.
1870	Guerre franco-allemande *(p. 23)* qui se termine par la défaite de Sedan *(p. 109)* et de Bazeilles *(p. 45)*.
1871	Le traité de Francfort met fin au conflit et rattache l'Alsace et une partie de la Lorraine à l'Empire allemand.
1914	Bataille de la Marne *(p. 24)*.
1918	Seconde bataille de la Marne et fin de la guerre *(p. 24)*.
1940	Percée de l'Ardenne *(p. 24)*.
1944	Libération de la Champagne.
7 mai 1945	Capitulation de l'Allemagne et signature de l'armistice à Reims.
1965	Mise en eau du réservoir Seine.
1970	Mise en service de la centrale nucléaire de Chooz dans les Ardennes. Création du Parc naturel régional de la Forêt d'Orient. Mort du Général de Gaulle à Colombey-les-Deux-Églises, le 9 novembre.
1974	Mise en eau du réservoir Marne : lac de Der-Chantecoq.
1976	Création du Parc naturel régional de la Montagne de Reims.

(Photo Explorer - Archives)

**Napoléon au collège de Brienne
(gravure de N. T. Charlet).**

LES TEMPS OBSCURS

La Champagne préhistorique. — Le peuplement de la Champagne et des Ardennes durant la préhistoire s'est fait en plusieurs étapes complexes. La pénétration humaine suivait le cours des rivières et se diffusait ensuite sur les plateaux. C'est à la fin du 10e millénaire que l'homme devint sédentaire : on passa ainsi de l'économie de subsistance des grands chasseurs à l'économie villageoise.

La période du Néolithique (4500 à 2000 av. J.-C.) est marquée par le développement de la civilisation campignienne. Les hommes défrichent la forêt, perfectionnent leur outillage en combinant le silex et le bois et adoptent la technique céramique. Ces premiers paysans, dont certains sont originaires du Danube, se multiplient à la période suivante, dite Chalcolithique ou âge du cuivre (2000 à 1800 av. J.-C.). La densité de population atteint alors environ 10 habitants au km². L'usage des tombes collectives se répand : les dolmens et les **hypogées** (grottes artificielles creusées dans la craie) révèlent de vastes chambres funéraires dans lesquelles a été découvert un précieux matériel archéologique (conservé dans les différents musées de la région).

L'âge du bronze (1800 à 750 av. J.-C.) mêle la tradition néolithique aux apports nouveaux. Au 13e s. av. J.-C., une série d'invasions se produit qui introduit un rite funéraire inconnu jusque-là : l'incinération. Les cendres sont placées dans des urnes elles-mêmes regroupées dans de vastes nécropoles, les **« champs d'urnes »**. Toutefois, une grande variété de coutumes se côtoient : les sépultures à fosse et les tumulus à fossé circulaire subsistent à côté des urnes.

Le trait dominant de la civilisation du bronze reste néanmoins l'affirmation d'une riche aristocratie ayant le monopole de la métallurgie, pratiquant le commerce et la guerre, tandis que la masse paysanne conservait un mode de vie néolithique.

La Champagne gallo-romaine. — Plusieurs peuples occupaient la Champagne celtique aux frontières de la Gaule et de la Belgique : entre les Lingons au Sud et les Rèmes au Nord, s'intercalaient les Tricasses (groupe sans doute plus récent que les autres) et les Catalaunes. Ils voisinaient à l'Ouest avec les Suessions, à l'Est avec les Médiomatriques et les Leuques. Les **oppida** sur lesquels ils étaient installés étaient des sites naturels fortifiés qui ressemblaient plus à des places de refuge qu'à des villes ; pourtant ils jouaient un rôle de capitales, telles Durocortorum (Reims) pour les Rèmes et Andematunum (Langres) pour les Lingons.

Les Rèmes et les Lingons, qui étaient les plus puissants dans la région, se solidarisèrent avec Jules César et lui apportèrent leur soutien indéfectible durant la guerre des Gaules. Leurs riches territoires servirent de base aux légions romaines. Cet appui, sans lequel César n'aurait peut-être pas réussi dans son entreprise, leur valut le titre envié d'« alliés du peuple romain » et leur épargna la sujétion à partir de 51. Sous Auguste, ils furent intégrés à la province de Belgique et Durocortorum vit son rôle de capitale se renforcer au cours des deux premiers siècles. La Champagne se montrait très attachée à la paix romaine et à ses effets stabilisateurs.

Sous le Haut-Empire une civilisation brillante se développe. La plupart des villes actuelles (Reims, Châlons, Troyes, Langres) s'épanouissent à cette époque, même si, aujourd'hui, peu de traces subsistent. Dans les campagnes, un réseau de bourgades et de **villae** se met en place : la villa d'Andilly *(p. 73)*, au Nord-Est de Langres, constitue à cet égard un exemple intéressant. Les productions du sol sont variées : blé, orge, vin, produits de l'élevage, etc. L'utilisation du **vallus** (moissonneuse) montre que l'agriculture avait atteint un haut niveau technique. Les débouchés, facilités par de nombreuses voies de communication remarquablement entretenues, sont immédiats : les armées du **limes** germanique en absorbent l'essentiel. L'artisanat évolue très rapidement, de la céramique de l'Argonne et de La Villeneuve-au-Châtelot (Aube) à la verrerie dont la région se fait une spécialité, au point de prendre une dimension industrielle aux 3e et 4e s. avec pour centre Reims, la ville des oculistes. Le thermalisme connaît lui aussi un vif succès.

A partir du 3e s. la Champagne se trouve confrontée aux vagues incessantes, et souvent destructrices, des invasions germaniques. Dioclétien redécoupe les anciennes provinces : Reims et Châlons font partie de la Belgique Seconde tandis que Langres et Troyes sont rattachées à la Lyonnaise Première. Le rôle militaire de Reims se renforce au fur et à mesure de l'accroissement du danger aux frontières de l'Empire. Les batailles se succèdent dans la région : en 366, le maître de cavalerie Jovin écrase les Alamans près de Châlons. Après une courte période d'accalmie, l'incursion des Vandales en 407 est particulièrement dévastatrice. Pourtant la Gaule, livrée désormais à la merci des chefs barbares, trouve encore la force de repousser les Huns d'Attila en 451 aux Champs Catalauniques. Les invasions ont provoqué une mutation du paysage urbain : des enceintes fortifiées entourent les villes dont la superficie s'est considérablement réduite.

La christianisation est contemporaine de la montée des périls : l'évangélisation de la Champagne débute dans la seconde moitié du 3e s. L'évêque le plus célèbre de ces temps troublés, saint Remi, évêque de Reims, parvient à obtenir la conversion du roi des Francs, Clovis, rendant ainsi ce souverain acceptable par les populations gallo-romaines.

Pour organiser vous-même vos itinéraires :

*Tout d'abord consultez la carte des p. 4 et 5. Elle indique les parcours décrits,
les régions touristiques, les principales villes et curiosités.*

Reportez-vous ensuite aux descriptions, à partir de la p. 39.

*Au départ des principaux centres,
des buts de promenades sont proposés sous le titre « Excursion ».*

*En outre les cartes Michelin nos 53, 56, 61, 62, 65 et 66 signalent les routes pittoresques,
les sites et les monuments intéressants, les points de vue, les rivières, les forêts...*

LE FOISONNEMENT MÉDIÉVAL

De Clovis à Charles le Chauve. — En 486, Clovis s'est emparé de la dernière enclave romaine régionale, le royaume de Syagrius. Loin de s'installer en masse, les Francs sont au contraire peu nombreux : ils forment, comme l'ont montré les nombreuses découvertes archéologiques (tombes « princières »), des petits groupes chargés de contrôler les territoires conquis.

Après la mort de Clovis (511), la Champagne connaît une suite de partages incohérents, consécutifs à la constitution de plusieurs royaumes échus à ses descendants : Reims et Châlons appartiennent à l'Austrasie, Troyes et Langres à la Burgondie. Un premier duché de Champagne voit le jour en 575 et périclite ensuite pendant deux siècles.

Plus que jamais Reims affirme sa vocation de capitale religieuse. Le baptême de Clovis *(p. 93),* à Noël 498, a conféré un immense prestige à l'évêque Remi (mort vers 530). Ses successeurs continuent à renforcer la fonction épiscopale en obtenant des diplômes d'immunité des derniers Mérovingiens. Charles Martel remet toutefois ce pouvoir en cause en sécularisant de nombreux biens d'Église. Mais, dès 774, le métropolitain de Reims reçoit le titre d'archevêque, confirmant son rayonnement sur les diocèses voisins. Parallèlement, un réseau paroissial se dessine sur lequel son autorité s'exerce pleinement.

En octobre 816, Louis Ier le Pieux, fils de Charlemagne, est sacré et couronné empereur à Reims par le pape Étienne IV *(voir p. 93)* ; c'est le point de départ d'une longue tradition de la monarchie française. La dislocation de l'empire carolingien en 843 arrime la Champagne au royaume de Francie occidentale. Le règne de Charles le Chauve correspond alors à une période assez faste. Certes les villes sont beaucoup moins peuplées que sous l'Empire romain — Châlons a 2 000 habitants et Reims 6 000 — mais elles conservent des activités économiques et tiennent une grande place dans les échanges interrégionaux. La vie intellectuelle et artistique atteint son apogée à Reims sous les épiscopats d'Ebbon et d'Hincmar *(voir p. 25).* La vie rurale, par contre, est moins bien connue en dépit des **polyptyques** (inventaires) laissés par quelques grandes abbayes. Les campagnes affrontent les premières l'insécurité née des raids normands à la fin du 9e s. S'ouvre alors une période incertaine dominée par des rivalités entre puissants et par l'émergence de la société féodale.

Saint Bernard (1090-1153). — Bernard, jeune noble bourguignon entré dans les ordres à l'âge de 21 ans, lie son destin à la Champagne lorsqu'il fonde, en 1115, l'abbaye de **Clairvaux** dont il ne tarde pas à faire l'âme de la congrégation cistercienne *(p. 25).* Dès les années 1120, les idées de l'abbé de Clairvaux se répandent dans la Chrétienté et triomphent dans le mouvement monachique tant elles impressionnent par leur mysticisme et leur aspiration à la pureté. Mais Bernard ne s'arrête pas là, car c'est toute la vie religieuse de son temps qu'il veut réformer. Aussi intervient-il dans tous les domaines : élections épiscopales, conciles, schisme pontifical, croisade, etc. Son autorité morale est telle qu'elle s'impose dans toutes les cours européennes et à Rome où il « fait » les papes : Innocent III (1130-1143) puis Eugène III, un ancien moine de Clairvaux élu en 1145. Mais Bernard ne demande rien pour lui-même, refusant, par exemple, l'archevêché de Reims. Son influence est au zénith lorsqu'il prêche la seconde croisade en 1146 à Vézelay. Le roi Louis VII et l'empereur Conrad III, subjugués par son éloquence, prennent le chemin de Jérusalem. Bernard sera atteint par leur échec (1148), tout comme par la montée des hérésies, qu'il combat sans succès. Il meurt en 1153 (canonisé en 1174). L'absolutisme de son comportement, inspiré par une foi exaltée (« La manière d'aimer Dieu, c'est de l'aimer sans bornes et sans mesure » disait-il), allié à un goût extrême de la simplicité et du dépouillement, en avait fait une des plus fortes personnalités du Moyen Age.

Héloïse et Abélard. — Quel étonnant contraste entre saint Bernard et Pierre Abélard (1079-1142). Ce dernier, originaire de la région nantaise, se destine très tôt aux études et devient un maître réputé dans les premières années du 12e s. Son enseignement, qui touche à toutes les disciplines, attire de toute l'Europe des foules d'auditeurs passionnés.

En 1118, le brillant écolâtre noue une idylle avec la nièce d'un chanoine de Notre-Dame de Paris, la belle Héloïse (1101-1164). Cette histoire d'amour, une des plus célèbres du royaume, se termina en Champagne.

Abélard, qui ne peut résister au charme d'Héloïse, en a un enfant ; les amants se marient. Pour échapper à la colère de sa famille, la jeune mère se réfugie dans un couvent, mais c'est Abélard qui est victime de la vengeance des parents outragés : ceux-ci le châtient en lui tranchant « les parties du corps avec lesquelles il a commis ce dont ils se plaignent ». Il entre alors à l'abbaye royale de St-Denis où il séjourne quelque temps, abattu par une profonde détresse. Remis, il ne tarde pas à reprendre son enseignement dans le prieuré champenois de Maisoncelle où il rédige son traité sur la Trinité, qui lui vaut d'être condamné par le concile de Soissons en 1121. Après ses nombreux démêlés avec la hiérarchie, Abélard peut enfin se retirer dans un lieu désert, près de Nogent-sur-Seine : le **Paraclet** *(p. 84).* Pendant ce temps, Héloïse, qui vivait dans l'ascétisme et la chasteté absolue, devient prieure d'Argenteuil, lieu qu'elle doit quitter en 1129. L'apprenant, Abélard, élu depuis peu abbé de St-Gildas-de-Rhuys en Bretagne, lui offre le Paraclet. Après dix ans de séparation, ils se revoient. Émue par le récit qu'Abélard avait fait de leur amour dans son « Histoire de mes malheurs », Héloïse sent renaître en elle la passion. Elle lui écrit à nouveau son amour brûlant : « Ces voluptés des amants que nous avons goûtées ensemble m'ont été si douces, que je ne peux pas leur en vouloir ni même en effacer sans peine le souvenir ». Mais cette flamme est sans issue. Abélard se consacre désormais entièrement à son enseignement (vivement combattu par Bernard de Clairvaux) toujours si recherché. Il meurt en avril 1142, dans une retraite que lui avait aménagée Pierre le Vénérable. Sa dépouille est transportée au Paraclet où Héloïse l'accueille avant de s'éteindre elle-même une vingtaine d'années plus tard. Ils dormirent là, côte à côte, jusqu'à la Révolution.

Les comtes de Champagne. — L'histoire de la formation du comté de Champagne est très complexe. A la fin du 9e s., la région est dans la mouvance des derniers Carolingiens. Incapables de rétablir leur autorité, ceux-ci sont combattus, au début du 10e s., par la puissante famille de Vermandois dont le chef, **Herbert II** († 943), réussit à se tailler une principauté à partir de l'évêché de Reims. Ses fils se partagent ensuite l'ensemble, en accord avec les faibles rois de France : Robert détient les comtés de Meaux et de Troyes ; Herbert le Vieux, outre le comté d'Omois (Château-Thierry), le Perthois et l'abbaye Saint-Médard de Soissons, reçoit la charge de comte du Palais de Lothaire III. Vers 980, un nouveau partage successoral intervient : Herbert le Jeune, fils de Robert, règne sur Épernay, Vertus, le Perthois et le comté de Châlons ; Eudes Ier de Blois, fils de Thibaud le Tricheur et de Liégeard (fille d'Herbert II) domine Château-Thierry, Provins, le comté de Reims plus les possessions paternelles de la Loire et de la Beauce. Ces deux grands féodaux tiennent alors pour les Carolingiens et intriguent contre Hugues Capet. Le premier meurt en 995 et laisse un fils, Étienne, le second décède un an plus tard : sa femme se remarie avec Robert Ier le Pieux. C'est grâce à ce dernier que le jeune **Eudes II** peut recueillir l'héritage paternel, auquel vient s'ajouter, en 1022, le patrimoine de son cousin Étienne, mort sans descendance. La principauté, qui comprend toute la Champagne ou presque, se trouve donc reconstituée au profit d'Eudes II. Fort de sa position, celui-ci se met à rêver à l'Empire : il est tué lors d'une bataille près de Bar-le-Duc en 1037 alors qu'il s'apprêtait à marcher sur la Lotharingie.

A la suite de péripéties, son fils **Thibaud Ier,** pourtant affaibli par la politique d'Henri Ier, parvient à contrôler la majeure partie de la Champagne (sauf Reims, Châlons et Langres où les évêques sont comtes). Thibaud Ier est considéré comme le fondateur du comté.

Étienne-Henri († 1102), fils de Thibaud, ne profite pas longtemps du patrimoine familial, car il part pour la croisade et meurt en Palestine. En son absence, la comtesse Adèle administre sagement ses domaines au nom de leur fils et crée la chancellerie comtale.

Hugues († 1125), fils d'un second lit de Thibaud, est le premier à porter le titre de comte de Champagne. Il déshérite son fils Eudes et choisit pour successeur son neveu Thibaud II.

Thibaud II († 1152), fils d'Étienne-Henri et d'Adèle de Normandie, ne garde que le titre de comte de Blois. Le sang normand qui coule dans ses veines lui fait tourner ses regards vers le royaume d'Angleterre, dont il se pose en héritier depuis 1120. Cependant, son frère Étienne s'empare de la couronne à sa place en 1135. Après avoir guerroyé contre Louis VII en 1142, Thibaud II se consacre entièrement à la Champagne. Il développe les activités économiques en créant un monnayage de bon aloi et en captant habilement le courant commercial entre l'Italie et les Pays-Bas. Il parvient ainsi à attirer la draperie flamande sur la route Lagny, Provins, Sézanne, Troyes et Bar-sur-Aube, à l'Ouest de sa principauté. L'organisation des foires ne cessera de se perfectionner *(p. 19)*.

Henri Ier le Libéral († 1181), fils de Thibaud II, constitue le noyau du comté de Champagne en abandonnant à ses frères et à ses vassaux les possessions extérieures. Il porte le titre de comte de Troyes. Grâce aux registres féodaux, on sait que la principauté se composait de 26 châtellenies et qu'Henri pouvait lever plus de 2 000 chevaliers. Son règne est particulièrement actif : il affranchit plusieurs communautés rurales, il développe le commerce, il construit des églises (notamment à Provins), etc. De plus, il pratique une politique d'alliance avec la famille royale en épousant Marie de France, fille de Louis VII et d'Aliénor d'Aquitaine. C'est elle qui exerce la régence du comté en 1181. Henri a un frère célèbre, l'archevêque **Guillaume aux Blanches Mains** († 1202). Seigneur avisé, celui-ci octroie la fameuse charte communale de Beaumont-en-Argonne (1182), il embellit Reims et dirige le gouvernement du royaume pendant la croisade de son neveu Philippe Auguste.

Henri II († 1197), fils d'Henri Ier, ne reste pas longtemps en Champagne. En 1190, il part en terre sainte où il épouse la reine Isabelle de Jérusalem qui lui donne deux filles.

Thibaud III († 1201), second fils d'Henri Ier, a un règne tout aussi éphémère. Blanche de Navarre sa femme se trouve bientôt veuve avec un enfant né posthume, Thibaud IV. Elle se place sous la protection de Philippe Auguste en échange de la concession de quelques châteaux. Mais surtout, elle préserve l'héritage de son fils des revendications des filles d'Henri II, notamment de Philippine, épouse d'Érard de Brienne.

Thibaud IV († 1253) a passé sa jeunesse à la cour royale. Comte palatin de Champagne et de Brie, il organise et unifie les institutions comtales : monnaie unique (denier provinois), création d'une juridiction d'appel à Troyes (les Jours), etc. Son attitude à l'égard du pouvoir royal est équivoque. Il prend part à la croisade contre les Albigeois, mais il abandonne Louis VIII devant Avignon ; il sera même accusé d'avoir empoisonné le roi. A la mort de ce dernier (1226), il prend la tête de la rébellion féodale contre Blanche de Castille, pour se rallier peu après à elle... En 1234, il hérite du royaume de Navarre, tandis qu'il se sépare des comtés de Blois, de Chartres, de Sancerre et de Châteaudun, cédés à Louis IX. Cependant, la célébrité de Thibaud est due à ses talents de trouvère : il a composé ainsi une soixantaine de chansons amoureuses dont certaines adressées, dit-on, à la reine Blanche. La cour de Champagne est alors une des plus brillantes du royaume.

Thibaud V († 1270), fils de Thibaud IV, agrandit encore le domaine champenois en direction de la Lingonie, mais le rayonnement du pouvoir royal altère la personnalité du comté. Thibaud, qui est le gendre de Saint Louis, vit de plus en plus à la cour du roi. En 1270, il suit son beau-père à la croisade et meurt en revenant de Tunis.

Henri III († 1274) prend la succession de son frère Thibaud. Il ne dirige le comté que 4 ans. A sa mort, sa femme se remarie avec le duc de Lancastre et confie sa fille **Jeanne** à la garde du roi. Jeanne épouse Philippe le Bel en 1284 ; la Champagne restera dans le patrimoine de la famille royale...

Les comtes de Champagne étaient également appelés comtes de France, ils étaient les premiers feudataires du royaume aux 12e et 13e s. Ils devaient cette position plus à leur richesse qu'à leur puissance militaire. A cet égard, leur politique audacieuse de développement économique fut une réussite dont peu de régions offrent l'exemple.

Les foires. — L'importance des foires champenoises a été maintes fois soulignée. Aucune autre foire en Europe occidentale ne parvint à brasser autant d'échanges. Alors que les grandes foires n'étaient habituellement que des rassemblements périodiques, celles de Champagne duraient toute l'année et leur succès se maintint pendant un siècle et demi. Les comtes de Champagne en furent les heureux promoteurs, car ils comprirent tout l'intérêt qu'il y avait à favoriser le commerce, source de revenus alléchants pour leur trésor. De même, ils encourageaient les défrichements et fondaient des bourgs nouveaux. Ils gagnèrent la confiance des marchands en assurant leur protection (le « conduit ») et en leur accordant de multiples facilités, juridiques notamment.

Les foires étaient au nombre de six : deux à Troyes, deux à Provins *(voir p. 88)*, une à Bar-sur-Aube et une à Lagny. Elles s'étalent selon un calendrier précis, durent chacune environ deux mois et fonctionnent selon des règles très rigoureuses. Les marchands de toutes nationalités s'y regroupent en cités ou ligues sous la responsabilité d'un consul ou d'un capitaine. Italiens, Flamands, Allemands, Espagnols, Languedociens et autres échangent des draps, des étoffes de laine, des soieries, des toiles, des cuirs et des fourrures, des épices orientales, de la cire, du vin, etc. Les Italiens, les plus dynamiques, introduisent les techniques commerciales les plus modernes : les changeurs lombards et toscans, par exemple, ont une solide réputation de financiers avisés. Du reste, les opérations financières l'emportent progressivement sur le commerce lui-même. Dans la seconde moitié du 13e s. les foires prennent l'aspect d'un grand marché des espèces et du change, en somme d'un centre des règlements internationaux.

Elles déclinent au début du 14e s. : la volonté royale — le comté de Champagne s'unit à la couronne en 1284 par le mariage de Jeanne de Navarre avec Philippe le Bel — de favoriser Paris, la guerre contre la Flandre, l'ouverture de la route atlantique, leur portent un coup sévère. En 1350, les derniers financiers italiens partent et les villes de foires redeviennent de simples marchés régionaux. Outre ses foires, la Champagne brille aussi par son industrie textile. Reims fabrique une toile réputée, Châlons et Provins produisent des draps de qualité. Dans cette dernière ville on compte jusqu'à 3 200 métiers à tisser à la fin du 13e s. Troyes est plutôt spécialisée dans le travail du cuir.

L'essor économique touche aussi les campagnes où la poussée démographique conduit à l'élargissement des anciens terroirs, à la création de nouveaux villages et à l'exploitation de la forêt. La nouveauté essentielle reste cependant l'apparition d'une industrie du fer fondée sur l'emploi de la force hydraulique. La forêt d'Othe, la forêt du Der et la forêt de Chaume voient se multiplier les mines et les forges au cours des 13e et 14e s.

Une vocation industrielle s'affirme…

TROUBLES ET GUERRES

Les ravages de la guerre de Cent Ans. — La monarchie française tenait à la Champagne, elle se la vit contester par les héritiers de Jeanne de Navarre, fille de Louis X, et plus tard par le duc de Bourgogne.

Entre 1358 et 1366, les campagnes subirent d'incessants ravages dus à des bandes de pillards à la solde de Charles le Mauvais, prétendant au comté de Champagne, auxquelles répliquèrent d'autres bandes appelées par le dauphin-régent. Survint ensuite l'armée du roi d'Angleterre Édouard III, qui avait conçu le projet de se faire sacrer à Reims, mais la ville résista et il dut lever le camp le 11 janvier 1360. Les pillages continuèrent jusqu'en 1366, date de l'intervention de Du Guesclin.

La reprise de la guerre en 1369 entraîna deux raids anglais particulièrement dévastateurs pour le « plat pays » : celui de Jean de Lancastre en 1373, suivi de celui de Buckingham en 1380.

Après un répit de trente-cinq ans, les convoitises du duc Jean sans Peur rallumèrent la guerre. La Champagne passa alors sous influence bourguignonne, et c'est à Troyes, le 21 mai 1420, que fut signé le traité qui livrait la France aux Anglais *(voir p. 112)*. Henri V d'Angleterre entreprit la conquête de la France du Nord et s'empara, en 1421, de Château-Thierry et de Montaiguillon. La situation se renversa en 1429 quand Jeanne d'Arc parvint à faire sacrer le dauphin à Reims (le 17 juillet). De ce fait, Charles VII acquit une légitimité indiscutable et se rendit maître de la Champagne. La paix d'Arras en 1435 ne mit pas fin aux pillages qui durèrent jusqu'en 1445.

La guerre était accompagnée de son cortège habituel de fléaux : famines, pestes qui décimèrent la population. En Champagne, des villages furent complètement abandonnés par leurs habitants et les terres environnantes retournèrent à la friche. La désertion des campagnes avait entraîné un accroissement de la mendicité urbaine : vers 1480, on dénombrait 3 000 mendiants à Troyes et 2 000 à Châlons. Reims ne comptait plus que 10 000 habitants. Le malaise social était accru par une fiscalité écrasante.

Après un siècle d'épreuves dramatiques, le règne de Louis XI coïncida avec le début de la reconstruction, et jusqu'au milieu du 16e s., la Champagne connut à nouveau une période assez faste.

Le retour des guerres (1562-1654). — Durant un siècle, des guerres chroniques et impitoyables ensanglantent une nouvelle fois la Champagne. Conflits religieux, politiques et internationaux se mêlent étroitement, apportant chacun leur lot de désolation.

Le massacre de Wassy *(p. 124)*, en 1562, donne le signal des affrontements religieux. Jusqu'à la Saint-Barthélemy (1572), les protestants semblent dominer la situation. Ensuite, la Ligue dirigée par les Guise, très puissants dans la région, reprend le dessus : en 1578, Guise arrête les reîtres de l'électeur Jean-Casimir à Port-à-Binson, où il reçoit la fameuse blessure qui lui vaudra le surnom de « balafré ». Peu à peu, les villes hésitantes se rallient à sa cause ; seules Langres et Châlons restent fidèles au roi, représenté par le lieutenant-général Dinteville. La prise de Paris et la conversion d'Henri IV dénouent la situation, mais c'est à Chartres et non à Reims — qui se soumet la dernière — que le souverain est couronné le 27 février 1594.

Après un court répit, les hostilités reprennent en 1614 lorsque le duc de Bouillon, prince de Sedan, se rebelle contre le gouvernement de Marie de Médicis. La prise de Rethel par les troupes royales en 1617 ne suffit pas à étouffer les conspirations et il faut une nouvelle intervention royale, décisive celle-ci, en 1632 et 1634, pour soumettre la Lorraine et ses confins. La monarchie en avait profité pour annexer le Barrois.

La guerre contre l'Espagne déclenche une nouvelle série de malheurs à partir de 1636. Les chefs de guerre appuyés par Charles IV de Lorraine, les armées de Condé, les Impériaux de Gallas, eux-mêmes poursuivis par les Suédois de Bernard de Saxe-Weimar, mettent le pays à sac. Des villages entiers sont détruits.

Alors que la principauté de Sedan devient française (1642), la mort de Richelieu puis celle de Louis XIII incitent les Espagnols, qui venaient de subir de graves revers dans le Nord et en pays catalan, à reprendre l'offensive en Champagne. Mais, le 19 mai 1643, les troupes royales commandées par le jeune Condé leur infligent une sévère défaite à Rocroi (p. 105). La confusion continue cependant de régner car la France vit une période de troubles graves. La Fronde divise les Grands, ce qui provoque d'incessants passages de troupes entraînant pillages et réquisitions. Les Espagnols menacent toujours le pays, en 1650 ils campent même à quelques lieues de Reims. Rethel est reprise par Mazarin, mais la pacification est loin de pouvoir s'accomplir car, dès 1652, le duc de Lorraine tente de recouvrer son duché. A cette date, la Champagne, exsangue, traverse les plus noirs moments de son histoire. Le voyage du sacre de Louis XIV, en mai-juin 1654, marque le début d'une amélioration qui ne sera vraiment effective qu'à la signature du traité des Pyrénées (1659) établissant la paix avec l'Espagne et rendant Rocroi à la France.

Ces guerres interminables avaient provoqué une notable diminution de la population ; elles avaient particulièrement touché les campagnes qui furent toujours les plus exposées.

DE COLBERT A DANTON

L'ascension d'un clan : les Colbert de Reims. — Les Colbert sont issus d'une vieille famille d'entrepreneurs maçons et de marchands rémois. En 1556, un Colbert est échevin et député aux États du Vermandois. A la génération suivante, les Colbert s'intéressent aux offices, ces charges royales gratifiantes très recherchées par la bourgeoisie. Nicolas Colbert (1590-1661), le père du futur ministre, banquier-négociant associé à son frère, rajoute le titre de sieur de Vandières à son nom. Quittant Reims où ses affaires dépérissent, il s'installe à Paris en 1625 et pratique l'usure. En 1632, il achète un office de receveur général et payeur des anciennes rentes de la ville de Paris. Après une période de difficultés, la fortune lui sourit tandis qu'il noue de solides relations par l'intermédiaire de son cousin Saint-Pouange, beau-frère de Michel Le Tellier. Nicolas Colbert acquiert de nouveaux titres : maître d'hôtel du roi en 1641 et conseiller d'État en 1652. Il en profite pour établir ses enfants dont l'aîné, Jean-Baptiste (né à Reims en 1619), commis de Le Tellier depuis 1645, s'apprête à parcourir une grande carrière.

La réussite politique et sociale des Colbert dépasse désormais le cadre de la Champagne. Jean-Baptiste Colbert, nommé contrôleur général des Finances à la chute de Fouquet (1661), joue un rôle capital dans l'organisation administrative de la monarchie, mais plus encore dans l'orientation de la vie économique. Le colbertisme pose pour principe que la richesse d'un pays repose sur une balance commerciale excédentaire. Pour obtenir ce résultat, il faut exporter au maximum les produits nationaux et rendre l'accès difficile aux importations étrangères. Mais Colbert, qui est un esprit clair et méthodique, sait qu'il ne suffit pas de relever les tarifs douaniers. C'est pourquoi il entreprend de stimuler le travail productif en prenant une série de mesures auxquelles son nom restera attaché : réduction du nombre de jours chômés, création de grandes manufactures comme les Gobelins, réglementation et contrôle très strict de la qualité de la production, relèvement de la marine, etc. La Champagne profite de ses initiatives en faveur de l'industrialisation : une manufacture d'armes (royale en 1688) est créée à Charleville, le textile se redresse, même si cela ne dure pas très longtemps.

Autour de Colbert, gravitent de nombreux parents introduits dans les affaires : son oncle Pussort, son frère Colbert de Croissy, son fils Seignelay et son neveu Torcy, diplomate de grande valeur. Le clan Colbert fut en rivalité permanente avec le clan de Michel Le Tellier et de son fils Louvois, dont la suprématie s'affirme à la mort de Jean-Baptiste Colbert en 1683.

Par l'intermédiaire de cette famille, parvenue aux plus hauts sommets de l'Etat, la Champagne avait montré une fois encore qu'elle se tenait au plus près de la monarchie française.

Jean-Baptiste de la Salle et l'école des pauvres. — Dans la seconde moitié du 17e s., la Champagne apparaît comme une région pionnière en matière d'enseignement populaire. Des « petites écoles », destinées aux enfants des familles pauvres, s'ouvrent dès 1674 à Reims, sous l'impulsion du chanoine Roland, dont l'œuvre est poursuivie par Jean-Baptiste de la Salle. Né en 1651 à Reims, chanoine de la cathédrale en 1667, le jeune Jean-Baptiste appartenait à une riche famille aristocratique qui le destinait à une brillante carrière ecclésiastique. Toutefois, après avoir accompli de solides études au séminaire St-Sulpice de Paris et avoir reçu l'ordination sacerdotale en 1678, il décide de se consacrer entièrement à l'éducation des pauvres, ne ménageant pour cela ni sa peine ni sa fortune. Il commence par organiser la Communauté des Sœurs du Saint Enfant Jésus, qui essaime très vite dans les campagnes : les religieuses vont deux par deux, elles font non seulement l'école et le catéchisme, mais elles s'occupent aussi des adultes. Quelques années plus tard, Jean-Baptiste de la Salle fonde sa Communauté des Frères des écoles chrétiennes, appelée à prendre une immense extension. Pour préserver exclusivement la vocation enseignante de celle-ci, il précise qu'aucun frère ne pourra devenir prêtre et qu'aucun prêtre ne pourra entrer dans la congrégation. En 1695, il publie un ouvrage intitulé « La conduite des écoles », dans lequel il expose ses conceptions pédagogiques : substitution de l'enseignement collectif à l'enseignement individuel et du français au latin. Ces dispositions contiennent en germe une révolution scolaire qui ne s'accomplira que très longtemps après la mort de son initiateur.

Jean-Baptiste de la Salle s'éteignit à Rouen en 1719, laissant derrière lui une œuvre considérable dont le laboratoire avait été la région rémoise.

La Champagne au 18e s. — La centralisation monarchique, en marche depuis le 16e s., a abouti à la création de la généralité de Châlons-sur-Marne *(p. 49)* qui est divisée en douze élections. Sous l'autorité des intendants, la province se met à vivre au rythme de l'histoire nationale, et les villes y perdent leur autonomie.

Le 18e s. est un siècle réparateur. La population champenoise se stabilise autour de 800 000 habitants. L'agriculture se relève, notamment par l'extension du vignoble, stimulée par la production des vins champagnisés qui s'exportent facilement. Après avoir tenté de freiner le mouvement des plantations nouvelles, les autorités s'efforcent d'encourager l'amélioration de la qualité des raisins. Quelques propriétaires éclairés essayent de leur côté de promouvoir l'élevage sur prairie artificielle. Ces progrès ne doivent cependant pas masquer la situation de la grande masse des paysans qui continue à subir les effets des crises cycliques, sources de pénuries.

L'industrie textile, après une période de marasme, reprend vigueur pendant la seconde moitié du siècle, mais elle évolue : à côté des villes (Reims, Troyes, Sedan) se développe une industrie rurale implantée dans les vallées. Le système de la fabrique, concentré entre les mains de quelques gros négociants, occupe des milliers d'ouvriers dans les campagnes. La métallurgie connaît un rapide essor. Elle se localise au Nord, près des Ardennes et au Sud-Est. La Manufacture royale d'armes de Charleville emploie 500 ouvriers en 1789. Un tel cas de concentration est rare, car la tendance est plutôt au morcellement et à la dispersion des entreprises. La coutellerie langroise essaime, par exemple, le long de la Marne, du Rognon et de la Meuse. Cela n'empêche pas la généralité de Châlons d'arriver au premier rang de la production métallurgique française, avec en 1771 : 70 hauts fourneaux, 73 forges, 40 000 tonnes de fonte et 30 000 tonnes de fer.

L'industrialisation élargit le fossé social entre riches et pauvres. A côté de l'opulence des nouvelles dynasties bourgeoises, des milliers d'ouvriers vivent dans une situation précaire, à la merci de la moindre crise, comme celle de 1788 qui, à Troyes, mit 6 000 d'entre eux au chômage. La Révolution reçut donc, à ses débuts, un accueil favorable. Deux épisodes capitaux, qui influencèrent son déroulement, se déroulèrent en Champagne : la fuite du roi, en juin 1791, et son arrestation à Varennes *(voir p. 120)*, la bataille de Valmy *(voir p. 120)* le 20 septembre 1792.

Sur le plan artistique, le 18e s. a laissé une empreinte architecturale toute entière tournée vers l'embellissement des villes, comme le rappelle la belle place Royale de Reims *(p. 101)*. Cependant, le goût de la rénovation entraîna de nombreuses destructions d'édifices anciens : c'est ainsi que la plupart des grands monastères de la région furent démantelés et que des chefs-d'œuvre de l'art roman disparurent, parfois retrouvés récemment comme le cloître de Notre-Dame-en-Vaux à Châlons-sur-Marne *(p. 51)*.

Danton (1759-1794). — Georges-Jacques Danton naquit à Arcis-sur-Aube le 28 octobre 1759. Son père qui était procureur décéda trois ans après sa naissance. Élevé par sa mère et le second mari de celle-ci, il fit un séjour chez les oratoriens de Troyes (1773-1775) puis rentra à Arcis où il compléta son instruction en apprenant l'anglais et en lisant beaucoup. Il s'installa ensuite à Paris pour y étudier le droit. Il était avocat lorsque la Révolution éclata. Servi par une éloquence fougueuse, Danton se fait remarquer au club des Cordeliers. Dirigeant le gouvernement après la journée du 10 août 1792 — qui avait abouti à la chute du roi —, il donne une extraordinaire impulsion à la défense nationale. Les frontières sont menacées : les Prussiens, soutenus par les émigrés de l'« armée de Condé », occupent Verdun le 2 septembre puis franchissent les défilés de l'Argonne qui leur ouvrent la route de Paris. Danton lance alors sa célèbre formule : « Il nous faut de l'audace, encore de l'audace, toujours de l'audace, et la France est sauvée ». Elle l'est en effet, dans sa Champagne natale, à Valmy.

Le bouillant patriote participe ensuite à la création du Tribunal révolutionnaire et du Comité de salut public, dont il prend le contrôle d'avril à juillet 1793. Après avoir tenté de s'entendre avec les Girondins, Danton travaille à leur chute. Mais, Robespierre guette son vieil adversaire qui fait désormais partie des Indulgents, c'est-à-dire de ceux qui veulent en finir avec la Terreur et signer la paix avec l'ennemi. Sur un rapport de Saint-Just, Danton et ses amis (Fabre d'Églantine, Camille Desmoulins et Hérault de Séchelles) sont arrêtés. Traduits devant le Tribunal révolutionnaire, ils se défendent si bien que la Convention vote un décret mettant hors des débats tout prévenu qui insulterait la justice. Après une parodie de procès, ils montent à l'échafaud le 6 avril 1794.

Violent en paroles, Danton était souvent prudent et modéré dans ses actes. D'une activité débordante, mais d'un caractère nonchalant, tantôt ardent patriote, tantôt intrigant suspect, aimant la vie et ses plaisirs, il reste une grande figure de la Révolution française.

*Pour voyager, utilisez les **cartes Michelin** à 1/200 000.*

Elles sont constamment tenues à jour.

LES GUERRES MODERNES

La campagne de France de Napoléon. — Le jeune Bonaparte avait passé une partie de sa jeunesse en Champagne, à l'école de Brienne-le-Château *(voir p. 48)*. Il y revint trente ans plus tard pour lutter contre l'invasion des Alliés (Russes, Autrichiens et Prussiens), commandés par les généraux Blücher et Schwartzenberg.

Ulcéré par les reculades de ses maréchaux devant l'ennemi — qui avait franchi le Rhin le 1er janvier 1814 —, Napoléon décide de prendre la direction des opérations : le 24 janvier il part pour Châlons où il retrouve Marmont, Ney et Kellermann, le vainqueur de Valmy. Son armée est composée en grande partie de très jeunes conscrits, les « Marie-Louise ».

Le 27, Napoléon, qui avait chaussé ses « bottes de 93 », entre à St-Dizier où il apprend que Blücher et Schwartzenberg cherchent à se rejoindre. Marchant sur le premier, il le surprend à Brienne (le 29) et le bat malgré une infériorité numérique flagrante. Le lendemain les alliés lancent plus de 100 000 hommes contre Napoléon. Celui-ci parvient à se maintenir à la Rothière puis se replie sur Troyes. Pressé d'accepter les conditions des Alliés — le retour aux frontières de 1791 —, l'Empereur répond : « Laisser la France plus petite que je ne l'ai trouvée, jamais ». Blücher et Schwartzenberg commettent alors la faute de se séparer à nouveau. Le 10 février, Napoléon attaque à Champaubert, le 11 à Montmirail *(p. 82)*, le 12 à Château-Thierry *(p. 56)* et le 14 à Vauchamps, autant de victoires sur l'armée de Blücher, qui est presque détruite. Il tombe ensuite sur Schwartzenberg (batailles de Mormant et de Montereau) le long de la Seine, et le rejette vers Chaumont. Sûr de lui, il repousse les offres d'armistice et renonce à rappeler ses troupes d'Italie.

Victimes des ravages ennemis, les paysans massacrent les groupes isolés, les patrouilles et assaillent les convois. Les Alliés s'inquiètent d'un possible soulèvement général, mais le tsar Alexandre Ier, dans un grand conseil tenu à Bar-sur-Aube *(p. 44)*, maintient l'unité des Alliés. Le 1er mars, le traité de Chaumont consacre l'alliance européenne contre la France : l'Angleterre, l'Autriche, la Prusse et la Russie s'engagent à fournir chacune un contingent de 150 000 hommes jusqu'à la fin de la guerre.

Quittant Troyes où il stationne depuis le 24 février, Napoléon se lance à la poursuite de Blücher qui s'échappe sur la route de Paris, il parvient à le repousser sur Laon après l'avoir défait à Craonne. Le 13 mars, il marche sur Reims et détruit un corps russo-prussien. Il rentre à Reims qui lui réserve un accueil triomphal. Mais, devant les nouveaux projets de Schwartzenberg, qui reprend Troyes et s'approche de Provins, l'Empereur traverse la Marne (17-20 mars). Le 20, il livre la bataille décisive d'Arcis-sur-Aube *(p. 40)* avec 20 000 hommes contre 90 000 Autrichiens ; jugeant la partie trop inégale, il se replie et passe, le lendemain, l'Aube. Pour la première fois, Napoléon vient d'être battu. Le 24 mars, à Sommepuis, les Alliés, encouragés par leur succès, décident la marche sur Paris où ils savent pouvoir compter sur d'efficaces complicités. Trompant Napoléon en dressant un rideau de cavalerie à St-Dizier, ils refoulent Mortier et Marmont à Fère-Champenoise (25 mars). Le 28, ils touchent au but. Napoléon ne se considère pas comme vaincu : le 29 il accourt avec son armée à Troyes, le 30 il est à Sens. Il demande alors à Marmont de

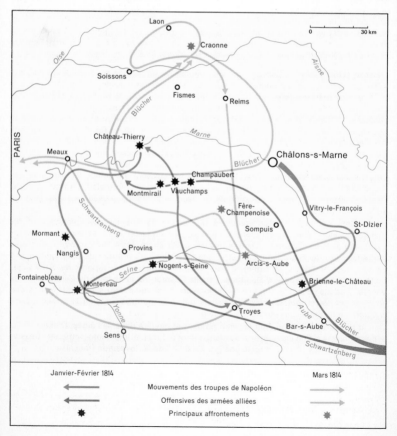

Janvier-Février 1814	Mars 1814

Mouvements des troupes de Napoléon

Offensives des armées alliées

Principaux affrontements

tenir encore un jour pour lui laisser le temps de prendre l'ennemi en tenaille. Mais dans la nuit du 30, le duc de Raguse, en accord avec Talleyrand, signe la reddition. Napoléon a perdu la partie. Le 6 avril 1814, il abdique à Fontainebleau.

La Champagne, une fois de plus, a considérablement souffert de la guerre. Les armées ont épuisé le pays, et la campagne a coûté 34 millions de francs au département de la Marne. Les Alliés eurent l'occasion de revenir en 1815, au lendemain de Waterloo. Plus de 350 000 soldats passèrent ainsi à Troyes. En outre, la région fut occupée deux ans.

Un général napoléonien : Drouet d'Erlon. — Né à Reims en 1765 dans une famille populaire, Jean-Baptiste Drouet est l'exemple type de ces soldats de l'an II, qui se hissèrent aux plus hauts sommets de la hiérarchie militaire sous l'Empire.

Drouet avait déjà accompli des années de service avant la Révolution, quand il décida de s'engager, en 1792, au bataillon des chasseurs de Reims. Aide de camp du général Lefebvre, il prend part aux sièges de Valenciennes et de Condé en 1794. Passé sous les ordres de Hoche à l'armée du Rhin, il devient général de brigade en 1799, il a 34 ans.

Drouet continue de se distinguer sous le Consulat et l'Empire, où il sillonne un peu tous les champs de bataille, notamment ceux de Hohenlinden, d'Iéna et de Friedland. En récompense de sa bravoure, Napoléon le fait comte d'Erlon en 1809. Combattant les Anglais en Espagne, puis dans la région de Toulouse, il n'est pas aux côtés de l'Empereur pendant la campagne de France. Il se rallie aux Bourbons, mais les abandonne dès que Napoléon rentre en France.

Proscrit par ordonnance royale du 25 juillet 1815, condamné à mort par contumace, Drouet d'Erlon s'établit à Bayreuth et y tient une brasserie ! Il ne rentre en France qu'en 1825. Après la révolution de Juillet, Louis-Philippe le nomme pair puis Gouverneur général de l'Algérie nouvellement conquise. Il obtient son bâton de maréchal en 1843, quelques mois avant sa mort. En 1849, la ville de Reims lui a élevé une statue.

La guerre de 1870. — Après les défaites subies en Alsace, une nouvelle armée se forme, sous les ordres de Mac-Mahon au camp de Châlons-sur-Marne *(p. 49).* Le 17 août, Napoléon III — qui n'était pas un stratège — y tient un important conseil de guerre, à la suite de quoi l'armée s'ébranle en direction de Reims. Installé au château de Courcelles, l'empereur, démoralisé, incapable de prendre une décision rapide, écoute les avis divergents de son entourage : faut-il se replier sur Paris ou faut-il se porter au secours de Bazaine bloqué à Metz ? C'est finalement la seconde solution qui prévaut : le 23, Mac-Mahon prend la route des Ardennes, espérant contourner les

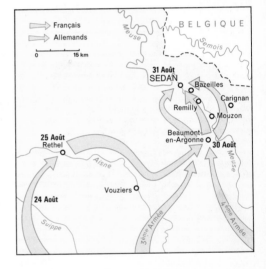

Prussiens. Le 24, il est sur la Suippe, le 25, il arrive sur l'Aisne qu'il borde de Rethel à Vouziers, tout cela en traînant. L'empereur suit cet amas de troupes désorientées par tant d'impérities et mal nourries de surcroît.

Mac-Mahon a choisi de passer la Meuse à Remilly et à Mouzon, dans l'idée de se rabattre ensuite sur la route de Briey. Ayant percé ses desseins, Moltke décide de l'arrêter avant qu'il n'atteigne le fleuve. Il ordonne au prince de Saxe commandant la IVe Armée de l'attaquer près de Beaumont-en-Argonne. Le 30, à midi, le général de Failly se laisse surprendre et doit repasser la Meuse après avoir subi de lourdes pertes. Mac-Mahon, croyant n'avoir à ses trousses que la petite armée du prince de Saxe, se résout à chercher un abri à quelques kilomètres en aval, à Sedan. Dans le même temps la IIIe Armée du Prince royal de Prusse l'enveloppe par le Sud-Ouest. Le sort de la guerre est joué.

Prenant le train à Carignan, Napoléon arrive à son tour à Sedan le 31. Prise dans une souricière, l'armée française, malgré quelques exploits comme celui de **Bazeilles** *(p. 45),* doit capituler le 2 septembre *(voir p. 109).* 83 000 hommes sont faits prisonniers, 3 000 ont été tués et 14 000 blessés. La France est ouverte à l'invasion. Il ne faut plus aux Prussiens que quelques marches pour atteindre Paris. Depuis le 26 août ils occupaient Châlons, mais ils n'entrent à Reims que le 4 septembre, jour de la chute de l'Empire.

La guerre continua avec le gouvernement de la Défense nationale. La place de Mézières parvint à tenir jusqu'au 1er janvier 1871 et Revin ne se rendit que le 5. Des groupes de francs-tireurs poursuivaient isolément la lutte, provoquant parfois d'horribles représailles de la part de l'ennemi contre les populations civiles (incendie du village ardennais de Chestres, exécution du curé de Cuchery dans la Marne). Les grands théâtres d'opérations ne se situaient plus en Champagne, mais sur la Loire où s'illustra le général Chanzy, en Normandie et en Picardie, en Bourgogne et en Franche-Comté.

La guerre se termina le 28 janvier 1871 par l'armistice et la capitulation de Paris. Le traité de Francfort (10 mai) se traduisit par la perte de l'Alsace et de la Lorraine moins Belfort, ce qui rapprochait la Champagne des frontières.

Un Ardennais illustre : le général Chanzy (1823-1883). — Né à Nouart dans les Ardennes, en 1823, Chanzy, tenté par la carrière militaire, entra à St-Cyr en 1841 et exerça par la suite de nombreux commandements en Algérie. Général de brigade en 1868, divisionnaire le 20 octobre 1870, il prend la tête de la IIe Armée de la Loire rassemblée à la hâte par Gambetta, pour tenter de renverser la situation au profit de la France.

Le prestige du glorieux général est tel qu'il est élu député des Ardennes en 1871, sans avoir fait acte de candidature. Fidèle à son image, il vote contre la paix et se montre partisan de la lutte. En 1873, Mac-Mahon le nomme Gouverneur général de l'Algérie, où il déploie d'insoupçonnés talents d'administrateur. Sénateur républicain inamovible en 1875, il est aussi président du conseil général des Ardennes. En 1879, il devient ambassadeur de France à St-Pétersbourg. En 1881, il retourne à la vie militaire comme commandant le 6e corps à Châlons-sur-Marne et décède subitement le 5 janvier 1883.

La grande Guerre (1914-1918)

La bataille de la Marne (1914). — Les Allemands envahissent la Belgique, gagnent la bataille des frontières et repoussent vers le Sud l'armée française de Lanrezac et l'armée britannique de French, les refoulant au-delà de la Marne. Von Kluck fonce alors en direction de la Seine et, n'obéissant pas aux ordres supérieurs, décide d'attaquer par l'Est plutôt que par l'Ouest. Voyant cela, le 4 septembre, les Français amorcent une manœuvre délicate, dirigée par Joffre que seconde Gallieni. Celui-ci suggère d'attaquer Von Kluck sur son flanc droit avec pour objectif le cours de l'Ourcq *(voir bataille de l'Ourcq dans le Guide Vert Ile-de-France)*. Il rassemble alors l'armée Maunoury et les troupes de la garnison de Paris que renforcent 4 000 hommes qui vont être amenés sur le front par 600 taxis parisiens : c'est le fameux épisode des taxis de la Marne. En même temps Franchey d'Esperey contre-attaque à Montmirail et Foch se bat en lisière des marais de St-Gond contre l'armée de Von Bülow *(p. 106)*. Une brèche s'ouvre dans les armées allemandes, brèche dans laquelle s'enfonce l'armée anglaise. Les Allemands menacés d'être coupés battent en retraite jusqu'à la vallée de l'Aisne où ils se retranchent. Le front est alors fixé au centre.

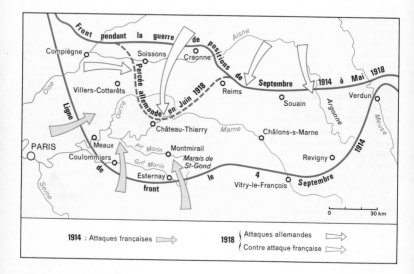

1914 : Attaques françaises ⟹   **1918** { Attaques allemandes ⟹
                                                    { Contre attaque française ⟹

Guerre de positions (septembre 1914-mai 1918). — C'est la guerre des tranchées pendant laquelle se poursuit une lutte épuisante et sanglante. Chacun des hauts commandements cherche la percée décisive dont l'exploitation mettra hors de combat l'adversaire. C'est ainsi que de nombreuses offensives sont montées de part et d'autre. La plus importante en Champagne est l'offensive française (septembre 1915) dans la région de Souain (les Hurlus, Massiges et la ferme de Navarin).

Seconde bataille de la Marne (juillet-novembre 1918). — Les Allemands font une percée vers la Marne en juin 1918, mais grâce à une contre-attaque menée par Mangin, débouchant de la vallée de Villers-Cotterets et menaçant le flanc du saillant allemand de Château-Thierry, Foch reprend l'initiative et remporte la seconde bataille de la Marne. Les Allemands, pressés de toutes parts, replient l'ensemble de leur dispositif sur la ligne Hindenburg, système de positions fortifiées se prolongeant de la Fère à St-Quentin. Le 26 septembre, enfin, Foch déclenche l'offensive générale qui aboutira à la défaite allemande et à l'armistice de Rethondes (11 novembre 1918).

Seconde Guerre mondiale (1939-1945)

La campagne de France (1940). — Après la drôle de guerre qui avait duré tout l'hiver, le 10 mai 1940 les Allemands envahissent la Belgique et la Hollande. La Wehrmacht fait alors porter son effort principal sur les Ardennes, région réputée impénétrable où l'effet de surprise jouera à plein. Les 40 divisions allemandes dont 7 « panzer » se trouvent devant 18 divisions françaises mal armées et composées essentiellement de réservistes. Les Allemands enfoncent sans peine le front français et franchissent la Meuse à Sedan le 14 mai au soir. L'armée Corap est volatilisée et l'armée Huntziger se replie sur la ligne Maginot. Dans la brèche ainsi formée les Allemands peuvent avancer sans obstacle et courent vers la mer qu'ils atteindront 8 jours plus tard.

LE MONACHISME CHAMPENOIS

Avec la Bourgogne, la Champagne fut un des hauts lieux du monachisme médiéval. Malheureusement, les grandes abbayes carolingiennes puis cisterciennes de la région ont toutes été détruites. Néanmoins, leur empreinte a fortement marqué l'histoire religieuse et artistique française, de nombreuses traces en subsistent encore.

Les premiers monastères. — Les premières fondations monastiques remontent au 6ᵉ s. Elles émanaient soit d'initiatives de saints évangélisateurs (saint Thiou, saint Lyé, saint Loup), soit d'initiatives princières (Baudry, fils de Sigebert Iᵉʳ par exemple). Toutefois l'élan principal vint de Luxeuil où saint Colomban, le missionnaire irlandais, avait fondé un monastère doté d'une règle qui fut très généralement adoptée dans la France du Nord. Les abbayes d'Isle-Aumont *(p. 69)*, d'Hautvillers *(p. 69)*, de Montier-en-Der *(p. 81)*, de Puellemontier *(p. 81)*, de Verzy, de St-Thierry *(p. 102)* et plusieurs abbayes rémoises fleurirent à l'époque mérovingienne. Au 9ᵉ siècle, Montiéramey et St-Urbain s'ajoutèrent à cette liste. Ces monastères et leurs ateliers de copistes, particulièrement celui d'Hautvillers, qui fut le fleuron de l'école de Reims, jouèrent un rôle essentiel dans le renouveau artistique et culturel des temps carolingiens.

Le rayonnement artistique de l'école de Reims. — La renaissance carolingienne rencontra un large écho en Champagne, autour de Reims. Ebbon, frère de lait de Louis le Pieux, archevêque de 816 à 834, sut s'entourer d'artistes qui exécutèrent quelques-uns des plus beaux manuscrits de leur temps.

L'art de l'enluminure met en exergue un personnage, le copiste, au travail dans le silence et l'application de son atelier monastique, le **scriptorium.** Il assure la lente transmission de textes venus de l'Antiquité, mais il le fait avec soin et avec un goût du beau. La miniature est une lettre dont les contours sont soulignés ou décorés de minium, la matière première qui fournit le rouge. On enluminait donc les textes pour les éclairer et les rendre plus agréables à utiliser. Les livres étaient une denrée rare, ils ne circulaient qu'entre les mains de quelques clercs. Dans leur décoration apparaît la marque d'un atelier, plus ou moins habile, qui reflète les mentalités et les goûts de l'époque.

Le **psautier dit d'Utrecht** fut écrit et illustré entre 820 et 830 dans le scriptorium de l'abbaye d'**Hautvillers,** dont sortirent les plus remarquables productions de l'empire. Il regroupe un ensemble d'illustrations, souvent qualifiées de « réalistes », en tout cas très vivantes et dynamiques comme la plume alerte qui les a dessinées. Les spécialistes ont noté l'extraordinaire mouvement des corps et la force d'expression transmise aux attitudes des personnages qui évoluent dans un univers biblique non dépourvu d'influences antiques.

Les Rémois sont également les auteurs d'un splendide recueil d'Évangiles au style hellénisant dérivant des modèles aixois. Conservés à la bibliothèque d'Épernay, d'où le nom d'**Évangéliaire d'Épernay,** ces manuscrits enluminés sont d'une même facture nerveuse et farouche que le psautier. Leur originalité a séduit les contemporains.

Les arts précieux ont également tenu une grande place dans la création artistique des ateliers champenois : les ivoires sculptés, les reliquaires émaillés et sertis de pierres précieuses, les plats de reliures et toutes sortes de bijoux qui en sont sortis, prouvent une grande maîtrise des techniques de l'orfèvrerie.

Le rayonnement d'Hautvillers s'est poursuivi sous l'autorité de l'archevêque Hincmar, un proche de Charles le Chauve. Le souverain carolingien, soucieux de la majesté royale, fut lui aussi un promoteur des arts. Avec Corbie et St-Denis, Reims continua donc à produire de prestigieux manuscrits et de splendides pièces d'orfèvrerie comme le « talisman de Charlemagne », conservé au palais du Tau à Reims *(p. 97)*.

L'influence de l'école de Reims se fit encore sentir aux 10ᵉ et 11ᵉ s. jusqu'en Angleterre où étaient recopiées les miniatures du psautier d'Utrecht. Cependant, elle déclina au profit des foyers nouveaux de l'empire ottonien (Trèves, Reichenau, Cologne, etc.) et de l'abbaye royale de St-Denis.

Clairvaux. — Après une longue période de troubles et de laisser-aller, une ère religieuse nouvelle s'ouvre dans la seconde moitié du 11ᵉ s. La réforme grégorienne marque une volonté de retour aux sources, illustrée par la fondation de **Cîteaux** (Bourgogne) en 1098 par Robert de Molesme, un moine bénédictin de Montier-la-Celle près de Troyes. En réaction à l'opulence clunisienne, le mouvement cistercien met l'accent sur le dénuement et pose pour principe que les moines doivent se suffire à eux-mêmes. Les adeptes du nouvel ordre se mettent en quête de lieux isolés où, dans la solitude et la prière, ils peuvent atteindre leur idéal de renoncement. En 1115, Étienne Harding, abbé de Cîteaux, confie à Bernard de Fontaine le soin de fonder un établissement dans la vallée de l'Absinthe qui devient « Clairvaux » (la claire vallée). Le jeune abbé accomplit là une œuvre gigantesque. Dénué de tout, il se heurte au début à de grandes difficultés : rigueur du climat, maladies, souffrances physiques, etc. Il impose à ses moines, comme à lui-même les plus durs travaux, « mangeant légumes à l'eau et buvant de l'eau claire, couchant sur un bat-flanc ou sur un pauvre grabat, ne se chauffant pas l'hiver, portant jour et nuit les mêmes vêtements d'humble laine ». Le succès ne se fait pas attendre : l'attirance pour cette nouvelle forme de spiritualité et le renom de Bernard suscitent une multitude de vocations enthousiastes si bien qu'en 1118 est fondée l'abbaye de Trois-Fontaines *(p. 106)*. En 1153, à la mort du champion de la Chrétienté *(voir p. 17)*, l'Ordre compte 345 monastères dont 167 issus de Clairvaux et répandus dans tout l'Occident.

La vie monastique cistercienne. — Saint Bernard a su définir d'une façon intransigeante et faire appliquer à la lettre la règle bénédictine promulguée avant lui. Il interdit de percevoir des dîmes, de recevoir ou d'acheter des terres et il impose à ses moines de Clairvaux — et par extension, à tous les moines de l'ordre cistercien — des conditions de vie rigoureuses. La nourriture est frugale. Le repos est de 7 heures : les moines couchent tout habillés dans un dortoir commun.

L'emploi du temps d'une journée est réglé avec une précision méthodique : levés entre 1 h et 2 h du matin, les moines chantent matines, puis laudes, célèbrent les messes privées, récitent les heures canoniales — prime, tierce, sexte, nones, vêpres, complies —, assistent à la messe conventuelle. Les offices divins occupent ainsi 6 à 7 heures et le reste du temps est partagé entre le travail manuel, le travail intellectuel et les lectures pieuses. Chef de la communauté, l'Abbé vit parmi ses moines dont il partage les repas, préside aux offices, au chapitre, aux réunions. Il est assisté d'un Prieur, qui le remplace en son absence.

La Règle attache une grande importance au travail de la terre, si bien que chaque abbaye ne tarde pas à devenir un centre agricole de premier plan, pionnier dans l'avance du front de colonisation. Les moines cultivent le sol de manière efficace. Le système d'exploitation repose en fait sur les **granges,** qui sont des fermes dépendant de l'abbaye : Clairvaux en possédait une douzaine pour une superficie de 1 200 hectares. Chaque grange comprend, outre les bâtiments d'exploitation, un dortoir, un réfectoire, un chauffoir et une chapelle. Aux activités agricoles s'ajoutent bientôt l'exploitation de mines et de forges. Clairvaux eut ainsi une dizaine d'« usines » métallurgiques qui formèrent un bassin industriel au Nord-Ouest de Chaumont et firent de l'abbaye le premier producteur de fer en Champagne.

Trois catégories de personnes vivent à l'abbaye. Les **moines** en titre prient, les **convers** se chargent des travaux des champs, aidés par des **oblats** qui sont des laïcs autorisés à participer à la prière et qui travaillent à vie pour le monastère en échange du gîte et du couvert.

L'architecture de Clairvaux. — En accord avec les principes de pureté et de dépouillement de l'Ordre, l'architecture cistercienne se caractérise par sa sobriété et son austérité. Saint Bernard s'efforce de lutter contre le luxe déployé par de nombreuses églises conventuelles. Il écrit à Guillaume, abbé de St-Thierry : « Pourquoi cette hauteur excessive des églises, cette longueur démesurée, cette largeur superflue, ces ornements somptueux, ces peintures curieuses qui attirent les yeux et troublent l'attention et le recueillement ?... nous les moines, qui avons quitté les rangs du peuple, qui avons renoncé aux richesses et à l'éclat du monde pour l'amour du Christ..., de qui prétendons-nous réveiller la dévotion par ces ornements ? »

S'il ne reste plus grand-chose aujourd'hui de l'abbaye de Clairvaux *(p. 44)*, on a pu malgré tout restituer le plan de l'église. Cette dernière fut construite de 1135 à 1145 puis agrandie de 1154 à 1174 ; elle fut rasée entre 1812 et 1819. En forme de croix latine, longue d'une centaine de mètres, sa nef à collatéraux se terminait primitivement par un petit chevet flanqué de 3 chapelles ouvrant sur un vaste transept. Ce chevet fut démoli et remplacé par un nouveau chevet à déambulatoire, donnant sur 9 chapelles juxtaposées qui ne faisaient pas saillie à l'extérieur. Ce plan servit de modèle à de nombreuses églises cisterciennes, notamment à Fontenay. L'église communiquait avec le cloître et les autres bâtiments dont ne subsistent que le cellier et le lavoir.

L'abbaye de Trois-Fontaines, première fille de Clairvaux, a laissé quelques vestiges supplémentaires. De même, plusieurs granges sont parvenues jusqu'à nous, dans un état, il est vrai, proche de la ruine.

Les enluminures de l'atelier de Clairvaux. — Les manuscrits de Clairvaux témoignent du renouveau artistique de la Champagne du 12e s., rappelant ainsi les heures brillantes de l'école de Reims.

L'atelier abbatial de Clairvaux réalisa une abondante production (en partie conservée à la bibliothèque de la ville de Troyes, *p. 119*) toute imprégnée de l'esprit cistercien. Saint Bernard avait là aussi préconisé l'austérité : il se défiait en particulier des couleurs vives et des dessins trop imaginatifs. Aussi, les formes géométriques et les palmettes aux coloris ternes (tons de bleu ou de vert, rouges pâles, ocres, etc.) ont-elles tendance à dominer. Toutefois, comme le montre la Bible dite « de saint Bernard », une certaine richesse décorative n'est pas totalement exclue : l'utilisation de couleurs chatoyantes et la représentation de scènes pittoresques mettaient un peu de gaieté.

De ce style sobre et dépouillé émerge une émotion esthétique traduisant « le sens de la beauté, de la grandeur et de la noblesse dans l'austérité » (Marcel Aubert).

Les précieux livres de Clairvaux furent copiés par des moines venus de toute l'Europe. On estime qu'à la fin du 12e siècle, l'abbaye possédait environ 340 volumes de grand format et qu'il avait fallu 300 moutons pour réaliser la seule Grande Bible !

Les autres mouvements monastiques. — Bien qu'en position dominante, les cisterciens n'eurent pas le monopole de la vie monastique. Les fontevristes et les chartreux fondèrent aussi des établissements. Au Paraclet, l'école d'Abélard brillait de tous ses feux *(voir p. 17)*. Au début du 13e siècle, les ordres mendiants firent leur apparition dans les villes : les clarisses, les dominicains et les franciscains s'installèrent à Reims, à Châlons et à Troyes entre 1219 et 1260. Il s'agissait d'un monachisme bien différent de celui de Cîteaux. La pauvreté n'était pas factice pour le moine dominicain qui devait mendier son pain de porte en porte. Le cloître n'était plus son seul horizon, il devait en sortir pour répandre la foi dans le peuple. Autant qu'un homme de prière, le moine devient un homme d'action.

Participez à notre effort permanent
de mise à jour.

Adressez-nous vos remarques
et vos suggestions.

Cartes et Guides Michelin
46 avenue de Breteuil - 75341 Paris Cedex 07

VIE LITTÉRAIRE

Moyen Age. — Dès le 12e s. la Champagne compte des écrivains en langue française. **Chrestien de Troyes** (v. 1135-v. 1183), reçu à la Cour de Champagne par la comtesse Marie, fait l'éloge de l'amour courtois et écrit des romans de chevalerie inspirés de légendes bretonnes : « Lancelot ou le Chevalier à la Charrette », « Perceval ou le Conte du Graal ».

Avec les croisades apparaissent les chroniques, récits relatant ces épopées extraordinaires, décrivant les pays traversés, les peuples rencontrés… **Geoffroy de Villehardouin** (1150-1213), maréchal de Champagne, est le premier avec son « Histoire de la Conquête de Constantinople » évoquant la quatrième croisade.

Quelques décennies plus tard, **Jean, Sire de Joinville** (1224-1317), sénéchal de Champagne, accompagne Saint Louis en Égypte et en fait le récit dans son « Histoire de Saint Louis » (1309). Le comte de Champagne, **Thibaud IV** (1201-1253) qui devint roi de Navarre en 1234, écrivit plusieurs poèmes dont « Jeux parties » et « Chansons ». Après avoir conduit une croisade jusqu'à Jérusalem, il mourut dans sa capitale Pampelune.

(Photo Bibliothèque Nationale)

Manuscrit du 14e s.
Joinville présente son Histoire de Saint Louis à Louis X le Hutin.

A la même époque, **Rutebœuf,** également d'origine champenoise, fait la satire des ecclésiastiques, des étudiants, des marchands et écrit des poèmes dont « Que sont mes amis devenus… »

Eustache Deschamps, Maître des Eaux et Forêts de Champagne et de Brie, né à Vertus (v. 1346-v. 1406), auteur de ballades et de rondeaux, fustige les femmes dans son « Miroir du mariage ».

Le 17e s. — Montmirail voit naître **Paul de Gondi** (1613-1679), cardinal de Retz, qui joua un rôle important pendant la Fronde, comme chef de l'opposition. Ce rival de La Rochefoucauld, s'exprimant aussi sous forme de maximes, brosse dans ses mémoires un remarquable tableau de l'activité politique en France.

Jean de La Fontaine (1621-1695), né à Château-Thierry, évoque les paysages de Champagne dans ses fables et consacre un poème à sa capitale :

> « Il n'est cité que je préfère à Reims
> c'est l'ornement et l'honneur de la France,
> car sans compter l'ampoule et les bons vins,
> charmants objets y sont en abondance. »

Les charmants objets dont il est question est « telle de nos Rémoises, friande assez pour la bouche d'un roi ».

Le 18e s. — **Denis Diderot** (1713-1784) naît à Langres et restera très attaché à sa région. L'auteur de l'Encyclopédie (1751) fut probablement l'un des esprits les plus hardis du 18e s. … avec **Voltaire** (1694-1778) qui après la publication des Lettres philosophiques (1734) se réfugia au château de Cirey-sur-Blaise *(voir p. 46)* chez Mme du Châtelet.

Ces philosophes, propagateurs d'idées, inspirèrent la Révolution dont l'un des principaux orateurs fut l'avocat champenois **Danton** (1759-1794) né à Arcis-sur-Aube *(voir p. 21)*.

Le 19e et le 20e s. — Le 19e s. a mis à l'honneur plusieurs Ardennais.

Michelet (1798-1874), le grand historien, bien que né à Paris, évoque souvent ses souches ardennaises. Il a fait de nombreux séjours à Renwez, près de Rocroi, qu'il décrit dans ses œuvres autobiographiques « Ma jeunesse » et « Mon journal ».

Né à Vouziers, **Taine** (1828-1893) explique l'histoire des hommes et des œuvres par l'influence du milieu naturel. C'est ainsi qu'il commente les fables de La Fontaine en analysant le caractère champenois de l'auteur dans un ouvrage intitulé « Essai sur les fablés de La Fontaine ».

Verlaine (1844-1896) vit le jour à Metz mais se rattache à l'Ardenne par les années qu'il passa à Rethel et surtout par son amitié avec Rimbaud. Son père était d'ailleurs ardennais :
> « Au pays de mon père, il est des bois sans nombre »…

Arthur Rimbaud (1854-1891) le poète maudit, l'homme aux semelles de vent, est enfant de Charleville *(voir p. 54)* où il fut enterré après de nombreuses errances.

Plus récemment **André Dhôtel**, le romancier d'Arrigny, entraîne ses lecteurs vers le rêve, le mystère. Son livre « Le pays où l'on n'arrive jamais » a pour cadre la vallée de la Meuse.

Parmi les champenois, **Paul Fort** (1872-1960), Rémois qui reçut le titre de Prince des Poètes, fut l'auteur des Ballades françaises…

Enfin, bien qu'homme du Nord, **Charles de Gaulle** a laissé l'empreinte de sa forte personnalité en Champagne où il se retira. C'est à Colombey-les-Deux-Églises qu'il écrivit ses Mémoires et il évoque les paysages de cette région qu'il aimait tant *(voir p. 60)*.

27

L'ART

ABC D'ARCHITECTURE

A l'intention des lecteurs peu familiarisés avec la terminologie employée en architecture, nous donnons ci-après quelques indications générales sur l'architecture religieuse et militaire, suivies d'une liste alphabétique des termes d'art employés pour la description des monuments dans ce guide.

Architecture religieuse

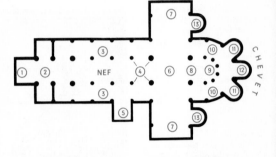

illustration I ▶

Plan-type d'une église : il est en forme de croix latine, les deux bras de la croix formant le transept.
① Porche – ② Narthex ③ Collatéraux ou bas-côtés (parfois doubles) – ④ Travée (division transversale de la nef comprise entre deux piliers) ⑤ Chapelle latérale (souvent postérieure à l'ensemble de l'édifice) – ⑥ Croisée du transept – ⑦ Croisillons ou bras du transept, saillants ou non,
comportant souvent un portail latéral – ⑧ Chœur, presque toujours « orienté » c'est-à-dire tourné vers l'Est ; très vaste et réservé aux moines dans les églises abbatiales – ⑨ Rond-point du chœur ⑩ Déambulatoire : prolongement des bas-côtés autour du chœur permettant de défiler devant les reliques dans les églises de pèlerinage – ⑪ Chapelles rayonnantes ou absidioles – ⑫ Chapelle absidale ou axiale. Dans les églises non dédiées à la Vierge, cette chapelle, dans l'axe du monument, lui est souvent consacrée ⑬ Chapelle orientée.

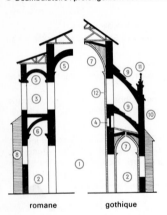

romane   gothique

◀ illustration II

Coupe d'une église : ① Nef – ② Bas-côté – ③ Tribune – ④ Triforium – ⑤ Voûte en berceau – ⑥ Voûte en demi-berceau – ⑦ Voûte d'ogive – ⑧ Contrefort étayant la base du mur – ⑨ Arc-boutant – ⑩ Culée d'arc-boutant – ⑪ Pinacle équilibrant la culée – ⑫ Fenêtre haute.

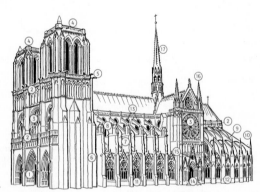

illustration III ▶

Cathédrale gothique : ① Portail – ② Galerie – ③ Grande rose – ④ Tour-clocher quelquefois terminée par une flèche – ⑤ Gargouille servant à l'écoulement des eaux de pluie – ⑥ Contrefort – ⑦ Culée d'arc-boutant ⑧ Volée d'arc-boutant – ⑨ Arc-boutant à double volée – ⑩ Pinacle – ⑪ Chapelle latérale – ⑫ Chapelle rayonnante – ⑬ Fenêtre haute – ⑭ Portail latéral – ⑮ Gâble – ⑯ Clocheton – ⑰ Flèche (ici, placée sur la croisée du transept).

◀ illustration IV

Voûte d'arêtes :
① Grande arcade
② Arête – ③ Doubleau.

illustration V ▶

Voûte en cul-de-four : elle termine les absides des nefs voûtées en berceau.

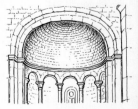

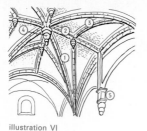

illustration VI

Voûte à clef pendante :
① Ogive – ② Lierne
③ Tierceron – ④ Clef pendante
⑤ Cul-de-lampe.

illustration VII

Voûte sur croisée d'ogives
① Arc diagonal – ② Doubleau
③ Formeret – ④ Arc-boutant
⑤ Clef de voûte.

▼ illustration VIII

Portail : ① Archivolte ; elle peut être en plein cintre, en arc brisé, en anse de panier, en accolade, quelquefois ornée d'un gâble – ② Voussures (en cordons, moulurées, sculptées ou ornées de statues) formant l'archivolte ③ Tympan – ④ Linteau – ⑤ Piédroit ou jambage – ⑥ Ébrasements, quelquefois ornés de statues – ⑦ Trumeau (auquel est généralement adossé une statue) – ⑧ Pentures.

illustration IX ▶

Arcs et piliers : ① Nervures ② Tailloir ou abaque – ③ Chapiteau – ④ Fût ou colonne – ⑤ Base – ⑥ Colonne engagée – ⑦ Dosseret – ⑧ Linteau – ⑨ Arc de décharge – ⑩ Frise.

Architecture militaire

illustration X

Enceinte fortifiée : ① Hourd (galerie en bois) – ② Mâchicoulis (créneaux en encorbellement) – ③ Bretèche ④ Donjon – ⑤ Chemin de ronde couvert – ⑥ Courtine – ⑦ Enceinte extérieure – ⑧ Poterne.

illustration XI

Tours et courtines : ① Hourd ② Créneau – ③ Merlon ④ Meurtrière ou archère ⑤ Courtine – ⑥ Pont dit « dormant » (fixe) par opposition au pont-levis (mobile).

◀ illustration XII

Porte fortifiée : ① Mâchicoulis ② Échauguette (pour le guet) – ③ Logement des bras du pont-levis – ④ Poterne : petite porte dérobée, facile à défendre en cas de siège.

illustration XIII ▶

Fortifications classiques :
1 Entrée – 2 Pont-levis
3 Glacis – 4 Demi-lune
5 Fossé – 6 Bastion – 7 Tourelle de guet – 8 Ville – 9 Place d'Armes.

TERMES D'ART EMPLOYÉS DANS CE GUIDE

Absidiole : illustration I.
Anse de panier : arc aplati, très utilisé à la fin du Moyen Age et à la Renaissance.
Arcature : suite de petites arcades couvertes d'un arc.
Archivolte : illustration VIII.
Atlante : statue masculine servant de support.

Bas-côté : illustration I.
Bas-relief : sculpture en faible saillie sur un fond.
Berceau (voûte en) : illustration II.
Buffet d'orgue : illustration XVIII.

Caisson : compartiment creux ménagé comme motif de décoration (plafond ou voûte).
Cariatide : statue féminine servant de support.
Chapelle absidale ou axiale : dans l'axe de l'église ; illustration I.
Chapiteau : illustration IX.
Chemin de ronde : illustration X.
Chevet : illustration I.
Claveau : l'une des pierres formant un arc ou une voûte.
Clef de voûte : illustration VII.
Clôture : dans une église, enceinte fermant le chœur.
Collatéral : illustration I.
Colombage : charpente de mur apparente.
Contrefort : illustration II.
Corbeau : pierre ou pièce de bois partiellement engagée dans le mur et portant sur sa partie saillante une poutre ou une corniche.
Croisée d'ogives : illustration VII.
Crypte : église souterraine.
Cul-de-four : illustration V.

Déambulatoire : illustration I.
Donjon : illustration X.
Douve : fossé, généralement rempli d'eau, protégeant un château fort.

Encorbellement : construction en porte à faux.

Flamboyant : style décoratif de la fin de l'époque gothique (15e s.), ainsi nommé pour ses découpures en forme de flammèches aux remplages des baies.
Flèche : illustration III.
Fresque : peinture murale appliquée sur l'enduit frais.

Gâble : illustration III.
Gargouille : illustration III.
Géminé : groupé par deux (arcs géminés, colonnes géminées).
Gloire : auréole entourant un personnage : en amande, elle est appelée aussi mandorle (de l'italien « mandorla », amande).

Haut-relief : sculpture au relief très saillant, sans toutefois se détacher du fond (intermédiaire entre le bas-relief et la ronde-bosse).

Jouée : illustration XV.
Jubé : illustration XVI.

Lancette : arc en tiers-point surhaussé de forme allongée.
Linteau : illustration VIII.

Mâchicoulis : illustration X.
Meneau : croisillon de pierre divisant une baie.
Meurtrière : illustration XI.
Miséricorde : illustration XV.

Ogive : arc diagonal soutenant une voûte : illustrations VI et VII.

Pare-close : illustration XV.
Péristyle : colonnes disposées autour ou en façade d'un édifice.
Pietà : mot italien désignant le groupe de la Vierge tenant sur ses genoux le Christ mort ; on dit aussi Vierge de Pitié.
Pignon : partie supérieure, en forme de triangle, du mur qui soutient les deux pentes du toit.
Pilastre : pilier plat engagé dans un mur.
Pinacle : illustrations II et III.
Plein cintre : en demi-circonférence, en demi-cercle.
En poivrière : à toiture cônique.
Porche : lieu couvert en avant de la porte d'entrée d'un édifice.
Poterne : illustrations X et XII.
Poutre de gloire : illustration XIV.

Remplage : réseau léger de pierre découpée garnissant tout ou partie d'une baie, une rose ou la partie haute d'une fenêtre.
Retable : illustration XVII.
Rose : illustration III.

Sépulcre : groupe sculpté ou peint représentant la mise au tombeau du Christ.
Stalle : illustration XV.

Tiers-point (arc en) : arc brisé dans lequel s'inscrit un triangle équilatéral.
Toit en bâtière : toit à deux versants et à pignons découverts.
Transept : illustration I.
Travée : illustration I.
Tribune : illustration II.
Triptyque : ouvrage de peinture ou de sculpture composé de trois panneaux articulés pouvant se refermer.
Trumeau : illustration VIII.

Verrière : baie garnie de vitraux ou grand vitrail.
Voussures : illustration VIII.
Voûte d'arêtes : illustration IV.

illustration XIV ▶

Poutre de gloire, ou tref : elle tend l'arc triomphal à l'entrée du chœur. Elle porte le Christ en croix, la Vierge, saint Jean et, parfois, d'autres personnages du calvaire.

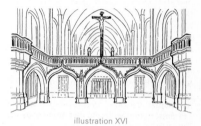

illustration XV

Stalles : ① Dossier haut — ② Pare-close — ③ jouée — ④ Miséricorde.

illustration XVI

Jubé : remplaçant la poutre de gloire dans les églises importantes, il servait à la lecture de l'épître et de l'Évangile. La plupart ont disparu à partir du 17e s. : ils cachaient l'autel.

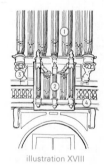

illustration XVII

Autel avec retable. — ① Retable — ② Prédelle — ③ Couronne — ④ Table d'autel — ⑤ Devant d'autel.

illustration XVIII

Orgues. — ① Grand buffet — ② Petit buffet — ③ Cariatide — ④ Tribune.

Élévations romane et gothiques

illustration XIX

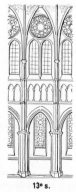

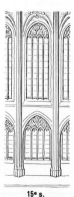
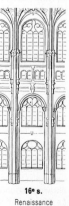

12e s.	13e s.	Fin 13e - 14e s.	15e s.	16e s.
Roman	Gothique à lancettes	Gothique rayonnant	Gothique flamboyant	Renaissance

L'ART EN CHAMPAGNE ET DANS LES ARDENNES

Pour la définition des termes d'art employés dans ce guide, voir p. 30.

Malgré une histoire tumultueuse, cause d'innombrables destructions, la région de la Champagne et des Ardennes a conservé un patrimoine artistique considérable. L'art gallo-romain et l'art mérovingien ont laissé une empreinte suffisante pour qu'on leur accorde une brève considération.

L'art roman, surtout dans sa phase débutante, nous livre de remarquables édifices, mais il n'eut pas le temps de se développer car il fut très vite relayé par un art gothique dont les réalisations nombreuses sont parmi les plus belles de France, à commencer par la cathédrale de Reims.

Art gallo-romain

La Champagne n'est pas très riche en monuments gallo-romains, mais elle conserve néanmoins quelques vestiges intéressants. Du passé urbain antique ont subsisté : un arc de triomphe et un cryptoportique à **Reims,** une porte à **Langres.** De leur côté, les fouilles archéologiques ont mis au jour un amphithéâtre et une impressionnante mosaïque à **Grand** *(p. 68),* une villa avec toutes ses structures (notamment des thermes) à **Andilly-en-Bassigny** *(p. 73).* Outre cela, les musées de Troyes, de Reims, de Nogent-sur-Seine et de Langres présentent des collections très complètes (céramique, verrerie, statuaire, objets usuels, etc.).

La cité gallo-romaine du haut Empire est construite avec des matériaux durables : pierre de taille, mortier, brique et marbre. L'urbanisme fait apparaître toujours les mêmes éléments : un plan en damier, des habitations rectangulaires, un forum (parfois bordé d'un cryptoportique comme à Reims) et de nombreux monuments publics tels que des temples, des thermes, un théâtre, un amphithéâtre, etc. Très souvent, viennent s'ajouter d'imposants monuments décoratifs comme les arcs de triomphe, situés à l'entrée des villes. La porte Mars à Reims *(p. 101)* est un bon exemple d'arc à trois baies, orné de scènes de la vie agricole célébrant la prospérité romaine.

En dehors des villes, foyers de civilisations, les campagnes se couvrent de domaines appelés « villae ». Centre d'une vaste exploitation agricole, la villa est aussi un lieu de résidence luxueusement aménagé. L'habitation du maître dispose évidemment du plus grand confort, elle est richement décorée : des peintures, des mosaïques, des revêtements de marbre et des statues égayent les différentes pièces. A proximité se trouvent les bâtiments des domestiques et des artisans, plus loin les bâtiments agricoles. La villa regroupe une population nombreuse aux activités variées. Elle commence à décliner au 3e s., l'insécurité l'obligeant à s'entourer d'une enceinte.

Les vagues d'invasion successives viennent à bout de la civilisation gallo-romaine au 5e s. Les villes s'enferment derrière leurs remparts, de nombreux monuments sont détruits ou tombent dans l'abandon. Durant le haut Moyen Age, on finit de démanteler ce qu'il en reste.

Art mérovingien

Souvent méconnu, l'art mérovingien est relativement bien représenté en Champagne et dans les Ardennes, non par des monuments mais par les éléments d'un abondant mobilier funéraire retrouvé dans une multitude de nécropoles locales : ainsi la tombe princière de Pouan, dont le contenu, conservé au musée archéologique de **Troyes,** *(p. 119),* nous laisse entrevoir les aspects artistiques de cette époque.

L'orfèvrerie arrive en tête de ces derniers. Elle consiste en des bijoux tels que les **fibules,** les boucles de ceinture, les plaques de garniture de bouclier, les poignées d'épées, etc. Son inspiration orientale transparaît nettement à travers les motifs décoratifs, notamment celui de l'animal fabuleux au regard tourné vers l'arrière. Par contre la façon a été adaptée par les envahisseurs germaniques. La rareté des métaux précieux entraîna une préférence pour l'or et l'argent battus en feuilles minces ou étirés en fils, quand on ne se contenta pas de produits de substitution comme le laiton, les alliages blancs ou le bronze. La taille biseautée, inspirée du travail du bois au couteau, l'estampage, les filigranes soudés, les pierres précieuses montées (les grenats en particulier), les émaux champlevés, le damasquinage étaient les procédés les plus courants.

L'armement montre également la grande maîtrise technique de la métallurgie mérovingienne. Des métaux variés, toujours d'excellente qualité, étaient juxtaposés par un travail de forge. Ils étaient ensuite soudés puis martelés. La structure feuilletée obtenue était à la fois résistante et élastique. Les armes les plus répandues étaient : l'épée longue à double tranchant — arme redoutable s'il en était —, la francisque (hache de jet dissymétrique) et le scramasax, sorte de sabre droit à un seul tranchant.

A côté du travail des métaux, spécialité germanique, la sculpture tenait une grande place. Les principales réalisations, outre la décoration des églises, portaient sur les sarcophages, dont les plus caractéristiques offrent un décor en faible relief de motifs géométriques. Ceux de l'**Isle-Aumont** *(p. 69)* montre l'évolution, du 5e au 8e s., de cet art funéraire.

Art roman

Les témoignages de l'architecture carolingienne sont rarissimes : les nombreux sanctuaires construits au 9e s. ont tous disparu sauf le chœur de l'abbaye d'Isle-Aumont *(p. 69).*

L'art de l'an mil. — Une période de reconstruction succède aux invasions normandes et hongroises. A l'Est, l'Empire germanique des Ottons exerce une forte influence sur les conceptions artistiques de son temps.

Les églises des débuts du 11e s. ont souvent l'allure de grandes basiliques charpentées à éclairage abondant, munies de tours, de tribunes intérieures et parfois d'un déambulatoire. La décoration intérieure, très sobre, privilégie les formes géométriques.

Trois édifices champenois se rattache à ce style : Montier-en-Der (reconstruite en 1940, *(p. 81)*, Vignory *(p. 121)* et St-Remi de Reims *(p. 99)*. St-Étienne de Vignory a conservé son aspect primitif qui en fait un des monuments les plus remarquables de la région. Sa grande nef charpentée à étage en claire-voie, son déambulatoire à chapelles rayonnantes et ses chapiteaux sculptés de motifs géométriques témoignent de l'originalité d'un art qui emprunte aussi bien à l'Empire qu'aux expériences romanes françaises. Il en est de même à St-Remi de Reims où, malgré l'hétérogénéité de l'édifice, née de remaniements successifs, on reconnaît un art roman désormais accompli faisant une large part au décor sculpté (chapiteaux en stuc à feuillages, figurés ou historiés).

(D'après photo Zodiaque)

Vignory. — Nef de l'église St-Étienne.

Fin du 11e et 12e s. — La tradition de l'an mil se poursuit au cours du 11e s. en s'enrichissant. Toutefois, peu de nouveautés apparaissent et le passage au gothique, sous l'influence de l'Ile-de-France voisine, se fait presque sans transition. D'une manière générale, l'architecture romane en Champagne, qui n'est représentée que par quelques édifices mineurs autour de Reims et dans les Ardennes, se caractérise par la présence de collatéraux, la couverture en charpente (les voûtes en cul-de-four et en berceau n'étant utilisées que pour les sanctuaires ou les travées sous clocher), les chevets à fond plat et de larges ouvertures souvent superposées procurant une lumière abondante. Les clochers (pour la plupart des tours à toit en bâtière dans la Marne) s'élèvent sur la croisée, à l'entrée du chœur et parfois en tour-porche. Les porches en appentis sont courants dans cette région d'où leur surnom de « porche champenois ». Influencé encore par l'art carolingien, la décoration est sobre : chapiteaux et corniches sont ornés de rangs de billettes, de motifs géométriques, de frises, de palmettes, etc.

Les découvertes du cloître de Notre-Dame-en-Vaux à Châlons-sur-Marne *(voir p. 51)*, du portail de St-Ayoul à Provins, de la salle capitulaire de l'abbaye St-Remi à Reims laissent penser que les monastères romans possédaient de beaucoup plus grandes richesses.

Art gothique (12e-16e s.)

Architecture gothique : généralités. — La voûte sur croisée d'ogives et l'emploi de l'arc brisé sont les caractéristiques de l'art gothique. La voûte gothique a bouleversé la construction des églises. Désormais l'architecte, maître des poussées de l'édifice, les dirige sur les quatre piliers par les ogives, les formerets et les doubleaux, et les reçoit extérieurement sur les arcs-boutants qui retombent sur de hauts piliers dont la tête est souvent lestée d'un pinacle. Les murs sont amincis et font place sur de plus en plus grandes surfaces à des baies garnies de vitraux. Le triforium situé en dessous, à l'origine aveugle, est aussi percé de baies puis finalement disparaît au profit d'immenses fenêtres hautes.

Les colonnes qui, à l'intérieur, suffisent à soutenir l'église, se transforment également. D'abord cylindriques et coiffées de chapiteaux, elles sont ensuite cantonnées de colonnes engagées, puis formées de faisceaux de colonnettes de même diamètre que les arcs reposant sur les chapiteaux. Finalement les piliers sans chapiteau ne sont plus que le prolongement des arcs. C'est le cas du style flamboyant dont les arcs purement décoratifs, dits liernes et tiercerons, s'ajoutent aux ogives.

L'architecture gothique en Champagne. — L'art gothique est né en Ile-de-France au 12e, et s'est développé aussitôt dans la Champagne voisine riche en hommes et en capitaux.

La naissance (12e s.). — Des réminiscences romanes subsistent dans le style gothique primitif, marqué par des monuments d'une grande sobriété de structure et de décor. C'est le temps des expériences avec l'édification de l'abbatiale de Mouzon, de Notre-Dame-en-Vaux à Châlons-sur-Marne, de St-Quiriace à Provins, de l'abbatiale d'Orbais où l'architecte Jean d'Orbais éleva un chœur remarquable qui lui servit de modèle pour la cathédrale de Reims. Les chœurs de Notre-Dame de Montier-en-Der et de St-Remi à Reims qui datent des premiers temps du gothique offrent une particularité : des colonnes placées dans le déambulatoire à l'entrée des chapelles rayonnantes et recevant en même temps les ogives des chapelles et celles du déambulatoire, forment une colonnade élégante et légère.

L'apogée (13e-14e s.). — C'est l'âge d'or des grandes cathédrales, éclairées par de vastes baies ou des roses garnies de vitraux scintillants, et revêtues d'un manteau de sculptures délicatement ciselées.

A partir de l'édification de la cathédrale de Reims, les architectes cherchent à alléger les murs et à éclairer les intérieurs par d'immenses baies : St-Amand-sur-Fion, les cathédrales de Châlons et de Troyes et surtout St-Urbain montrent l'aboutissement de ces recherches.

Le déclin (15e-16e s.). — La décadence de l'architecture gothique s'amorce avec l'apparition du style flamboyant. La surabondance du décor sculpté tend alors à masquer les lignes essentielles des monuments. En Champagne la basilique Notre-Dame de l'Épine en est le meilleur exemple.

La sculpture. — Servis par une pierre calcaire au grain très fin et facile à tailler, les sculpteurs champenois ont exercé leur habileté tant dans la sculpture d'ornement que dans la représentation des « images », figures en ronde-bosse.

Ateliers de Reims. — Ils furent surtout productifs au 13e s. et leurs chefs-d'œuvre ornent les porches de la cathédrale de Reims *(détails p. 95)*.

L'école de Reims est illustrée par le fameux Ange au sourire dont le charme se retrouve dans l'Ange Jeuniette du Louvre.

14e-15e s. — Pendant ces deux siècles marqués par la guerre de Cent Ans, se développe la mode des gisants et des sépulcres représentant en général un groupe entourant le Christ au corps raide et pitoyable.

Les vitraux. — L'art du vitrail a pris toute son importance avec l'architecture gothique et l'élargissement des ouvertures, créant de véritables murs de lumière. Au-delà de leur aspect décoratif, les vitraux ont pour but d'instruire les fidèles et représentent un exposé imagé de l'Histoire sainte, du catéchisme et de la vie des saints.

Cathédrale de Reims. — L'Ange au sourire.

En Champagne de nombreux témoins de cet art, nous sont parvenus malgré les guerres, la destruction par la pollution et l'usage, au 18e s., de remplacer les vitraux par des verrières blanches laissant pénétrer plus de lumière pour faciliter la lecture des missels.

Le 13e s. — Les vitraux du chœur de la cathédrale de Troyes, ceux de Notre-Dame de Reims (abside, rose de la façade), quelques-uns à St-Etienne de Châlons-sur-Marne et enfin les immenses verrières de St-Urbain à Troyes nous montrent les caractéristiques du vitrail à cette époque. Très colorés, ils représentent de grands personnages isolés dans les fenêtres hautes (évêques suffragants à Reims) tandis que les verrières du bas, plus accessibles au regard, racontent la vie d'un saint ou un épisode de la Vie du Christ se déroulant dans des médaillons superposés. Le décor architectural, la vérité dans les attitudes animent ces compositions. Des anecdotes y racontent la vie quotidienne des artisans.

A la fin du siècle, les grisailles enjolivées de rosaces de couleurs vives, sertissent les médaillons historiés (St-Urbain).

Art Renaissance (16e s.)

Architecture. — Sous l'influence de l'Italie, l'architecture Renaissance suit une orientation nouvelle marquée par le retour aux formes antiques : colonnes et galeries superposées donnent de la grandeur aux monuments. Les façades sont sculptées de niches, de statues, de médaillons ; des pilastres encadrent les baies (château de Joinville et hôtels Renaissance à Troyes et à Reims).

En Champagne, l'architecture religieuse Renaissance ne trouve que peu de résonance sauf dans la région de Troyes où de nombreuses églises furent alors agrandies et où l'on peut admirer des façades et porches décorés de cartouches, de corniches, de frontons, etc. (églises de St-André-les-Vergers, Pont-Ste-Marie, les Riceys, Auxon, Bérulle...). Le portail de St-Maurille de Vouziers *(voir illustration p. 123)* et l'extraordinaire façade de Rembercourt-aux-Pots sont les principaux témoignages architecturaux de cette époque qui fut surtout riche dans le domaine de la statuaire et du vitrail avec la remarquable production de l'**école troyenne.**

La sculpture. — Elle connaît une période exceptionnelle à Troyes dans la première moitié du 16e s., alors que se fait le passage du gothique à la Renaissance. Les vêtements sont traités avec beaucoup de minutie laissant apparaître les plissés, les broderies, les bijoux. Les expressions sont douces, tristes, réservées. Le grand maître de ce type de statue est l'auteur de la Sainte Marthe de l'église Ste-Madeleine à Troyes, de la Pietà de Bayel et de la remarquable mise au tombeau de Chaource *(voir illustration p. 53)*. A la même époque Jean Gailde réalise l'extraordinaire jubé flamboyant de Ste-Madeleine.

Les tendances italiennes commencent à faire leur apparition avec la Vierge au raisin de St-Urbain de Troyes *(voir illustration p. 116)* où la grâce de l'attitude et la douceur de l'expression prennent le pas sur le réalisme gothique. A partir de 1540 le courant italien s'impose et le maniérisme influence la sculpture troyenne en altérant la qualité de sa facture originale. Les églises sont alors envahies par la production de **Dominique Florentin.** Cet Italien, élève du Primatice, s'installa à Troyes à la suite de son mariage avec une Troyenne. Il fit à son tour quelques disciples, dont François Gentil.

Plus à l'Est **Ligier Richier** (1500-1566), établi à St-Mihiel, donne une impulsion nouvelle à la statuaire. Son œuvre, profondément originale, est un mélange d'art champenois et d'italianisme. Son « transi » ou « squelette » de René de Châlon, conservé à l'église St-Étienne de Bar-le-Duc, est particulièrement saisissant *(p. 42)*.

34

Les vitraux. — Parallèlement à l'essor de la sculpture se développe une « industrie » de la peinture sur verre extrêmement prolifique grâce aux nombreuses commandes des donateurs. D'autre part l'utilisation de cartons qui sont reproduits à plusieurs exemplaires explique en partie la richesse en vitraux des petites églises de l'Aube. Quelques noms de maîtres verriers nous sont parvenus : Jehan Soudain, Jean Verrat, Lievin Varin.

Dans le premier tiers du siècle, on assiste à une explosion des couleurs : rouge, bleu, jaune, violet, vert — particulièrement spectaculaire dans l'ensemble que forment les fenêtres hautes de la cathédrale de Troyes, dont les vitraux furent posés de 1498 à 1501 —, le dessin est très lisible et de nombreux raffinements techniques sont utilisés : la gravure sur verre, la décoration perlée, le brossage de la grisaille, le montage en chef-d'œuvre (incrustation de verre de couleur différente) utilisé pour les étoiles.

Les thèmes les plus représentés sont la Passion, la Vie de la Vierge, l'Arbre de Jessé, la Genèse, le Sacrifice d'Abraham. Divisés en panneaux, les vitraux se lisent de bas en haut. Le premier registre représente souvent les donateurs assistés de leurs saints patrons.

(Photo Zodiaque)

Cathédrale de Troyes.
Détail du vitrail
de l'Arbre de Jessé (16e s.).

A partir de 1530, la polychromie est abandonnée et les maîtres verriers utilisent de plus en plus la grisaille sur verre blanc rehaussée de jaune d'argent et de sanguine.

L'influence italienne se traduit par une évolution dans le dessin. Le décor architectural est inspiré par l'école de Fontainebleau. Cependant les peintres troyens conservent la représentation traditionnelle en registres.

Au 17e s., prolongeant la grande tradition du vitrail à Troyes, **Linard Gontier** revient à la polychromie avec une nouvelle technique d'émaux sur verrières à fond blanc qui donne des coloris éclatants. Il est le maître de la composition monumentale avec des œuvres comme le Pressoir mystique de la cathédrale de Troyes *(p. 116)*. Il fut aussi un exceptionnel miniaturiste et portraitiste grâce à son habileté à utiliser la sanguine et la grisaille.

Art classique (17e-18e s.)

L'architecture classique dans les Ardennes a donné un chef-d'œuvre du style Henri IV-Louis XIII avec la place Ducale de Charleville qui présente de nombreuses analogies avec la place des Vosges à Paris.

Celle du 18e s. a fleuri non seulement à Reims où la place Royale constitue un exemple typique de ces grandes places à la française s'ordonnant à l'instar de la place Louis XV (actuelle place de la Concorde) à Paris, autour de la statue du monarque, mais aussi à Châlons-sur-Marne où l'hôtel de ville et l'ancien hôtel de l'Intendance, abritant aujourd'hui la préfecture, témoignent du rayonnement de Paris au 18e s.

Architecture militaire

Zone frontière, la région des Ardennes a conservé quelques fortifications dont l'impressionnant château de Sedan, le plus grand d'Europe, qui fut construit du 15e s. au 18e s., quelques fortifications classiques érigées par Vauban et un ouvrage de la ligne Maginot, le Fort de la Ferté.

Vauban. — **Sébastien le Prestre de Vauban** (1633-1707) s'inspire de ses prédécesseurs dont **Jean Errard** (1554-1610), de Bar-le-Duc, qui avait publié en 1600 un traité de la fortification. Tirant la leçon des nombreuses guerres de siège de son siècle, Vauban est le promoteur des fortifications de campagne. Celles-ci doivent, selon lui, s'articuler autour d'une place forte principale et d'une organisation fortifiée distincte ; le camp retranché. Son idée est d'étendre au maximum le périmètre de défense des places afin d'obliger l'ennemi à augmenter ses effectifs de siège au détriment de son armée d'observation, le rendant ainsi plus vulnérable aux attaques d'une armée de secours. Son système se caractérise par des bastions que complètent des demi-lunes, le tout étant environné de profonds fossés. L'un des plus beaux exemples de ses réalisations est la place forte de Rocroi *(schéma p. 29)*. Profitant des obstacles naturels, utilisant les matériaux du pays, il s'attache en outre à donner aux ouvrages qu'il conçoit une valeur esthétique, en les agrémentant d'entrées monumentales en pierre. Sur la frontière du Nord et des Ardennes, il avait mis en place le **« Pré carré »**. Il s'agissait de deux lignes de places fortes assez rapprochées les unes des autres pour pouvoir empêcher le passage de l'ennemi et pour se porter secours en cas d'attaque. La plupart de ces places fortes se trouvaient en Flandre et dans le Hainaut, cependant les Ardennes étaient défendues par le fort de Charlemont sur la première ligne et Rocroi, Mézières et Sedan sur la ligne arrière.

La ligne Maginot. — Décidée par le ministre de la Guerre Paul Painlevé et son successeur **André Maginot** (1877-1932), cette ligne de fortifications défensives fit l'objet d'études à partir de 1925. Elle comprend un ensemble d'ouvrages en béton placés au sommet ou à flanc de coteaux, sur toute la frontière Nord-Est. Le fort de la Ferté, décrit dans ce guide *(p. 67)* est un exemple de ce type d'ouvrage. Malheureusement cette formidable « cuirasse du Nord-Est » fut privée de ses troupes d'intervalle au moment crucial, ce qui rendit vaine sa pathétique résistance de mai-juin 1940.

LE CHAMPAGNE

Une longue et prestigieuse histoire. — Les Gaulois cultivaient déjà la vigne sur les coteaux lorsque s'installèrent les Romains. Les premiers évêques de Reims encouragèrent eux aussi la viticulture alors que les monastères s'entouraient de vignes et que le vin de Champagne profitait de l'affluence amenée par les sacres royaux. De leur côté, les papes préconisaient le vin de Champagne, Urbain II d'abord, en bon Champenois qu'il était, puis, sous la Renaissance, Léon X qui possédait son vendangeoir personnel au terroir d'Ay.

« Vin de Dieu », le champagne est aussi « vin de Roi ». Dès le 16ᵉ s., il a les faveurs de deux souverains aussi opposés que François Iᵉʳ et Henri VIII d'Angleterre, s'approvisionnant l'un et l'autre en Ay. Buvant sec, Henri IV, impatienté par l'ambassadeur d'Espagne qui lui débite tout au long les titres de son maître, rétorque : « Faites savoir à Sa Majesté le Roi d'Espagne, de Castille, d'Aragon… que Henri, sire d'Ay et de Gonesse, c'est-à-dire des meilleures vignes et des plus fertiles guérets, lui dit… etc. »

Le champagne est alors un vin tranquille bien que possédant une tendance à pétiller. C'est cette aptitude que dom Pérignon *(p. 69)* utilisera, en même temps qu'il étudiera les mariages des crus, pour obtenir le champagne tel qu'on le connaît aujourd'hui. Au siècle de la douceur de vivre, sa consommation s'étend : on en use à la table royale, aux soupers du régent, aux parties fines que Casanova ménage à ses amies, aussi bien que dans le boudoir de la Pompadour ou sous les tentes des maréchaux de Saxe et de Richelieu.

La Révolution passe, le champagne reste. Malgré son goût pour le chambertin, Napoléon fut un client fidèle des négociants champenois et Talleyrand utilisa le « vin civilisateur » des coteaux pour obtenir de meilleures conditions de paix, lors du Congrès de Vienne. Cependant, dans la seconde moitié du 19ᵉ s., on aurait pu le qualifier de « vin des libertins » ; les hétaïres y trempèrent leur sculpturale nudité et le prince de Galles, futur Édouard VII, parlant de l'ordre du Bain, aurait dit : « Je lui préfère un bain de champagne ».

Le vignoble. — Il couvre environ 27 000 ha situés en majeure partie dans le département de la Marne, mais aussi dans quelques cantons de l'Aube et de l'Aisne.

Les régions de production les plus estimées, qui concourent à l'élaboration des meilleurs champagnes, sont la Côte des Blancs, la Vallée de la Marne et la Montagne de Reims. La vigne s'épanouit à mi-pente des versants calcaires, sur une solide assise crayeuse recouverte d'un sol argilo-siliceux, de la Côte de l'Ile-de-France *(p. 12)* ; les seuls cépages autorisés sont le Pinot noir, le Pinot Meunier et le Chardonnay blanc, plantés serré et taillés court.

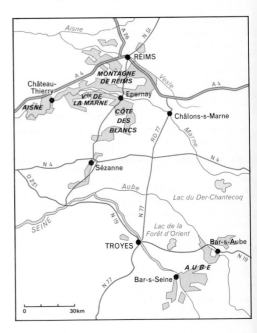

Dans certains crus, un hectare de vignes vaut plus de 1 million de francs.

Une élaboration minutieuse. — De nombreuses manipulations et opérations spécifiques sont nécessaires à la fabrication du champagne. Elles se déroulent en partie dans le vignoble puis dans les caves où doit être maintenue une température constante de 10° *(pour la visite des caves voir p. 63 et p. 100).* Les opérations de l'élaboration du champagne sont les suivantes :

Vendanges. — En octobre les vendangeurs détachent avec précaution les grappes qu'ils déposent dans des clayettes où les grains sont triés puis transportés jusqu'au vendangeoir.

Pressurage. — Les grappes sont pressées sans avoir été foulées, ce qui permet d'obtenir un moût blanc même avec du raisin noir. Seul le jus obtenu par les premières pressées, 2 666 l pour 4 000 kg de raisins, est utilisé pour la confection des vins d'appellation champagne. Ce jus est réparti en dix pièces de « cuvée » de 205 litres chacune et trois pièces de « tailles » de moins bonne qualité.

Cuvage. – Le jus mis en tonneaux ou en cuves subit la première fermentation vers Noël.

Cuvée et assemblage. — Au printemps, les maîtres de chais élaborent la cuvée en assemblant des vins tranquilles d'appellation champagne de provenances et souvent d'âges différents. Chaque maison de champagne possède sa cuvée propre dont la qualité est constante. Les mélanges comprennent les crus de la Montagne de Reims (vins robustes et corsés), de la Vallée de la Marne (vins bouquetés et fruités), de la Côte des Blancs (vins frais et élégants) ou d'autres régions viticoles champenoises. Il y entre des raisins noirs et des raisins blancs dans des proportions qui peuvent varier (en général autour de 2/3 et 1/3). Le champagne « blanc de blancs » est réalisé uniquement à partir de raisins blancs. Les années exceptionnelles, le champagne est millésimé gardant sa saveur originale.

Seconde fermentation et prise de mousse. — La seconde fermentation est réalisée par adjonction dans le vin de sucre de canne et de levures sélectionnées. Le vin est tiré et mis dans des bouteilles très épaisses pour résister à la forte pression. Sous l'effet de la levure, petite poudre recueillie sur la peau du raisin, le sucre se transforme en alcool ou en gaz carbonique, qui, au moment du débouchage, produira la mousse. Les bouteilles sont disposées sur des lattes dans une cave (10 à 12°) pour une durée de 1 à 3 ans.

Remuage et dégorgement. — Pendant ces années, un dépôt s'est formé qu'il faut éliminer en le dirigeant vers le goulot. Les bouteilles sont alors placées sur des pupitres perforés, la pointe inclinée vers le bas. Chaque jour un remueur pouvant manipuler jusqu'à 40 000 bouteilles par jour, lui imprime une rotation d'1/8e de tour et la redresse légèrement : c'est la mise sur pointe. Après 4 à 6 semaines de ce traitement, la bouteille est verticale et le dépôt complètement rassemblé sur le bouchon. Le col de la bouteille est alors trempé dans un bain glacial et le dépôt soudé au bouchon s'expulse. C'est le **dégorgement** effectué par des machines qui peuvent traiter 3 000 à 5 000 bouteilles à l'heure. La quantité de vin manquant est remplacée par du vin de même nature additionné ou non de sucre de canne suivant que l'on veut obtenir du champagne demi-sec, sec ou brut.

Finissage. — Après bouchage à l'aide d'un bouchon de liège très épais, muselage, habillage, la bouteille est prête à être expédiée. Le vin ayant en moyenne 3 à 4 ans d'âge est « fait » et ne gagne guère à être longtemps conservé.

Commercialisation. — Près de 120 maisons, souvent des entreprises familiales dont plusieurs remontent au 18e s., réalisent environ 70 % des expéditions, le reliquat étant assuré par les « récoltants-manipulants » faisant leur propre champagne, et quelques coopératives. Les établissements doivent avoir une assise financière solide, le champagne s'élaborant en moyenne sur 3 ans et nécessitant des stocks importants.
Les expéditions sont en progression constante. En 1984, elles ont dépassé le chiffre de 180 millions de bouteilles dont plus de 55 millions à l'exportation. La Champagne figure ainsi parmi les premières régions viticoles françaises exportatrices de grands vins. Les principaux clients étrangers sont la Grande-Bretagne, la Belgique, les Pays-Bas, les États-Unis, l'Allemagne de l'Ouest, la Suisse, l'Italie, le Canada et l'Australie.

Dégustation. — Qu'il soit présenté en bouteille de 75 cl, en magnum (2 bouteilles), en Jeroboam (4 bouteilles) ou en Mathusalem (8 bouteilles) le champagne doit être servi frais, à une température de 6-8°, et versé précautionneusement dans des verres « flûtes » ou « tulipes » qui mettront en valeur son bouquet. Le champagne brut peut être servi tout au long d'un repas. Beaucoup d'amateurs cependant le préfèrent en apéritif ou entre les repas. Les champagnes secs ou demi-secs seront réservés pour le dessert.
Années récentes millésimées : 81, 82 et 83.

Vins tranquilles de Champagne. — La Champagne produit aussi en quantités très limitées des vins non effervescents bénéficiant de l'appellation contrôlée « Coteaux champenois ». Ce sont des vins rouges (désignés par le nom de cru : Bouzy, Ay, Cumières, etc.) blancs ou rosés. Une appellation particulière est réservée au « Rosé des Riceys ».
Citons aussi le Ratafia, apéritif qui se compose de jus de raisin et d'alcool en proportions déterminées et le marc de champagne obtenu à partir des peaux de raisin.

Visite du vignoble. — Nous décrivons la Montagne de Reims *(p. 78)*, la Vallée de la Marne *(p. 74)*, la Côte des Blancs *(p. 46)* et quelques parties du vignoble aubois *(p. 44 et p. 45)*. Cependant les touristes œnophiles pourront se procurer dans les Syndicats d'Initiative locaux les dépliants « La Champagne vous invite » et les « Routes du champagne dans l'Aube » proposant cartes et itinéraires, auxquels la visite des caves et celle du musée à Épernay apporteront un surcroît d'intérêt.

GASTRONOMIE

Cuisine champenoise. — Bien entendu, le champagne personnalise nombre de recettes locales, telles que le poulet sauté, les rognons, la truite farcie, le brochet, les écrevisses et les escargots. Mais d'autres préparations ne sont pas tributaires du champagne telle la potée champenoise ou « joute » composée de jambon fumé, de lard, de saucisses entourant un gros chou, la choucroute de Brienne-le-Château, les andouillettes de Troyes et les fameux pieds de porc de Ste-Menehould.

Cuisine ardennaise. — Le gibier et le poisson sont rois. Les chevreuils, sangliers et marcassins donnent naissance à de savoureux rôtis, d'exquises gigues (cuisses de chevreuil) et d'odorants pâtés ; les grives sont rôties dans une feuille de sauge ou préparées en terrine avec du genièvre. Le jambon cru des Ardennes fumé avec des branches vertes de genêt ou de genévrier et le boudin blanc de Rethel complètent le rayon charcuterie.
Le poisson comprend notamment les truites de la Semoy, les fritures de fretin de Meuse, le brochet de rivière et d'étang servi nature, en quenelles ou en matelote.

Fromages. — Au Sud de Troyes, une région s'est spécialisée dans l'élaboration de fromages crémeux et peu fermentés dont le plus fameux est le **chaource** fabriqué depuis le 12e s. Parmi les autres fromages provenant de Champagne et des Ardennes, citons le carré de l'Est (Arrigny), le cendré d'Argonne, le Chaumont, le trappiste d'Igny.

Friandises. — Les biscuits de Reims à la belle couleur rose, les massepains, les croquignoles, les bouchons de champagne sont là pour accompagner le célèbre vin. A Bar-le-Duc les confitures de groseilles sont épépinées à la plume d'oie ce qui permet de conserver le fruit entier confit dans le sirop.

Légende

Curiosités

★★★ **Vaut le voyage**
★★ **Mérite un détour**
★ **Intéressant**

Itinéraire décrit, point de départ de la visite
sur la route   en ville

	Château - Ruines		Édifice religieux : catholique - protestant
	Calvaire - Fontaine		Bâtiment (avec entrée principale)
	Panorama - Vue		Remparts - Tour
	Phare - Moulin		Porte de ville
	Barrage - Usine		Statue - Petit bâtiment
	Fort - Carrière		Jardin, parc, bois
	Curiosités diverses	**B**	Lettre identifiant une curiosité

Autres symboles

	Autoroute (ou assimilée)		Bâtiment public
	Échangeur complet, partiel, numéro		Hôpital - Marché couvert
	Grand axe de circulation		Gendarmerie - Caserne
	Voie à chaussées séparées		Cimetière
	Voie en escalier - Sentier		Synagogue
	Voie piétonne - impraticable		Hippodrome - Golf
1429	Col - Altitude		Piscine de plein air, couverte
	Gare - Gare routière		Patinoire - Table d'orientation
	Transport maritime : Voitures et passagers Passagers seulement		Port de plaisance
			Tour, pylône de télécommunications
			Stade - Château d'eau
	Aéroport		Bac - Pont mobile
(3)	Numéro de sortie de ville, identique sur les plans et les cartes MICHELIN		Bureau principal de poste restante
			Information touristique
			Parc de stationnement

Dans les guides MICHELIN, sur les plans de villes et les cartes, le Nord est toujours en haut. Les voies commerçantes sont imprimées en couleur dans les listes de rues.

Les plans de villes indiquent essentiellement les rues principales et les accès aux curiosités, les schémas mettent en évidence les grandes routes et l'itinéraire de visite.

Abréviations

A	Chambre d'Agriculture	J	Palais de Justice	POL.	Police
C	Chambre de Commerce	M	Musée	T	Théâtre
H	Hôtel de ville	P	Préfecture, Sous-préfecture	U	Université

Signe concernant les conditions de visite : voir nos explications en fin de volume.

Signe particulier à ce guide

Ski-nautique

CURIOSITÉS

description

par ordre alphabétique

Cathédrale de Reims.

★ AIMÉ (Mont)

Carte Michelin n° 🔲🔲 Sud du pli 16 ou 🔲🔲🔲 pli 25.

Butte témoin détachée de la falaise de l'Ile-de-France, le « mont » Aimé atteint la hauteur de 237 m.

Occupé dès l'époque préhistorique, il fut fortifié tour à tour par les Gaulois, les Romains et les comtes de Champagne qui y érigèrent un château féodal, dit de la Reine Blanche, dont les ruines s'éparpillent aujourd'hui dans la verdure.

C'est au pied du mont que se déroula, le 10 septembre 1815, la grande revue de l'armée russe pendant l'occupation de la région par les Alliés.

A l'un des angles de l'ancienne enceinte, un belvédère *(table d'orientation)* permet de jouir d'une **vue** étendue au Nord sur la Côte des Blancs, à l'Est sur la plaine.

ARCIS-SUR-AUBE   3 258 h. (les Arcisiens)

Carte Michelin n° 🔲🔲 pli 7 ou 🔲🔲🔲 pli 33.

Gravement endommagée en 1814, puis, à nouveau, en 1940, Arcis a conservé son **église** (15e-16e s.) et le **château** (17e s.), aujourd'hui hôtel de ville, qui fut décrit par Balzac dans « Le Député d'Arcis ».

Son intérêt principal réside dans son histoire. Danton naquit en 1759 au n° 62 de l'actuelle rue de Paris *(voir p. 21)* et, durant les heures sombres de la Révolution revint plusieurs fois se reposer dans la propriété qu'il avait acquise sur les bords de l'Aube. Mais Arcis est surtout célèbre pour la fameuse bataille qui s'y déroula pendant la campagne de France de Napoléon *(voir p. 22)* le 20 mars 1814.

Une défaite de Napoléon. — Le général comte de Ségur a narré cette mémorable journée : « Il était dix heures » écrit-il dans ses mémoires, « Ney, Oudinot et Sébastiani, avec toute l'infanterie et la cavalerie, s'ébranlèrent. En peu d'instants, le rideau ennemi, qui couvrait les pentes, fut déchiré ; mais, parvenus sur la crête, un spectacle imposant les consterna. C'était toute l'armée alliée, avec ses réserves et ses souverains, plus de 100 000 hommes. Ils appelèrent l'Empereur, poursuit Ségur. Derrière une nuée de troupes légères, protégés par une artillerie formidable, leurs yeux exercés lui montrèrent, autour d'eux et de toutes parts, l'horizon chargé d'ennemis. C'était, de l'Est à l'Ouest, sur un vaste demi-cercle une multitude de masses noires et mouvantes, d'où jaillissait, aux rayons du jour, le reflet des armes. D'instant en instant, ces têtes de colonnes profondes, marchant à grands espaces, et se rapprochant de plus en plus entre elles et de notre position, resserraient l'enceinte. Et néanmoins Napoléon, s'opiniâtrant encore, niait l'évidence. Il leur répondait : « Que c'était une vision ; que ce qu'ils apercevaient à droite ne pouvait être que la cavalerie de Grouchy. Ce mouvement, s'écria-t-il, serait trop leste ; c'était une manœuvre trop hardie pour des Autrichiens ! Je les connais ; ils ne se lèvent pas si vite, et si matin ! ». C'était pourtant bien l'aile gauche de Schwartzenberg » constate Ségur.

L'Empereur avait installé son Quartier général au château, où il coucha à l'issue des combats. Le champ de bataille est situé sur la N 77 quand on vient de Troyes.

★ ARGONNE

Carte Michelin n° 🔲🔲 plis 19, 20 ou 🔲🔲🔲 plis 18, 22, 23.

L'Argonne est une individualité géographique aux confins de la Champagne et de la Lorraine. Ses paysages vallonnés, ses forêts, ses sites pittoresques en font une région touristique agréable à parcourir. Ce massif, dont la plus grande largeur entre Clermont et Ste-Menehould ne dépasse pas 12 km, atteint 308 m d'altitude au Sud de Clermont. Dominant la plaine à l'Est, il représente un obstacle sérieux dont la possession a toujours excité la convoitise. Les vallonnements séparant les mamelons constituent les voies de passage qui ont servi de couloirs d'invasion : défilés des Islettes, de Lachalade, de Grandpré baptisés les « Thermopyles de France ».

Jadis « marche » entre la Champagne et la Lorraine, elle appartient d'abord aux trois évêchés de Châlons, Reims et Verdun. Lorsqu'elle forma plus tard le comté d'Argonne, avec comme chef-lieu Ste-Menehould, elle resta tributaire des diocèses précédents. Elle fut plus tard partagée entre le roi de France et le duc de Lorraine, puis entre la Champagne, le Barrois et la Lorraine et enfin en 3 départements.

Souvent envahie du fait de sa position, l'Argonne fut le théâtre de nombreux combats. En 1792, les troupes prussiennes y furent retardées après la chute de Verdun, ce qui permit à Dumouriez de préparer ses forces à Valmy et d'arrêter l'ennemi à la sortie des défilés de l'Argonne. Durant la guerre de 1914-1918, le front s'installa pendant 4 ans sur la ligne Four-de-Paris, Haute-Chevauchée, Vauquois, Avocourt coupant l'Argonne en deux. Les combats acharnés autour des buttes témoins de Vauquois et Beaulieu causèrent de nombreuses pertes.

CIRCUIT AU DÉPART DE CLERMONT-EN-ARGONNE

77 km — environ 4 h — schéma p. 41

Clermont-en-Argonne. — *Page 59.*

Quitter Clermont-en-Argonne par la D 998, en direction de Neuvilly-en-Argonne. A Neuvilly, prendre la D 946. Sur la droite, à Boureilles, la D 212 conduit à Vauquois. A l'entrée de Vauquois, prendre à gauche le chemin goudronné d'accès à la butte. Laisser la voiture et gravir le sentier qui conduit au sommet de la butte.

Butte de Vauquois. — Cette butte témoin fut disputée par les deux adversaires de 1914 à 1918. Un monument marque l'emplacement de l'ancien village, détruit durant la guerre. Un petit chemin, suivant la ligne de crêtes, et offrant des vues étendues sur la forêt de Hesse, la butte de Montfaucon et la vallée de l'Aire, domine plusieurs cratères de mine profonds de 30 m. Le terrain est complètement bouleversé aux alentours et l'on peut encore y voir les restes de barbelés et de chevaux de frise.

> *Rejoindre la D 38 qui mène à Varennes-en-Argonne.*

Varennes-en-Argonne. — *Page 118.*

> *Poursuivre par la D 38 en direction du Four-de-Paris.*

Abris du Kronprinz. — *Après 3,5 km, dans un virage poursuivre tout droit dans un chemin forestier. S'arrêter au bout et prendre à pied le chemin le plus à droite et 30 m plus loin un sentier à gauche. Un abri apparaît dans la végétation.*

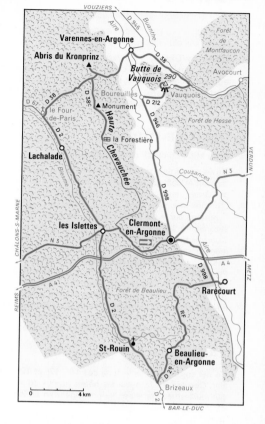

Ce blockhaus fut utilisé pendant la Première Guerre mondiale par le prince héritier d'Allemagne et son état-major.

> *Reprendre la D 38, puis tourner à gauche dans la route de la Haute-Chevauchée.*

Haute-Chevauchée. — C'est un des hauts lieux de la guerre 1914-1918 et de violents combats s'y déroulèrent. Aujourd'hui, agréable promenade dans la forêt, cette route mène au monument aux morts de l'Argonne et au cimetière militaire de la Forestière. Dans les sous-bois, de part et d'autre de la route, des tranchées et des boyaux sont encore visibles.

> *Revenir à la D 38, poursuivre jusqu'à Four-de-Paris puis prendre la D 2 vers Lachalade.*

Lachalade. — 68 h. Le village est dominé par l'imposante silhouette d'une ancienne abbaye cistercienne. L'église du 14e s. a été amputée de 3 travées d'où ses curieuses proportions. Les bâtiments monastiques (propriété privée), dont il subsiste deux ailes, furent reconstruits au 17e s.

> *Continuer vers les Islettes.*

Les Islettes. — 788 h. Ce fut un bourg très actif connu pour ses tuileries, verreries et surtout faïenceries.

> *La D 2 traverse ensuite Futeau et pénètre dans la forêt de Beaulieu.*

Ermitage de St-Rouin. — Saint Roding (ou Rouin) était un moine irlandais du 7e s. qui, retiré en Argonne, fonda un monastère auquel succéda l'abbaye de Beaulieu. Dans un beau site forestier a été aménagée une « cathédrale de verdure ». Un bâtiment solitaire, l'abri des pèlerins, accueille le visiteur, puis sous la voûte des arbres apparaît une chapelle moderne en béton conçue par le R. P. Rayssiguier, dominicain disciple de Le Corbusier. Les vitraux multicolores ont été créés par une jeune artiste japonaise. L'ermitage de St-Rouin fait l'objet d'un pèlerinage vers la mi-septembre.

> *Poursuivre sur la D 2 puis tourner à gauche vers Beaulieu-en-Argonne.*

Beaulieu-en-Argonne. — 46 h. Ancien siège d'une importante abbaye bénédictine, ce village s'allonge sur une butte d'où s'offrent de belles vues sur le massif forestier. ⓥ De l'ancienne abbaye subsistent quelques murs et surtout un énorme **pressoir★** du 13e s. tout en chêne (sauf la vis en charme) dans lequel les moines pouvaient presser 3 000 kg de raisin donnant 1 600 l de jus.

> *De Beaulieu-en-Argonne prendre la route forestière qui longe le bâtiment du pressoir (sur la gauche), poursuivre jusqu'au carrefour des 3 Pins ; continuer tout droit, puis prendre à droite la direction de Rarécourt.*

ⓥ **Rarécourt.** — 210 h. Dans une **maison forte** du 17e s. (sur la route à droite après le pont sur l'Aire) sont exposées des collections de faïences régionales des 18e et 19e s.

> *De Rarécourt, rejoindre Clermont-en-Argonne par la D 998.*

ASFELD

Carte Michelin n° 56 pli 6 ou 241 pli 13.

Situé sur la rive gauche de l'Aisne, ce village, ancien fief des comtes d'Avaux, fut doté par ceux-ci d'une très curieuse église baroque.

Église St-Didier. — Élevée en 1683 sur les plans du père dominicain François Romain, cette église est unique en son genre. Construite entièrement en brique, elle a la forme d'une viole avec son vestibule menant à une rotonde couverte d'une coupole aplatie et cantonnée de chapelles demi-ovales. A l'extérieur une colonnade de brique raccorde le péristyle ovale à la rotonde.

★ BAR-LE-DUC
20 029 h. (les Barisiens)

Carte Michelin n° 62 pli 1 ou 241 pli 31.

Située en partie sur un promontoire, Bar-le-Duc se divise en ville haute où autrefois se dressait le château des ducs de Bar, et en ville basse comprenant, de part et d'autre de l'Ornain, les quartiers du Bourg, de la Neuville et du faubourg Couchot.

D'origine mérovingienne, Bar fut, dès 954, capitale d'un comté qui faillit prendre l'avantage sur le duché de Lorraine. En 1354, ses comtes qui avaient dû reconnaître la suzeraineté française, prirent le titre de duc et firent de leur ville la capitale du « Barrois mouvant ». En 1484, le Barrois fut « absorbé » par la Lorraine et rattaché en même temps qu'elle à la France en 1766. Bar est la patrie du duc François de Guise, des maréchaux Oudinot et Exelmans et de Raymond Poincaré.

Pendant la guerre de 1914-1918, la ville joua un rôle important. De là partait la Voie Sacrée suivie par les convois montant à Verdun.

Aujourd'hui, préfecture du département de la Meuse, Bar-le-Duc a quelques fonctions administratives, et demeure le siège de la Banque Varin-Bernier. C'est aussi un centre commercial où se déroulent foires et marchés.

Les confitures de groseilles épépinées à la plume d'oie sont célèbres.

★ LA VILLE HAUTE visite : 1/2 h

Ce bel ensemble architectural des 16e, 17e et 18e s. était le quartier aristocratique de Bar. Derrière les façades des hôtels ornées de statues, de colonnes, de trophées, de gargouilles, les demeures se prolongent en un logis seigneurial, une cour et un autre bâtiment pour les serviteurs.

Place St-Pierre (AZ). — Cette place triangulaire dominée par l'élégante façade de l'église St-Étienne est bordée de maisons de différentes époques. Sur la droite du parvis, quand on est face à l'église, trois demeures montrent l'évolution de l'architecture entre le 15e et le 17e s. Au n° 25, la maison à colombages avec son étage en encorbellement est représentative de l'architecture médiévale. Au n° 21, l' « hôtel de Florainville », aujourd'hui palais de justice, présente une façade Renaissance de style alsacien (les gracieux balcons en fer forgé ont été ajoutés au 18e s.). Enfin, au n° 29, siège du tribunal d'instance, la façade du début du 17e s. est ornée d'un décor très classique : colonnes, fenêtres surmontées de frontons, de volutes.

Bar-le-Duc.
Le « squelette » de Ligier Richier.

Église St-Étienne (AZ). — C'est une ancienne collégiale de style gothique de la fin du 15e s. dont la façade est en partie Renaissance. À l'intérieur se trouvent plusieurs œuvres d'art, la plus fameuse étant le transi de Ligier Richier appelé **« le squelette »★★** (dans le croisillon droit) représentant René de Châlon, prince d'Orange, tué au siège de St-Dizier en 1544. Cette œuvre saisissante fut commandée par sa veuve Anne de Lorraine au sculpteur qui, selon la volonté du défunt, représenta son cadavre tel qu'il devait être trois années après sa mort. Extrêmement violente dans son réalisme macabre, l'œuvre de Richier doit sa puissance à l'opposition entre l'état misérable du cadavre décomposé et l'attitude presque triomphante que lui a donné le sculpteur, la tête levée vers son cœur qu'il tend à bout de bras vers le ciel.

Autre œuvre de Ligier Richier, le calvaire représentant le Christ et les deux larrons, se dresse derrière le maître-autel. Dans le transept gauche, la statue de N.-D. du Guet est vénérée par les Barisiens. D'après la légende, au cours du siège de 1440, les ennemis approchant d'une porte où se trouvait une statue de la Vierge entendirent celle-ci crier « au guet, au guet, la ville est prise ». Un soldat furieux jeta une pierre sur la statue qui l'attrapa tandis que le soldat tombait raide mort. En face de N.-D. du Guet, un tableau montre une crucifixion où Jérusalem est remplacée par la ville haute de Bar au 16e s.

Place de la Halle (AZ 10). — A travers la porte cochère du n° 3, à la belle façade sculptée de style baroque, malheureusement endommagée, on aperçoit les vestiges des arcades des anciennes halles.

Prendre la rue Chavée et tourner à droite.

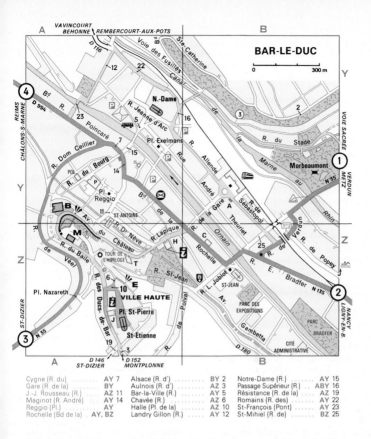

Belvédère des Grangettes (AZ E). — Il offre une vue agréable sur la ville basse, les côteaux et, à gauche, sur la **tour de l'Horloge,** vestige de l'ancien château ducal.

Revenir place de la Halle et prendre à gauche la rue des Ducs-de-Bar.

Rue des Ducs-de-Bar (AZ). — Ancienne « Grande rue » aristocratique de la ville haute, cette artère présente toujours un bel ensemble de façades.

Le n° 41, avec ses deux frises horizontales ornées d'attributs militaires est un exemple intéressant de l'art classique barisien du milieu du 16ᵉ s. Le n° 47, où Bernanos écrivit « Sous le soleil de Satan », est l'une des rares maisons à avoir conservé ses gargouilles. Au n° 53 la porte d'entrée est encadrée d'une arcade à décor sculpté. La façade du n° 73 est décorée de ravissantes appliques représentant des instruments de musique...

Au n° 75, un ancien **pressoir** du 15ᵉ s. est installé dans le bâtiment au fond de la cour.

La façade de l'hôtel de Salm barre le fond de la rue des Ducs-de-Bar.

AUTRES CURIOSITÉS

Musée Barrois (AZ M). — Installé dans le château ducal Renaissance, ce musée présente des collections variées de sciences naturelles, d'ethnographie (avec des objets venant de tous les continents), d'arts et traditions populaires de la région, de peintures. On remarquera l'architecture de la salle sous croisées d'ogives où sont présentées des armures. Une collection de vélocipèdes évoque l'invention de ce moyen de transport en mars 1861, par les Barisiens Pierre et Ernest Michaux.

Devant l'ancien château une vaste esplanade offre de belles perspectives sur la ville basse, les environs et, plus près, sur les toits du collège Gilles-de-Trèves.

En contrebas du musée, la **porte romane** est un des vestiges du château.

Collège Gilles-de-Trèves (AY B). — Il fut fondé en 1571 par Gilles de Trèves, doyen de la collégiale Ste Maxe, qui voulait donner à Bar un collège d'enseignement supérieur pour éviter aux jeunes nobles de s'expatrier vers des universités où soufflait de plus en plus l'esprit de la Réforme. Il paya la construction de ses propres deniers.

La façade Renaissance a été refaite au 19ᵉ s. mais la cour intérieure est restée intacte. On y pénètre par un long porche à voûtes décorées où l'on peut lire la devise en latin formulant l'ambition du fondateur « Que cette demeure reste debout jusqu'à ce que la fourmi ait bu les flots de la mer et que la tortue ait fait le tour du globe ».

La cour présente des galeries supportées par des piliers. Les balustrades sont ornées de sculptures au dessin complexe qui pourraient être d'origine flamande.

Rue du Bourg (AY). — Le bourg dans la ville basse était le quartier commerçant de Bar. Sa grande rue fut à partir du 16ᵉ s. l'une des plus élégantes de Bar-le-Duc, comme en témoignent aujourd'hui les riches façades que l'on peut encore y admirer. Le n° 26 ou Maison des Deux Barbeaux (1618) est décorée de bustes de femmes et de « sirènes » sur les chambranles de fenêtres. Belle porte en bois sculpté. On remarquera aussi les nᵒˢ 42, 46, 49 et 51. Le n° 49 a conservé ses gargouilles.

Au coin de la rue du Bourg et de la rue Maginot, un monument représentant un enfant et une bicyclette a été érigée à la mémoire de Pierre et Ernest Michaux *(voir ci-dessus).*

Ⓥ**Église Notre-Dame** (AY). — C'est à l'origine une église romane qui fut restaurée au 17e s., à la suite d'un incendie ; son clocher est du 18e s.
Dans la nef, Christ en croix de Ligier Richier. Dans la chapelle du transept Sud, un bas-relief de la fin du 15e s. représente l'Immaculée Conception : au-dessous du Père éternel, la Vierge en prière est entourée des emblèmes-symboles de sa pureté.

Château de Morbeaumont (BY). — Ancienne propriété des banquiers Varin-Bernier, cet exubérant château du début du siècle servit de Quartier général au général Pétain au cours de la Première Guerre mondiale.

EXCURSION

Rembercourt-aux-Pots. — 356 h. *18 km*. Carte Michelin n° 🔲🔲 pli 20. *Quitter Bar-le-Duc par la D 116, route de Vavincourt, au Nord.*
Ce village possède une belle église du 15e s., avec une magnifique **façade★**, mélange des styles flamboyant et Renaissance. Remarquer la richesse de ses éléments décoratifs où les niches en coquille se mêlent aux sujets païens de la frise Renaissance. Ses deux tours, inachevées, restent tronquées. L'intérieur constitue un ensemble homogène.
Nubécourt. — 291 h. *11 km au départ de Rembercourt, au Nord*. **Raymond Poincaré** (1860-1934), président de la République de 1913 à 1920, repose dans le cimetière.

BAR-SUR-AUBE   7 146 h. (les Baralbins ou Barsuraubois)

Carte Michelin n° 🔲🔲 pli 19 ou 🔲🔲🔲 pli 38.

Bâtie sur la rive droite de l'Aube qui est dominée par des côteaux boisés, la ville est ceinturée de boulevards établis sur l'emplacement des remparts disparus. Elle a conservé de nombreuses maisons anciennes en pierre et à pans de bois.
Au Moyen Age, Bar-sur-Aube était le cadre d'une foire de Champagne *(voir p. 19)*.
En 1814, pendant la campagne de France, le roi de Prusse, l'Empereur d'Autriche et le Tsar installèrent leur Quartier général dans le château du Jard.

Église St-Pierre. — Édifiée au 12e, elle présente, à l'Ouest et au Sud, une galerie couverte d'une charpente (sorte de halle, d'où son nom de « Halloy »). La nef et les bas-côtés furent voûtés d'ogives lors de reconstructions ultérieures. Les chapelles datent du 16e s. Le maître-autel provient de l'abbaye de Clairvaux, l'orgue de celle de Remiremont. Une cinquantaine de pierres tombales marquent l'emplacement des sépultures de seigneurs locaux et de riches commerçants. La statue de la Vierge au bouquet (fin du 15e s.) en pierre polychrome est représentative de l'école troyenne.

Église St-Maclou. — 12e-15e s. Cette ancienne chapelle du château des comtes de Bar présente une façade classique du 18e s. Son clocher était le donjon du château.

EXCURSIONS

Chapelle Ste-Germaine. — *4 km. Sortir par la D 4, au Sud-Ouest de la ville ; à 3 km, prendre à gauche, dans un virage, un chemin en forte montée où laisser sa voiture.*
Ce chemin, que l'on prend à pied, aboutit à une chapelle de pèlerinage élevée en l'honneur de Germaine, vierge martyrisée à cet emplacement par les Vandales en 407. Après cette chapelle et en contournant la maison, on parvient à une table d'orientation d'où s'offrent des échappées sur Bar-sur-Aube, la vallée, Colombey-les-Deux-Églises et sa croix de Lorraine, les forêts des Dhuits et de Clairvaux.

CIRCUIT AU DÉPART DE BAR-SUR-AUBE

52 km — Environ 2 h

> *Quitter Bar-sur-Aube par la D 73 au Nord. A Maisons-les-Soulaines prendre la D 74 vers Colombé-la-Fosse.*

Cette route sinueuse offre de belles vues sur les vignobles du champagne de l'Aube.

Ⓥ Avant Colombé-le-Sec, on passe devant la belle **ferme du Cellier** (16e s) construite au-dessus d'un cellier cistercien du 12e s. qui était une dépendance de l'abbaye de Clairvaux *(voir ci-dessous)*.
Colombé-le-Sec. — 159 h. Ce village possède un curieux lavoir qui daterait du 12e s. L'église, très remaniée au 16e siècle, conserve de l'époque romane un linteau décoré d'une croix grecque entourée d'un Agneau pascal et d'un loup.

> *A Rouvres-les-Vignes, tourner à droite dans la D 47.*

Ⓥ**Bayel.** — 1 111 h. Créée en 1666, sa **cristallerie** est célèbre pour sa prestigieuse production. Dans des fours chauffés à 1450°C, un mélange de sable, de chaux, de soude et de plomb permet d'obtenir, au bout de douze heures de cuisson, une matière prête à travailler. Moulées ou soufflées, les pièces sont toutes faites à la main.
Bayel recèle dans sa modeste **église**, sur un autel du bas-côté droit, une émouvante **Pietà★** du 16e s. : la simplicité de l'attitude, le réalisme des traits et la perfection du modelé, l'harmonie des plis du vêtement dénotent l'intervention du Maître de Chaource *(voir p. 53)*

> *Continuer jusqu'à la D 396 et la tourner à gauche.*

Ⓥ**Clairvaux.** — C'est ici dans le Val d'Absinthe, que saint Bernard créa en 1115 une abbaye, fille de Citeaux, appelée à devenir l'un des hauts lieux de la Chrétienté *(Voir saint Bernard p. 17 et le monachisme à Clairvaux p. 25 et 26)*. L'abbaye cistercienne construite entre 1135 et 1145 était connue comme un chef-d'œuvre de l'architecture monacale. Il n'en subsiste que le bâtiment des convers comprenant un admirable cellier et au-dessus le dortoir. Au 18e s. Clairvaux était une abbaye extrêmement riche. Les mœurs des moines avaient bien changé et les pères-abbés firent alors reconstruire d'immenses bâtiments où vivaient dans le luxe, une trentaine de moines.

En 1808, sur décision de Napoléon 1er, Clairvaux devint prison et les bâtiments monastiques furent aménagés tant bien que mal pour la détention. Des prisonniers célèbres y séjournèrent dont Blanqui (1872) et Philippe d'Orléans (1890). En 1972 la prison fut transférée dans des bâtiments modernes construits à l'intérieur du mur d'enceinte.

La visite, passionnante, entraîne à travers ce riche passé.

Prendre la D 12 puis à gauche une route forestière.

Fontaine St-Bernard. — Dans un site ravissant, que l'on a cru longtemps être l'emplacement d'origine de l'abbaye en 1175, a été aménagée une halte touristique.

Revenir à Bar-sur-Aube par la D 101 jusqu'à Arconville et la D 70 qui passe par Baroville. Cette route traverse la forêt de Clairvaux puis les vignobles.

BAR-SUR-SEINE
3 851 h. (les Barsequanais)

Carte Michelin nº 61 plis 17, 18 ou 241 plis 41, 42.

S'étendant sur la rive gauche de la Seine à un endroit où la vallée se rétrécit, Bar est adossée à une ligne de coteaux. Ville frontière entre la Champagne et la Bourgogne, elle connut une certaine prospérité aux 16e et 17e s., dont témoigne aujourd'hui l'ensemble de ses maisons anciennes.

Église St-Étienne. — Élevée au 16e s., cette église présente un mélange gothique et Renaissance. L'**intérieur**★ est intéressant par ses vitraux et verrières en grisaille caractéristiques de l'école troyenne du 16e s. Dans le croisillon Sud, quatre bas-reliefs illustrant la vie de saint Etienne sont attribués à Dominique Florentin *(voir p. 34)*. Dans le croisillon Nord, les panneaux d'albâtre évoquant la vie de la Vierge et les statues de sainte Anne et saint Joseph sont l'œuvre de François Gentil.

Maison Renaissance. — *Rue Thiers.* Cette maison en briques et à colombages présente de beaux pilastres en bois sculptés. Au coin une petite niche abrite saint Roch et son chien.

EXCURSIONS

Rumilly-lès-Vaudes. — 487 h. *13 km au Nord-Ouest de Bar-sur-Seine par la N 71 puis la D 85 après Fouchères.* L'**église** est un bel édifice du 16e s. au grand portail richement sculpté ; à l'intérieur magnifique **retable**★ en pierre polychrome de 1533 et quelques vitraux de la fin du 16e s. dont certains du maître troyen Linard Gontier. Le château est une élégante construction du 16e s. cantonnée de tourelles.

Circuit de 56 km dans le Barsequanais. — *Quitter Bar-sur-Seine par la D 4 et poursuivre par la D 167 qui passe par Merrey-sur-Arce puis par la D 67.*

La route traverse le vignoble remembré et reconstitué il y a quelques années.

Essoyes. — 689 h. Ce village fut souvent peint et évoqué par le peintre Auguste Renoir et ses fils Pierre et Jean qui reposent tous trois dans son cimetière.

Prendre la D 79 vers le Sud puis aussitôt à droite la D 117 à travers la forêt et enfin la D 17.

Mussy-sur-Seine. — *Page 83.*

Poursuivre au Sud-Ouest par la D 17 (voir carte Michelin nº 65 pli 8).

Après avoir traversé la forêt, la route passe à côté de l'émetteur de télévision et arrive en vue des coteaux couverts de vignobles des Riceys. Au cours de la descente vers les Riceys on distingue bien les trois villages dominé chacun par son église Renaissance.

Les Riceys. — *Page 104.*

Des Riceys, regagner Bar-sur-Seine par la D 452 et la N 71.

BAZEILLES
1 709 h.

Carte Michelin nº 53 Sud-Est du pli 19 ou 241 pli 10.

A Bazeilles s'est déroulé un épisode très émouvant de la bataille de Sedan.

Le 31 août et le 1er septembre 1870, des éléments épars du 12e corps français, comprenant entre autres une unité d'infanterie de marine, résistèrent magnifiquement aux troupes du 1er corps bavarois. Ce n'est qu'après avoir épuisé toutes leurs munitions que les défenseurs de la dernière maison — blessés pour la plupart — acceptèrent de se rendre. Le lendemain, c'était la capitulation de Sedan *(p. 23 et 109)*.

Maison de la dernière cartouche. — Le musée contient de nombreux objets français et allemands, recueillis sur le champ de bataille, ainsi que des documents trouvés dans les décombres des maisons incendiées. Des photocopies des lettres envoyées par Gallieni à sa famille relatant les détails du combat.

Au 1er étage, la chambre où s'est déroulée la scène historique a conservé son ameublement et sa disposition. C'est ce cadre que le peintre A. de Neuville a choisi pour son tableau « Les dernières cartouches » exposé au rez-de-chaussée.

A proximité reposent dans un ossuaire environ 6 000 soldats français et allemands.

⟨V⟩ **Château de Bazeilles.** — Sa
construction fut entreprise vers 1750
pour un riche drapier sedanais Louis
de Bauche, dont les ateliers comp-
taient plus de 500 ouvriers, chiffre
considérable pour l'époque. La façade
du château se dresse derrière une
élégante grille en fer forgé, flanquée
de lions en pierre. Il se compose d'un
corps de bâtiment que prolongent
deux pavillons en saillie. L'avant-
corps central est couronné d'un fronton décoré des initiales du constructeur insérées dans un encadrement
rocaille. Côté parc, la façade est plus
classique. Remarquer les masques
sculptés surmontant les fenêtres à
petits carreaux. Leurs visages expressifs, souvent espiègles, évoquent
bien l'esprit du 18e s.

(Photo M. Guillard/Scope)

Bazeilles. — Masque sculpté décorant le château.

Il est agréable de se promener dans le parc dessiné à la française où l'on découvre,
deux charmants pavillons, une curieuse orangerie de forme ovale abritant un restaurant
et un colombier.

★ BEL-VAL (Parc « de vision » de)

Carte Michelin n° 56 plis 9, 10 ou 241 pli 14.

⟨V⟩Situé sur un ancien domaine de moines augustins, le parc de vision occupe 350 ha de
bois, de prairies et d'étangs au cœur de la forêt ardennaise de Belval. Tous les
animaux sauvages, qui y sont présentés, ont la particularité de vivre ou d'avoir vécu il y
a quelques centaines d'années dans ce milieu naturel : sangliers, daims, cerfs, chevreuils, mais aussi mouflons, élans, bisons, ours qui avaient disparu de ces contrées.
Un circuit automobile (près de 7 km) avec des haltes, points de départ de petits
parcours pédestres protégés, l'accès à des miradors ou des « caches », permet d'observer tous ces animaux en semi-liberté dans de très vastes enclos.

BLAISE (Haute vallée de la)

Carte Michelin n° 61 Est du pli 19 ou 241 pli 38.

De Juzennecourt à Doulevant-le-Château, la vallée de la Blaise comblera les amoureux
d'une nature simple. La rivière, riche en truites, y serpente sur des fonds tapissés de
prairies et entre des pentes boisées qu'échancrent des vallons solitaires. Les villages à
flanc de coteau comme Lamothe-en-Blaisy, ou au bord de la Blaise comme Daillancourt,
séduisent par la gaieté de leurs belles maisons en pierre blanche.

Cirey-sur-Blaise. — 126 h. Cirey occupe un site plaisant au creux de la vallée. De 1733
⟨V⟩à 1749, Voltaire fit de longs séjours à « Cirey la félicité » dans le **château** de son amie la
marquise du Châtelet qu'il avait baptisée la « divine Emilie ». Il y faisait des expériences
de physique avec cette femme remarquable passionnée par les sciences et y composa
plusieurs de ses œuvres dont les tragédies d'« Alzire » et de « Mahomet ». C'est à
Cirey qu'il apprit sa cruelle disgrâce, Emilie le trompait avec le poète Saint-Lambert.
Le château présente un pavillon Louis XIII, seule partie réalisée d'un ambitieux projet
et l'aile du 18e s. construite par Mme de Châtelet et Voltaire. On y pénètre par un
étonnant **portail** de style rocaille, dessiné par Voltaire, orné d'emblèmes maçonniques.
A l'intérieur on visite la bibliothèque, le cabinet scientifique de la Marquise et de
Voltaire, des pièces de réception décorées de tapisseries et, sous les combles, le petit
théâtre de Voltaire d'une simplicité touchante.

Doulevant-le-Château. — 442 h. Entouré de belles forêts, le village de Doulevant fait
aujourd'hui partie de la commune de Blaiserives connue pour ses ateliers de ferronnerie
et de fonte. L'église des 13e-16e s. présente un beau portail Renaissance.

★ BLANCS (Côte des)

Carte Michelin n° 56 pli 16 ou 241 plis 21, 25.

D'Épernay à Vertus, la Côte des Blancs, ou Côte Blanche, est ainsi nommée parce
qu'elle est plantée de vignobles à raisin blanc (presque exclusivement le cépage
chardonnay). Ses crus, d'une finesse élégante, sont utilisés dans l'élaboration des
cuvées de prestige et dans la réalisation du « Blanc de Blancs ».
La plupart des grandes marques de champagne y possèdent des vignes et des
vendangeoirs ; certains vignobles privilégiés sont même pourvus d'un système de
chauffage destiné à les préserver des gelées.
Comme la Montagne de Reims, la Côte des Blancs est un glacis de la « falaise de
l'Ile-de-France », chère aux géologues ; à l'exception d'une couronne boisée, ses
versants, regardant plein Est, sont entièrement couverts de vignes.
A flanc de coteau s'égrènent les villages, aux rues tortueuses, le long desquelles
s'ouvrent les hauts portails des maisons vigneronnes.

D'ÉPERNAY AU MONT AIMÉ *28 km — environ 1 h 1/2*

L'itinéraire décrit, en balcon ou à mi-côte, offre de jolies vues, proches ou lointaines, sur le vignoble, la Montagne de Reims et les immensités de la plaine de Châlons.

★ **Épernay.** — *Page 62.*

> *Quitter Épernay par ③ et la route de Sézanne jusqu'à Pierry.*

Pierry. — 1 225 h. Dans la maison occupée aujourd'hui par la mairie vécut **Cazotte,** l'auteur du « Diable amoureux », guillotiné en 1792.

> *A Pierry, prendre à gauche la D 10.*

Cette route procure des vues à gauche sur Épernay et la vallée de la Marne.

Cuis. — 437 h. L'église romane est placée sur une terrasse, au-dessus du village.

De la D 10, perspectives sur la Montagne de Reims.

★ **Cramant.** — 977 h. Le bourg occupe un **site** agréable sur une avancée de la côte. Le célèbre cru, produit par le cépage « pinot blanc Chardonnay », parfois dénommé, dans la région, « Blanc de Cramant », a acquis une renommée universelle.

Avize. — 2 020 h. Cru célèbre et école de viticulture ; église des 12e s. et 15e s. ; au-dessus de la localité, à l'Ouest, promenade offrant une vue étendue.

Oger. — 651 h. Titulaire d'un « premier cru de la Côte Blanche », Oger possède aussi une église des 12e-13e s. à haute tour carrée et chevet plat percé d'un triplet.

Le Mesnil-sur-Oger. — 1 204 h. Ce village vigneron très étendu est bâti sur un plan irrégulier. Un paisible enclos ombragé entoure l'église romane à clocher sur la croisée du transept ; on y entre par un portail Renaissance à colonnes cannelées.

> *Par une petite route serpentant au flanc du coteau vineux, gagner Vertus.*

Vertus. — *Page 121.*

Dans la descente vers Bergères-lès-Vertus, vues agréables sur les alentours.

Bergères-lès-Vertus. — 545 h. Bergères-lès-Vertus (petite église romane de campagne) inspira ce malicieux quatrain :

> « Le pays des bergères   Le pays des vertus
> Où elles ne sont guère,   Où elles n'en ont plus ».

> *Au Sud de Bergères-lès-Vertus, prendre à droite la petite route vers le Mont Aimé.*

★ **Mont Aimé.** — *Page 40.*

BONNEFONTAINE (Ancienne abbaye de)

Carte Michelin n° 🔲🔲 pli 17 ou 🔲🔲🔲 pli 9 (4 km au Sud-Ouest de Rumigny).

Bonnefontaine fut fondée en 1154 par des moines de Signy *(p. 111)*. Cette abbaye cistercienne est établie dans un site dégagé, à l'extrémité d'immenses prairies formant terrasse au-dessus de la dépression Charleville-Hirson.

Les ruines de l'église gothique se cachent sous les arbres, mais on distingue bien le majestueux bâtiment abbatial du 18e s., en briques roses et à toit d'ardoises.

Au Sud de Bonnefontaine, la route qui relie Mont St-Jean et la Férée suit la crête séparant la vallée de la Serre de celle de l'Aube : elle offre des vues étendues sur la dépression Charleville-Hirson d'un côté, sur le Porcien de l'autre côté.

BRAUX-STE-COHIÈRE   62 h.

Carte Michelin n° 🔲🔲 pli 19 ou 🔲🔲🔲 pli 22 (5,5 km à l'Ouest de Ste-Menehould).

ⓥ **Château.** — C'est une ancienne commanderie militaire de chevaux-légers dont les bâtiments ont été édifiés aux 16e et 17e s. Vaste quadrilatère flanqué de tours aux quatre angles, il charme par la couleur de ses murs rayés de briques et de « gaize » blanche se reflétant dans les profondes douves en eau qui le cernent. Pendant la bataille de Valmy *(p. 120)*, il fut le Quartier général de Dumouriez.

Siège de l'**Association Culturelle Champagne-Argonne,** il sert de cadre à de nombreuses manifestations culturelles : expositions, festival de musique, présentation d'un spectacle audio-visuel en multivision sur la région. Chaque année est organisé le « Noël des Bergers de Champagne », veillée musicale avec cortège et messe de minuit.

BRAY-SUR-SEINE   2 117 h.

Carte Michelin n° 🔲🔲 Sud-Ouest du pli 4 ou 🔲🔲🔲 pli 32.

Située sur la rive gauche de la Seine, Bray est la petite capitale de la **Bassée,** plaine alluviale facilement inondable, où se traîne la rivière, mais aussi coulée de verdure riche de prairies d'élevage, de peupleraies, de pépinières, etc.

ⓥ **Église.** — De structure romane, elle présente intérieurement un cachet rustique : large vaisseau couvert d'une voûte en carène et, surtout, curieux déambulatoire plafonné. Le bas-côté gauche, couvert de voûtes d'ogives et traité à la manière de la Renaissance, contraste avec le bas-côté droit simplement voûté en carène.

Parmi plusieurs œuvres d'art, remarquer, dans la 4e chapelle du bas-côté gauche, une statue de saint Nicolas, patron des mariniers (le bâton de la corporation avec son petit bateau a été fixé dans une ancienne fenêtre haute de la grande nef, à gauche).

BRIENNE-LE-CHÂTEAU

Carte Michelin n° 🔢 plis 8, 18 ou 🔢 pli 38.

Située en plaine, légèrement en retrait de l'Aube, Brienne a été parfaitement reconstruite après les destructions de 1940. Sous l'Ancien Régime, elle appartint à quelques-unes des plus puissantes familles de France, les Brienne, les Luxembourg, les Loménie. Autour de Brienne s'est développée la culture du chou à choucroute (le quart de la production française). Brienne est aussi connu pour son camp militaire et son aérodrome.

Napoléon et Brienne. — De 1779 à 1784, Napoléon fut « élève du roi » à l'École militaire de Brienne dont quelques bâtiments sont occupés aujourd'hui par le musée.

Le jeune Corse aux cheveux plats avait 9 ans lorsqu'il entra à l'École, tenue par des religieux minimes. Son père avait obtenu pour lui une bourse après avoir justifié de la noblesse et de l'indigence de la famille Buonaparte. Le nombre des élèves n'excédait guère la centaine, dont la moitié faisait ses études aux frais du roi.

Ils portaient un habit bleu avec parements, veste et culotte rouge (la statue de Bonaparte en costume d'élève se dresse devant l'hôtel de ville). La discipline n'était pas très stricte, mais ils ne devaient rien recevoir de l'extérieur, ni livres, ni vêtements, ni argent. S'ils avaient droit chacun à une chambre, les repas étaient pris en commun. Les visites étaient autorisées, c'est ainsi que Napoléon put revoir son père, accompagné de Lucien, le 21 juin 1784.

De petite taille, le teint pâle, parlant médiocrement le français, Napoléon se sentait peu à l'aise au milieu de ses camarades. Ceux-ci l'avaient surnommé « la Paille au Nez » en raison de son bizarre prénom qu'il prononçait Napoillonné, à l'italienne. Cependant son air sombre, son attitude fière, son caractère susceptible en imposaient déjà *(voir illustration p. 15).*

Le futur empereur excellait dans les exercices militaires et en mathématiques et, malgré sa faiblesse en français et en latin, il fut mis sur la liste des élèves capables de passer à l'École militaire de Paris avec cette appréciation : « Monsieur de Buonaparte (Napoléon), né le 15 août 1769. Taille de 4 pieds, 10 pouces, 10 lignes. Bonne constitution ; excellente santé ; caractère soumis. Honnête et reconnaissant, sa conduite est très régulière. Il s'est toujours distingué par son application aux mathématiques ; il sait passablement l'histoire et la géographie ; il est faible dans les exercices d'agrément. Ce sera un excellent marin ». Le 22 octobre 1784, une lettre signée du roi le reconnaît cadet gentilhomme.

La campagne de France *(p. 22)* ramènera une dernière fois Napoléon à Brienne à la fin de janvier 1814. Avec une armée composée surtout de conscrits, sachant à peine tenir un fusil, l'Empereur y attaque Prussiens et Russes qu'il refoule sur Bar-sur-Aube.

Napoléon s'est toujours souvenu avec émotion de Brienne dont il dira à Sainte-Hélène : « Pour ma pensée, Brienne est ma patrie ; c'est là que j'ai ressenti mes premières impressions d'homme ». Il léguera à la ville de son adolescence une somme de 1 200 000 francs dont une partie servit à construire l'hôtel de ville. Inauguré en 1859, il porte au fronton une effigie de Napoléon dans un médaillon surmonté d'un aigle.

CURIOSITÉS *visite : 1 h*

ⓥ**Château.** — D'aspect imposant bien qu'un peu froid, le château couronne de sa masse blanche la colline qui domine Brienne. Il a été bâti de 1770 à 1778 et est maintenant occupé par le Centre psychothérapique départemental.

Passant devant l'hospice du 18e s., une allée monte à la grille d'honneur : **vue** sur le château, de sobre architecture Louis XVI.

ⓥ**Musée Napoléon.** — Installé dans l'ancienne École militaire, ce musée présente quelques souvenirs de la vie de l'Empereur et évoque les divers épisodes de la campagne de France (1814) *(voir p. 22).*

ⓥ**Église.** — Elle présente une nef du 14e s. et un chœur à déambulatoire du 16e s. (voûtes à clés pendantes) qu'éclairent des vitraux Renaissance d'une iconographie originale : voir surtout à gauche l'Histoire de Noé et, à droite, la Légende des saints Crépin et Crépinien. Bénitier du 16e s. en forme de cloche, fonts baptismaux et grilles de chœur du 18e s.

Halles. — 13e s. Belle charpente supportant un grand toit à pans, couvert de tuiles.

EXCURSIONS

Brienne-la-Vieille. — 486 h. *1 km au Sud de Brienne-le-Château par la D 443.*

C'était autrefois le premier port de flottage du bois à œuvrer pour l'approvisionnement de Paris. Les grumes provenant des forêts d'Orient, du Temple, de Clairvaux étaient acheminés sur des chariots. Là, réunis en radeaux ou brêles, ils étaient mis à flotter sur l'Aube puis la Seine et guidés par des mariniers jusqu'à Paris. L'ancien port se trouve sur la D 118 près d'un moulin.

ⓥUn **musée de charronnage** (au centre du village) présente un ancien atelier de charron ayant conservé son installation et son outillage du début du siècle.

Rosnay l'Hôpital. — 227 h. *9 km au Nord par la D 396.*

Sur les bords paisibles de la Voire, une « motte », jadis fortifiée, porte l'église Notre-Dame, du 16e s. En longeant l'édifice par la gauche, on parvient à l'escalier qui descend dans une vaste **crypte**, du 12e s. mais refaite au 16e s. comme l'église haute. A l'intérieur de celle-ci, dans le bas-côté gauche, pierre tombale (16e s.) de Nicolas Lefèvre, lieutenant au bailliage, et de sa femme.

Châlons, que sillonnent le Mau et le Nau, canaux formés par de petits bras de la Marne, est un nœud de communications et un marché agricole prolongé par des industries alimentaires : sucrerie, brasserie, vins de Champagne. Au Nord-Est de la ville, une zone de 150 ha accueille horlogerie, matériel agricole, produits chimiques.

Centre administratif et militaire, la cité a gardé son aspect bourgeois avec des hôtels des 17e et 18e s., le charme de quelques maisons à pans de bois restaurées, de vieux ponts enjambant le Mau, **pont des Mariniers** (AY 26) à trois arches (1560), **pont des Viviers** (AY 50) (1612) et sur le Nau, **pont de l'Arche de Mauvillian** (BZ 2), du 16e s., à jolie voûte à coquille (sous le Bd. Vaubécourt). Les berges de la Marne bordée de beaux arbres agrémentent la partie Ouest de la ville.

Les champs Catalauniques : une victoire sur Attila.

— Dénommés ainsi parce qu'ils se situaient sur le territoire des Catalauni, la tribu gauloise qui donna son nom à Catalaunum (Châlons-sur-Marne) — active cité gallo-romaine évangélisée par saint Memmie au 3e s. — les champs Catalauniques restent une énigme quant à leur localisation exacte.

Plusieurs hypothèses ont été avancées dont la plus courante est celle du site de Moirey (qui viendrait de « campus Mauriacus ») dans la commune de Dierrey-St-Julien, à l'Ouest de Troyes. En fait, il semblerait que la bataille (ou les batailles) se soit déroulée en plusieurs endroits dans un vaste périmètre, entre Châlons et Troyes.

Au début de l'année 451, Attila, roi des Huns et chef d'un puissant empire qu'il s'était taillé en Europe centrale et orientale, franchit le Rhin et entre en Gaule. Après avoir brûlé Metz, le « fléau de Dieu » se dirige vers Reims, Troyes, Sens et Paris où se produit le « miracle de sainte Geneviève ». Assiégeant Orléans, l'armée des Huns décide de battre en retraite à l'approche de l'armée du général romain Aetius, une armée composée pour l'essentiel de contingents germaniques, dont des Francs.

Attila repart par le chemin qu'il a pris à l'aller, mais il est obligé de livrer bataille en juin 451. Le choc est terrible ; les plaines sont jonchées de cadavres, le roi wisigoth Théodoric est tué, mais Aetius est vainqueur. Pour des raisons inconnues, Attila préfère s'enfuir. La Gaule est délivrée de la menace barbare sans doute la plus effrayante qu'elle ait connue, d'où l'importance donnée à ces fameux champs Catalauniques.

A 15 km au Nord-Est de Châlons, se trouve un lieu-dit « camp d'Attila » qu'une tradition identifie comme le camp de base des Huns avant la bataille.

La « principale ville de Champagne ».

— Au Moyen Age, la ville fut érigée en comté administré par ses évêques ; grands vassaux de la couronne, ils assistaient le roi dans les cérémonies du sacre *(p. 94)*.

La généralité de Châlons, instituée en 1542, était issue du démembrement de la grande généralité d'outre-Seine. Toutefois, la suprématie de Châlons en Champagne remonte aux guerres de Religion. Alors que les autres villes se rangeaient du côté de la Ligue, elle resta fidèle au roi *(voir p. 20)*. En récompense, Henri III la considéra comme « la principale ville de Champagne » en mars 1589, et elle devint le siège d'une chambre du parlement de Paris. Le découpage départemental en 1789 ne fit que confirmer Châlons dans ses fonctions de chef-lieu de la Marne.

Napoléon III au camp de Châlons.

— Un décret du 15 novembre 1856 était à l'origine de la création d'un superbe camp militaire d'entraînement de 10 000 hectares, le plus vaste de France, à proximité de Châlons, sur le territoire de la commune de Mourmelon. Avant qu'il ne soit achevé, Napoléon III avait l'habitude de séjourner à la préfecture où l'accueillait le préfet Chassaigne-Goyon. C'était toujours l'occasion de fêtes somptueuses, auxquelles se pressaient la haute société militaire et parfois des invités étrangers de marque comme la reine de Hollande.

Quand son pavillon fut aménagé, l'Empereur s'installa au camp, relié par une voie ferrée à la ville. Il venait observer les manœuvres grandeur réelle qui s'y déroulaient, il assistait aussi aux essais d'armes nouvelles comme le fusil Chassepot et on se rappelait à l'occasion que le Prince Louis-Napoléon avait été dans sa jeunesse l'auteur d'un manuel d'artillerie. Il en profitait surtout pour diriger l'éducation du petit Prince Impérial (1856-1879) qui semblait beaucoup s'amuser au milieu de la troupe, laquelle l'avait adopté affectueusement. La dernière fois que Napoléon vint au camp, ce fut le 17 août 1870, dans des conditions dramatiques *(voir p. 23)*.

★★ CATHÉDRALE ST-ÉTIENNE (AZ) *visite : 1/2 h*

Elle était complétée avant la Révolution par un cloître s'étendant à l'emplacement du square actuel. Les fastes de deux mariages princiers s'y déroulèrent au 17e s. : celui de Philippe d'Orléans, frère de Louis XIV, avec la princesse Palatine et celui du Grand Dauphin avec Marie-Anne de Bavière.

Extérieur. — La face Nord est d'un gothique très pur : la nef est rythmée par de hauts contreforts supportant des arcs-boutants à double volée et par d'immenses verrières aux fines lancettes ; le bras du transept, percé d'une rose au dessin harmonieux, est flanqué d'une tour dont la base romane est une survivance de la cathédrale précédente, incendiée en 1230. A l'Ouest, grand portail du 17e s. à la lourdeur massive.

Intérieur. — Il atteint près de 100 m de longueur, offre un aspect imposant bien que le chœur manque un peu de profondeur. La nef haute de 27 m, inondée de lumière, donne une sensation d'élégante légèreté avec son triforium élancé que surmontent les vastes baies. Les deux travées les plus proches de la façade ont été élevées en même temps que celle-ci, en 1628, mais dans un style gothique strict.

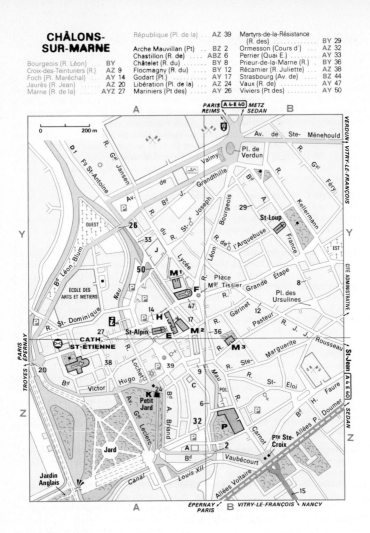

La cathédrale conserve un intéressant ensemble de **vitraux★** permettant de suivre l'évolution de l'art des maîtres verriers du 12e s. au 16e s. et quelques œuvres d'art réparties dans le transept et le chœur.

— *1re travée à gauche :* vitrail (13e s.) des Mégissiers, corporation des pelletiers.

— *5e travée à gauche :* le vitrail du 19e s. réunit les saints Lumier, Memmie, Alpin et Rémi.

— *croisillon gauche :* du 13e s., les vitraux illustrent deux prophètes et les deux donateurs et plus loin saint Étienne et Pierre de Hans, ancien évêque de Châlons. Les douze apôtres décorent la galerie du triforium ; au-dessus, rosace évoquant l'enfance du Christ. Remarquer un bas-relief funéraire Renaissance, figurant un cadavre.

— *tour romane attenante au croisillon gauche :* la salle basse de la tour, aménagée, abrite le **Trésor**. Il comprend trois précieux vitraux du 12e s., restaurés, parmi lesquels une Crucifixion entourée de scènes bibliques et la découverte des reliques de saint Étienne, rehaussée d'un bleu lumineux. Il renferme en outre une cuve baptismale du 12e s., sculptée d'une Résurrection des morts (au pied, dallage de la même époque) ; un fragment de la natte de jonc de saint Bernard ; la mitre et le brodequin épiscopal (12e s.) de saint Malachie, ami de saint Bernard.

— *dans le chœur :* majestueux maître-autel à baldaquin du 17e s., attribué à Jules-Hardouin Mansart ; autour du chœur, superbes dalles funéraires gothiques.

— *fenêtres hautes du chœur, au-dessus du maître-autel :* verrières du 13e s., représentant le Christ en gloire, la Crucifixion, la Vierge Mère, des saints, apôtres et prophètes.

— *chapelle du déambulatoire, à l'extrême droite :* peinture sur bois, primitif français du 15e s., montrant la consécration de la cathédrale par le pape Eugène III. Dans la chapelle suivante, on peut admirer un Christ aux liens du 16e s. et un Christ au tombeau, bas-relief du 17e s.

— *croisillon droit :* vitrail (1938) rouge et or, de l'histoire du diocèse de Châlons.

— *9e travée à droite :* Baptême du Christ, apôtres, prophètes et Christ en gloire (vitrail du 13e s.).

— *7e travée à droite :* Vie et Baptême du Christ (vitrail du début 16e s.).

— *6e travée à droite :* saints et saintes avec la Vierge et l'Enfant (vitrail du 15e s.).

— *5 travées suivantes :* vitraux (début 16e s.) illustrant successivement la Vie et le martyre de saint Étienne, la Transfiguration, la Passion, la Vie de la Vierge et la Création, animée par un ange à la robe écarlate chassant Adam et Ève du Paradis.

★ NOTRE-DAME-EN-VAUX *visite : 1 h 1/2*

★★ **Musée du cloître de Notre-Dame-en-Vaux** (AY M¹). — Il abrite de remarquables sculptures provenant d'un cloître roman, dont la découverte remonte à 1960. Des débris sculptés, trouvés à Châlons, suscitent les premières recherches effectuées à l'appui de documents d'archives : un plan, daté de 1752, montre effectivement le tracé d'un cloître, situé juste à côté de N.-D.-en-Vaux. Bâti au 12ᵉ s., il avait été démoli en 1759 par les chanoines eux-mêmes, pour construire leurs maisons canoniales. Les fouilles dans le sol et les maisons avoisinantes ont permis de recréer en partie ce merveilleux cloître.

Une grande salle, dont la paroi du fond contient des pans de l'ancien mur d'enceinte, offre la reconstitution de quatre arcatures entourées de piliers et présente, parmi les pièces de valeur, des colonnes sculptées ou baguées et une série de 55 **statues-colonnes** : les plus belles représentent des prophètes, de grandes figures bibliques ou des saints (Moïse, Daniel, Siméon et l'Enfant Jésus, Saint Paul au visage d'une intense spiritualité), des personnages de l'Ancien Testament et du Moyen Age (rois de Juda, chevaliers, portant l'équipement militaire du 12ᵉ s., côte de mailles et haubert, Olibrius, le gouverneur d'Antioche, martyrisant sainte Marguerite). La transition du roman au gothique se dessine dans les traits expressifs et le modelé des personnages dont certains ne font plus tout à fait corps avec la colonne. Remarquer un groupe de chapiteaux historiés, relatant des épisodes de la Vie du Christ et

(Photo M. Roche)

Châlons-sur-Marne.
Statues-colonnes du cloître de N.-D.-en-Vaux.

de la légende des saints. Sur les quatre faces d'un même chapiteau se suivent : la présentation au temple, la fuite en Egypte, le baptême du Christ et la résurrection de Lazare. Sur un autre se déroule le festin des noces de Cana.

★ **Église Notre-Dame-en-Vaux** (AY F). — Cette ancienne collégiale a été édifiée au début du 12ᵉ s. dans le style roman, mais les voûtes, le chœur et le chevet construits dans le style gothique primitif datent de la fin du 12ᵉ s. et du début du 13ᵉ s.

L'édifice a fière allure. L'austère façade romane à deux tours surmontées de flèches couvertes de plomb se mire dans les eaux du canal du Mau ; le chevet à déambulatoire et les chapelles rayonnantes sont mis en valeur par deux tours romanes *(se placer de l'autre côté de la place Mgr-Tissier pour admirer l'élévation de l'ensemble)*. Le porche Sud, du 15ᵉ s., précède un portail roman aux statues-colonnes mutilées à la Révolution mais dont les chapiteaux, épargnés, sont intéressants. Carillon de 56 cloches.

Au Nord de l'église, des pelouses et un dallage rose marquent l'emplacement de l'ancien cloître. *Pénétrer dans l'église par la porte Ouest.*

L'**intérieur**★★ impressionne par ses proportions harmonieuses et la sobriété de son ordonnance. Dans la nef, on remarque la différence de style entre les piliers à chapiteaux romans, soutenant de vastes tribunes, et les voûtes d'ogives gothiques. Le chœur est un exemple du style champenois *(voir p. 33)*.

La nef est éclairée par une harmonieuse série de **vitraux**★ champenois. Les plus beaux, du 16ᵉ s., ornent le bas-côté gauche. *Le remonter, en partant du portail Ouest :*

2ᵉ travée : datée de 1525, la légende de saint Jacques, du verrier picard Mathieu Bléville, raconte la bataille de 1212 qui opposa les Chrétiens aux Maures (par Châlons passait la route du pèlerinage à St-Jacques de Compostelle).

3ᵉ travée : Dormition et Couronnement de la Vierge, aux couleurs rouge et or symboles de la gloire. Inscription de 1526 sous l'image des donateurs et de leurs saints patrons.

4ᵉ et 5ᵉ travées : légendes de Ste-Anne et Marie ; Enfance du Christ.

6ᵉ travée : la Compassion de la Vierge, sur un fond bleu scintillant d'étoiles d'argent, est illustrée par une Descente de Croix, une Pietà et Marie-Madeleine (1526).

Descendre le collatéral droit : les deux vitraux, restaurés, de la légende de St-Jacques *(travées après le portail Sud)*, acquis au 17ᵉ s. par les marguilliers de Notre-Dame, proviennent de la maladrerie St-Jacques. Près de l'entrée, grand crucifix en bois du 15ᵉ s.

Au-dessus du portail de l'entrée : rangée de trois fenêtres aux vitraux teintés de vert et rouge, surmontés d'une rosace éclairée de bleu, dont le dessin géométrique et l'harmonie rappellent l'art verrier du 13ᵉ s. Ils sont l'œuvre de Didron aîné, vers 1863.

AUTRES CURIOSITÉS

Préfecture (BZ P). — C'est l'ancien hôtel de l'Intendance de Champagne, bâti de 1754 à 1770 sous la direction des architectes J.-G. Legendre et Nicolas Durand. Réalisé sous le règne de Louis XV, cet édifice marque déjà le style Louis XVI par son architecture sobre et par son décor de guirlandes.

Rouillé d'Orfeuil, intendant de 1764 à 1790, y vécut fastueusement ; **Marie-Antoinette**, venue en France épouser le Dauphin, devait revenir en ces lieux, triste et humiliée, à la suite de l'échec de la « fuite de Varennes ».

Contourner les bâtiments par la droite ; on côtoie un logis du 17e s., à appareil de briques et pierres en damier, puis on passe le Mau pour accéder au **Cours d'Ormesson** (AZ **32**), tracé au 18e s. : perspectives sur le jardin de la Préfecture et le Mau.

Le Jard (AZ). — Cette promenade existait déjà au Moyen Age et saint Bernard y prêcha la croisade en 1147 devant le roi Louis VII et le pape Eugène III venu consacrer la cathédrale.

Redessinée au 18e s., la promenade est traversée par l'avenue du Général-Leclerc. On y distingue trois sections :

le Petit Jard, jardin paysager de style Napoléon III, avec une horloge florale, est aménagé à l'emplacement des anciens remparts. Il s'étend le long du Nau que coupe la « porte d'eau » du **château du Marché (K)**, ouvrage fortifié, dont il subsiste une tourelle du 16e s.

le Jard, vaste esplanade plantée de marronniers, fermé au Nord par les bâtiments de l'école normale. De la passerelle qui le relie au Jardin anglais, par-dessus le canal latéral à la Marne, agréables **vues** sur la cathédrale et la préfecture.

le Jardin anglais, dessiné en 1817, bordé par la Marne.

Église St-Alpin (AY). — Entourée de maisons au Nord et à l'Est, cette église construite du 12e au 16e s. présente un mélange de style gothique flamboyant et Renaissance. Les chapelles du bas-côté droit sont éclairées par des **verrières Renaissance,** magnifiques compositions, formant perspectives : voir notamment Saint Alpin, évêque de Châlons, devant Attila *(1re chapelle)* et l'Empereur Auguste devant la Sybille de Tibur *(3e chapelle)* et, dans le transept Sud, la Multiplication des pains et le Miracle de Cana. Les précieux vitraux du déambulatoire ont été restaurés.

St-Alpin possède des œuvres d'art de qualité : dans le bas-côté gauche, beau Christ de Pitié en bois sculpté, école française du 16e s. Dans la nef, dalles funéraires gravées, dont une du 13e s. et, à la tribune, buffet d'orgue de 1762.

Hôtel de ville (AY H). — Œuvre de Nicolas Durand, en 1771, il possède un vestibule dorique et une salle des mariages scandée de pilastres d'ordre colossal de style Louis XVI.

Bibliothèque (AY E). — Elle occupe une belle demeure du 17e s., hôtel des Dubois de Crancé, gouverneurs de la ville. Surélevée d'un étage au 19e s., elle conserve des boiseries du 18e s., de précieuses reliures, des manuscrits à miniatures (Roman de la Rose) et le livre de prières de Marie-Antoinette portant ces mots écrits par la Reine le matin de son exécution : « Mon Dieu, ayez pitié de moi ! Mes yeux n'ont plus de larmes pour pleurer sur vous, mes pauvres enfants, adieu, adieu ! Marie-Antoinette ».

Le **passage Henri Vendel** s'ouvre dans la cour de la bibliothèque par l'ancien portail de l'église St-Loup, et mène au musée ; sur son parcours, nombreuses taques de foyer.

Musée municipal (AY M²). — Au rez-de-chaussée, œuvres champenoises : retable polychrome, Tête de Christ (15e s.) du jubé de N.-D. en Vaux. On peut voir aussi le retable sculpté flamand (début 16e s.), restauré, évoquant la Passion du Christ et provenant de la cathédrale, ainsi qu'une collection de divinités indiennes (16e-17e s.) et un intérieur champenois.

Au premier étage, dans la galerie de peinture, collection de l'écrivain Cazotte *(p. 47)* : paysage d'hiver par Josse de Momper (16e s.), portrait de Cazotte par Perronneau (18e s.). Citons en outre l'autoportrait de Nonotte (18e s.), et des toiles du châlonnais Antral (20e s.).

Collections d'archéologie : enseigne gauloise et épée de Cernon.

Musée Garinet (BZ M³). — Dans cet ancien hôtel du Vidame, on trouve un intérieur bourgeois du 19e s. orné de toiles du 16e au 18e s. Au 2e étage, est rassemblée une collection de maquettes représentant des églises et des cathédrales de France.

Un bâtiment voisin présente des souvenirs de Schiller et de Goethe.

Église St-Loup (BY). — Façade néo-gothique de 1886. Le vaisseau du 15e s. abrite un triptyque de l'Adoration des Mages, attribué à Van Eyck *(2e travée à gauche)*, une statue de saint Christophe, bois polychromé du 16e s. *(3e travée à droite)*, une peinture de Vouet (17e s.), la Mort de Marie-Madeleine *(au-dessus de la porte de la sacristie)*.

Église St-Jean. — *Accès par la rue Jean-Jacques-Rousseau* (BYZ).
D'aspect trapu, avec une façade basse du 14e s., épaulée de contreforts, un fronton pointu orné de pots à feu du 17e s., elle est masquée en partie par un mur et des arbres d'où émerge un clocher massif. Sa nef romane, à voûte lambrissée, s'ouvre sur un chœur surélevé, à chevet plat. Vitraux du 19e s.

Porte Ste-Croix (BZ). — Rouillé d'Orfeuil fit édifier en 1770, par Nicolas Durand, cette porte triomphale, à l'occasion de l'entrée solennelle de Marie-Antoinette. Appelée alors « porte Dauphine », elle est restée inachevée, sans sculpture sur l'une des faces.

Carte Michelin n° 61 pli 17 ou 241 pli 41.

Situé aux sources de l'Armance. Chaource a donné son nom à un fromage réputé *(voir p. 37)*.

Le village a conservé quelques maisons anciennes à pans de bois du 15e s. que l'on appelle « allours ».

(Photo Gaud)

Chaource. — La mise au tombeau.

Église St-Jean-Baptiste. — Cette église (chœur du 13e s., nef du 16e s.) abrite un **sépulcre**★★ *(dans la chapelle semi-souterraine à gauche du chœur)*, chef-d'œuvre de la sculpture champenoise.

Cette mise au tombeau fut exécutée en 1515 par le « Maître aux figures tristes » appelé aussi « Maître de la Sainte Marthe » *(église Ste-Madeleine p. 117)* ou « Maître de Chaource ». Rarement tendresse et chagrin ont été traduits avec une telle émotion. Les visages poignants des Saintes Femmes et de la Vierge apparaissent sous les capulets au délicat plissé. Elles portent le costume des servantes du 16e s.

Une autre œuvre importante, une **crèche en bois doré** du 16e s. *(3e chapelle gauche)*, montre le talent varié des sculpteurs de l'école troyenne. Présentée dans une armoire du 16e s. à volets formant polyptyque, elle comprend vingt-deux statuettes représentant l'Adoration des Mages et des Bergers.

Parmi les nombreuses autres statues, remarquer une **Sainte Barbe** du 16e s. *(1re chapelle de gauche)*.

CHARLEVILLE-MÉZIÈRES   61 588 h. (les Carolomacériens)

Carte Michelin n° 53 pli 18 ou 241 pli 10 — Schéma p. 76.

Charleville et Mézières, sur la Meuse, aujourd'hui réunies en une seule ville, ont cependant conservé leur caractère particulier.

Commerçante et bourgeoise, **Charleville** présente, en bordure des quais où flotte le souvenir de Rimbaud, la parfaite ordonnance de ses rues rectilignes sur la rive Nord de la Meuse que domine le mont Olympe.

Administrative et militaire, **Mézières** resserre ses maisons de schiste dans l'étranglement d'un méandre de la Meuse. Vigoureusement défendue en 1521, par Bayard qui y soutint l'attaque des Impériaux et les contraignit à se retirer, la place fut, en 1590, pourvue d'une citadelle par le maréchal de St-Paul ; en 1815, elle arrêta 20 000 Prussiens durant un mois et demi.

En 1914-1918, Mézières fut le siège du G.Q.G. allemand, alors que le Kaiser Guillaume II résidait à plusieurs reprises à Charleville.

Les origines. — Sur le site actuel de Montcy-St-Pierre s'étendait la ville gallo-romaine de Castrice (nombreux vestiges au musée municipal de Charleville), détruite au 5e s. lors des invasions barbares.

Un peu plus tard, à l'emplacement de Charleville, exista une villa royale ; mais c'est au 9e s. que le bourg d'**Arches** apparut. Charles le Chauve y possédait un palais, où il reçut, en 859, son neveu Lothaire, roi de Lorraine. Tandis qu'Arches prenait de l'importance, Mézières, fondée aux alentours de l'an mil, n'était qu'un village. Au 13e s, les deux villes appartenaient au comte de Rethel et de Nevers. La paroisse d'Arches comprenait Montcy-Notre-Dame et Montcy-St-Pierre, deux faubourgs appelés à se développer ultérieurement.

Une grande famille. — Issu de la célèbre lignée des Gonzague, ducs de Mantoue en Lombardie, Louis de Gonzague acquiert, par son mariage avec Henriette de Clèves, en 1565, le duché de Nevers et le comté de Rethel dont fait partie Charleville. Louis de Gonzague mort en 1595, le duché de Rethel passe à son fils **Charles de Gonzague** (1580-1637). Celui-ci améliore l'économie locale en obtenant de Henri IV et de Louis XIII divers privilèges dont celui de franche gabelle. En 1606, il décide de fonder une ville à l'emplacement du village d'Arches, siège d'une principauté, et donne son nom à la nouvelle cité.

Charleville, à laquelle Louis XIII accorde la franchise de commerce avec la France, se construit alors peu à peu sous la direction de l'architecte Clément Métezeau, et, en 1627, lorsque Charles est appelé à régner sur Mantoue, tout est à peu près terminé.

Le conventionnel Dubois de Crancé (1747-1814). — Au n° 20 de la rue d'Aubilly, on peut encore admirer la maison natale de Louis Alexis Dubois de Crancé. Fils d'un commissaire provincial des guerres de la généralité de Châlons, qui avait pour mission de veiller au bon fonctionnement de la Manufacture royale d'armes, Dubois de Crancé fit ses études au collège de Charleville. Embrassant la carrière militaire en qualité de mousquetaire, il devient lieutenant des maréchaux de France.

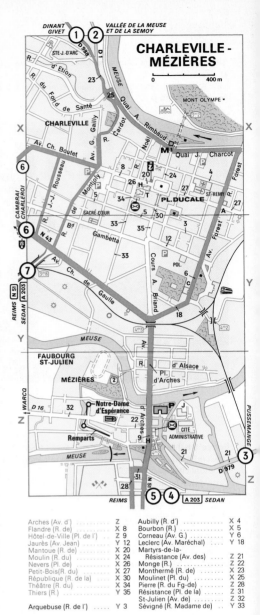

En 1789, il est élu député par l'assemblée du Tiers du bailliage de Vitry, bien que gentilhomme puisque seigneur de Balham. Il se fait très vite remarquer à la Constituante. Dans sa composition du « Serment du Jeu de Paume », David l'a montré dressant sa haute taille sur une chaise et atteignant presque la tête de Bailly. Réélu dans toutes les assemblées révolutionnaires successives, il s'applique à promouvoir une nouvelle organisation militaire de la France, basée sur la conscription. Habile opportuniste, après avoir été un des fondateurs du Comité de salut public et avoir dirigé la répression contre la ville de Lyon révoltée, il abandonne Robespierre et contribue à sa chute. Le coup d'Etat du 18 Brumaire le trouve ministre de la Guerre du Directoire. Alors qu'il vient offrir ses services à Bonaparte, celui-ci lui répond : « Je croyais que vous me rapportiez votre portefeuille ! » Là se termine la carrière politique de Dubois de Crancé. Retiré à Balham, il ne s'occupa plus alors que d'éducation populaire et mourut à Rethel en 1814.

« L'homme aux semelles de vent ». — Le poète **Arthur Rimbaud** (1854-1891) naît à Charleville, à l'actuel n° 12 de la rue Thiers, d'un père capitaine d'infanterie, souvent absent, et d'une mère autoritaire qui fera de son fils un révolté. Au collège local cependant, le jeune Arthur accomplit de brillantes études. De 1869 à 1875, il habite, avec les siens, au n° 7 quai du Moulinet, une maison qui porte aujourd'hui son nom ; il y composa « le Bateau ivre » face au port, non loin du Vieux Moulin *(voir p. 55)*. C'est l'époque des fugues à Charleroi, à Paris où il rencontre Verlaine qu'il accompagnera en Belgique et à Londres, à Roche enfin, près de Vouziers, où il écrit « Une saison en enfer » (1873).

Rompant alors avec la littérature, Rimbaud commence une vie d'errance qui le mène jusqu'en Orient, sur les bords de la mer Rouge et en Indonésie. Rapatrié, il meurt à l'hôpital de Marseille, âgé de 37 ans. Son corps repose au cimetière de Charleville.

CHARLEVILLE *visite : 1 h*

★★**Place Ducale** (X). — Conçue par **Clément Métezeau** (1581-1652), architecte des Bâtiments du Duc, la place Ducale constitue un exemple type de l'architecture Henri IV-Louis XIII.

Elle présente de nombreuses analogies avec la place des Vosges à Paris, réalisée à la même époque et attribuée à Louis Métezeau, frère de Clément.

La place Ducale mesure 126 m sur 90 et son aspect reste spectaculaire malgré la construction, en 1843, de l'hôtel de ville à l'emplacement du palais ducal. Au centre se dresse la statue de Charles de Gonzague, fondateur de la ville en 1606. Une galerie d'arcades en anse de panier fait le tour de la place dont les pavillons, bâtis en briques roses et pierre ocre, sont coiffés de hauts combles d'ardoise mauve, composant un ensemble équilibré et haut en couleur.

Plusieurs pavillons ont été habilement restaurés, par la suppression de leurs persiennes et des coffrages de leurs boutiques ainsi que la réfection de leurs lucarnes désormais munies de petits carreaux. Aux quatre coins de la place s'élevaient des dômes, comme celui qui se trouve au n° 9. Les autres sont en cours de reconstruction.

Vieux Moulin (X M¹). — L'ancien moulin ducal ressemble beaucoup plus à une porte monumentale en pavillon qu'à un moulin. De fait, il a été conçu dans un souci de symétrie avec la Porte de France au Sud et pour fermer la perspective de l'axe principal de la cité.

Il présente une majestueuse façade Henri IV-Louis XIII rythmée de colonnes ioniques, à l'italienne.

ⓥ**Musée Rimbaud.** — Aménagé à l'intérieur du Vieux Moulin, le musée évoque le poète à travers des photos, ses œuvres et quelques autres souvenirs.

(Photo J.N. Reichel/Top)

Charleville-Mézières.
Portrait de Rimbaud.

MÉZIÈRES *visite : 1/2 h*

Basilique N.-D. d'Espérance (Z). — Cette basilique, restaurée et remaniée au cours des siècles, apparaît de style gothique flamboyant, sauf le clocher-porche érigé au 17ᵉ s.

Charles IX y célébra ses noces avec Élisabeth d'Autriche, le 26 novembre 1570.

L'intérieur, dont la froideur est tempérée par les vitraux de Dürrbach, en impose par l'ampleur de son plan à nef centrale et doubles collatéraux, par ses voûtes constituées de liernes et de tiercerons s'ornant de clefs pendantes.

Sur un autel à gauche du chœur, Notre-Dame d'Espérance, une Vierge Noire très vénérée, a donné son vocable à la basilique au 19ᵉ s.

Derrière l'abside, une rue monte à la place où se trouvait le château médiéval.

Remparts (Z). — De l'avenue de St-Julien, vue sur le front Ouest des remparts du 16ᵉ s.

Préfecture (Z P). — Elle est installée dans les bâtiments de l'Ancienne École royale du Génie (17ᵉ-18ᵉ s.) où Monge professa et où Carnot fut élève.

EXCURSIONS

Mohon. — *Par ④ du plan.* Cette agglomération industrielle (métallurgie) est la patrie de Monseigneur Loutil, alias **Pierre l'Ermite,** poète et écrivain (1863-1959).

L'église St Lié, édifiée au 16ᵉ s. pour abriter les reliques de saint Lié, recevait de nombreux pèlerins. Sa façade, du début du 17ᵉ s., présente des effets décoratifs en trompe l'œil.

Warcq. — 1 376 h. *3 km à l'Ouest par l'avenue de St-Julien et la D 16.*

ⓥL'**église** fortifiée présente un clocher carré formant donjon, d'un abord austère. L'intérieur est de type « halle » ; statue de saint Hubert du 18ᵉ s. *(pilier à gauche de l'autel).*

Ancienne abbaye de Sept-Fontaines. — *9 km au Sud-Ouest par la D 3, la D 139, Prix et la D 39.*

De la D 39, qui remonte le charmant vallon du Fagnon, on découvre une jolie perspective sur l'abbaye de Sept-Fontaines (18ᵉ s.), de l'ordre des Prémontrés.

Dans les pages en fin de volume,
figurent d'indispensables renseignements pratiques :
  — *Conditions de visite des sites et des monuments ;*
  — *Organismes habilités à fournir toutes informations...*

CHÂTEAU-THIERRY

14 920 h. (les Castelthéodoriciens)

Carte Michelin n° 56 pli 14 ou 237 pli 21.

Champenoise par ses origines et, de plus en plus, par la progression du vignoble dans ce secteur de la vallée de la Marne, la ville natale de La Fontaine est bâtie sur les deux rives de la rivière et au flanc d'une butte isolée que couronne l'ancien château.

Thierry IV, l'avant-dernier roi mérovingien, enfermé dans le château fort construit pour lui par Charles Martel, son ambitieux maire du palais, y serait mort en 737.

La Fontaine à Château-Thierry. — Le grand fabuliste est né le 8 juillet 1621. Ses premières études sont plutôt négligées. Aux classes, il préfère les promenades.

Sous l'influence de lectures pieuses, il se croit la vocation religieuse et entre à l'Oratoire. Ses maîtres et lui-même s'aperçoivent bientôt que l'état ecclésiastique n'est pas son fait. Il s'inscrit au barreau puis revient en 1644 dans sa ville qu'il ne quitte guère pendant treize ans. En 1647, son père l'a marié à Marie Héricart, la fille du lieutenant criminel de la Ferté-Milon. La Fontaine, rêveur et distrait, négligent, n'attache pas plus d'importance à son office qu'à ses obligations matrimoniales.

De 1652 à 1671, le fabuliste est pourvu de plusieurs offices de maître des Eaux et Forêts, légués par son père, avec beaucoup de dettes.

Un jour, un officier en garnison déclame devant La Fontaine une ode de Malherbe. C'est une révélation : Jean de La Fontaine sera poète. Aussi promptement qu'il était entré dans un séminaire, il se plonge dans la lecture de poètes et versifie lui-même. La traduction de l'« Eunuque » de Térence en 1654 marque sa véritable entrée dans les lettres. Trois ans plus tard, à 36 ans, il s'attache, comme poète, à la Cour du surintendant Fouquet et ne séjourne plus qu'épisodiquement dans sa ville. Moyennant l'exécution d'une pièce de vers par trimestre, il reçoit une pension régulière.

Fouquet arrêté, le poète devient parisien et il le reste jusqu'à sa mort (1695), hébergé et choyé par la haute société : les d'Hervart, Mme de la Sablière, etc.

Les invasions. — En février 1814, pendant la « campagne de France » *(p. 22)*, Napoléon bat l'armée russo-prussienne de Blücher sous les murs de la ville.

Le nom de Château-Thierry évoque surtout l'anxiété vécue par les Français lors des deux batailles de la Marne, en particulier lors de la dernière offensive allemande.

LE TOUR DU CHÂTEAU *visite : 1 h 1/2*

Partir de la place de l'Hôtel-de-Ville. La rue du Château monte à la porte St-Pierre.

Porte-St-Pierre. — Dernière des quatre portes de ville subsistante. Voir de l'extérieur sa façade principale flanquée de deux tours rondes.

Château. — On y pénètre par la porte St-Jean (**B**) dont l'appareil soigné, à bossages, indique une époque tardive (fin du 14e s.).

De cette ancienne ville militaire, rasée, il ne reste que la base des murs. Le château est devenu une promenade ménageant de belles **vues** sur la ville, la vallée de la Marne, le monument de la Cote 204.

De la tour Bouillon (**D**) où a été placé un plan du château ancien, gravé sur pierre, descendre par un escalier au chemin de ronde intérieur.

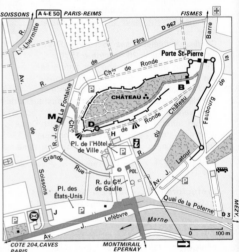

Ⓥ **Maison natale de La Fontaine** (**M**). — Cet ancien hôtel du 16e s., remanié en partie, abrite le musée La Fontaine. Outre des actes portant la signature de La Fontaine, son acte de baptême et quelques portraits ou bustes, le musée présente, dans ses petits salons meublés dans le goût du temps, de magnifiques éditions des Fables et des Contes, les volumes illustrés par Oudry (1755) et Gustave Doré (1868). Distrayant échantillonnage d'objets les plus divers décorés de scènes des Fables.

Ⓥ **Caves de champagne Pannier.** — *23 rue Roger-Catillon au Nord-Ouest de la ville.* Un spectacle audio-visuel et la visite des caves installées dans des carrières de pierre du 13e s. permettent de suivre l'élaboration du champagne.

EXCURSIONS

Cote 204 ; Bois Belleau. — *16 km au Nord-Ouest, environ 2 h. Quitter Château-Thierry par la N 3 (Ouest du plan) ; au croisement marquant le sommet de la montée, tourner à gauche dans l'avenue menant à la Cote 204.*

Cote 204. — Très forte position allemande en juin 1918. La 39e Division française et la 2e Division américaine mirent plus de cinq semaines à en déloger l'ennemi. Ils y réussirent le 9 juillet 1918.

Un monument américain s'élève en cet endroit *(schéma des opérations sur la face côté vallée).*

De là, belle **vue** sur Château-Thierry, son château, et la vallée de la Marne.

Revenir à la N 3 ; au carrefour, prendre tout droit la D 9 vers Belleau.

Bois Belleau. — Le bois fut enlevé le 15 juin 1918 par la 4e brigade de « Marines ».

Le grand **cimetière américain** rassemble près de 2 350 tombes. La chapelle commémorative en forme de tour romane découronnée abrite les inscriptions des noms des disparus. 500 m au-delà du cimetière américain, **cimetière allemand.**

Revenir au carrefour du cimetière américain ; tourner à droite dans la petite route signalée « Belleau Wood ».

On atteint, dans ce bois si disputé, le monument des « Marines », autour duquel des canons et obusiers ont été disposés en manière de mémorial.

Fère et les champs de bataille du Tardenois. — *Circuit de 64 km, environ 2 h 1/2. Sortir de Château-Thierry par la route de Soissons (Nord du plan).*

A Rocourt-St-Martin, tourner à droite vers Fère-en-Tardenois.

La route, traversant à Coincy la vallée d'un ruisseau pittoresque dénommé l'Ordrimouille, ondule sur les plateaux labourés, mélancoliques, du Tardenois.

A Fère-en-Tardenois, prendre la D 2 en direction de Nesles.

Cimetière américain « Oise-Aisne ». — C'est le second en importance des cimetières américains de la Première Guerre mondiale en Europe (plus de 6 000 tombes). Il marque l'un des terrains d'opération les plus disputés, lors de la grande offensive franco-américaine de juillet 1918, destinée à réduire le saillant entre l'Aisne et la Marne.

La 42e Division Rainbow (Arc-en-Ciel), progressant de l'Ourcq vers la Vesle, y refoula au cours d'une semaine sanglante (28 juillet-3 août) des troupes d'élite allemandes, entre autres la 4e Division de la Garde prussienne.

La colonnade du mémorial est calée sur deux piles abritant une chapelle et un musée.

Revenir à Fère-en-Tardenois.

Fère-en-Tardenois. — *Page 66.*

★ **Château de Fère.** — *Page 66.*

Faire demi-tour. Au bourg de Fère prendre à droite la D 6 vers Soissons, puis, après le pont sur le chemin de fer, à gauche vers Beugneux. Au carrefour d'entrée de Beugneux, tourner à gauche vers Oulchy, puis, encore à gauche vers le « monument national de la Deuxième bataille de la Marne ».

Butte de Chalmont. — Au flanc de cette butte, dominant toute la plaine du Tardenois, s'élève un monument en granit, en deux parties, dû au ciseau de Landowski, érigé en 1934 en commémoration de la seconde victoire de la Marne.

Au premier plan, en bordure de la route reliant Beugneux à Wallée, une statue de femme, haute de huit mètres, symbolise la France, tournée vers l'Est. En arrière, à environ 200 m, le groupe **« les Fantômes »,** que l'on atteint par paliers successifs, représente huit soldats de différentes armes, les yeux clos, sur deux rangées.

Ce monument, d'une grande sobriété d'attitude, impressionne par sa puissance et son **site**★ solitaire.

Laisser, à droite, les routes conduisant à Oulchy-le-Château ; traverser l'Ourcq, puis la voie ferrée, en direction d'Armentières. Au sommet d'une courte montée apparaissent, en contrebas, les importantes ruines du château d'Armentières.

Château d'Armentières-sur-Ourcq. — On peut se promener librement dans les ruines spectaculaires de cet ensemble fortifié du 13e s., complété par une tour-poterne du 14e s., et quelques éléments architecturaux de la Renaissance. Il fut particulièrement endommagé lors de la bataille de la Marne en 1918.

Traverser le village d'Armentières et rejoindre la D 1 vers Château-Thierry.

Église de Mézy. — *10 km à l'Est. Quitter Château-Thierry par la D 3, puis à la sortie de Mont-St-Père, traverser la Marne.*

L'église gothique du 13e s., étayée d'arcs-boutants, surprend par son importance et l'homogénéité de son style. A l'intérieur, très pur de lignes, un triforium presque complet, rythmé à cinq arcatures, dissimule une galerie circulaire.

CHÂTILLON-SUR-MARNE   1 069 h. (les Châtillonnais)

Carte Michelin n° 56 pli 15 ou 237 pli 22.

Au débouché du vallon de Cuchery, Châtillon, à 148 m d'altitude, couronne une colline aux pentes couvertes de vignes, en vue de la Marne.

Au Moyen Age, la petite cité fortifiée servait les intérêts de puissants seigneurs, tel **Gaucher de Châtillon** (1250-1328), connétable de France sous le règne de Philippe le Bel qu'il soutint dans la lutte menée contre les Templiers et la Papauté.

Statue d'Urbain II. — *Laisser la voiture au parking ; prendre la rue de l'Église puis à droite, la rue Berthe-Symonet.*

Cette statue colossale en granit évoque Eudes de Châtillon, né à Lagery *(p. 69)*, pape de 1088 à 1099 sous le nom d'**Urbain II** et initiateur de la 1re Croisade. Elle a été érigée en 1887 sur la motte féodale qui portait le donjon du château. De ses abords *(table d'orientation)*, **vue**★ sur la vallée et les vignobles des coteaux.

CHÂTILLON-SUR-MARNE

EXCURSION

Vallée de la Marne et Tardenois. — *Circuit de 36 km — environ 1 h.*
Prendre à l'Ouest la D 1 en direction de Vandières : vues sur la vallée et les collines
qui la bordent au Sud.

Verneuil. — 820 h. On y voit une église des 12ᵉ et 13ᵉ s., restaurée.

Prendre à droite vers Reims la RD 380.

Cette route, remontant le vallon de la Semoigne, pénètre dans le **Tardenois,** plateau
ondulé qui vit la seconde bataille de la Marne *(p. 24).*

Anthenay. — 45 h. Typique village tardenois avec son église des 12ᵉ-16ᵉ s., à toit en
bâtière, sa fontaine et, tout en haut, son imposant château-ferme.

*Poursuivre jusqu'à Ville-en-Tardenois où on prend à droite la D 224 qui débouche
dans le charmant vallon de Cuchery : la D 24 ramène à Châtillon.*

CHAUMONT
29 552 h. (les Chaumontais)

Carte Michelin nº 61 pli 20 ou 241 pli 43.

Chaumont-en-Bassigny occupe une situation pittoresque sur le rebord d'un plateau
escarpé séparant la Suize de la Marne. Située à un carrefour de routes, elle fut dès
l'époque médiévale un lieu d'échanges commerciaux.

La cité, dont le nom était à l'origine « Calvus Mons », fut la résidence des comtes de
Champagne de 1228 à 1239, date du rattachement de ce fief à la couronne. Bien
défendue par la nature du site, la ville a gardé une part de son caractère féodal : de
l'ancien château fort subsiste le donjon ou tour Hautefeuille.

Elle conserve des maisons anciennes à tourelle d'escalier en encorbellement et nombre
d'hôtels aux portails sculptés, visibles autour de la basilique, aux limites des rues
G. Dutailly, du Palais et Bouchardon. Autour de la place de l'Hôtel-de-Ville, s'étend un
réseau de petites rues étroites et pittoresques.

A Chaumont sont nés quelques personnages célèbres, parmi lesquels le général
Damrémont (1783-1837) et le sculpteur Edme Bouchardon (1698-1762), fils de Jean-
Baptiste Bouchardon.

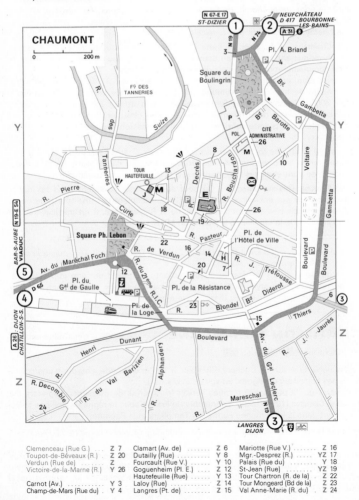

CURIOSITÉS

★ **Basilique St-Jean-Baptiste** (Y E). — C'est un édifice des 13e et 16e s. Au 15e s., l'église fut érigée en collégiale et resta siège d'un chapitre de chanoines jusqu'à la Révolution.

La façade Ouest, avec les deux tours qui la surmontent, date du 13e s. Sur le flanc Sud s'ouvre le **portail St-Jean ;** protégé par un porche de pierre, il témoigne, par sa décoration élégante, de la facture expressive propre à l'art gothique. Au trumeau, belle Vierge à l'Enfant. Remarquer les vantaux sculptés. Au tympan, un bas-relief entouré d'une archivolte ornée d'anges, représente la vie de saint Jean-Baptiste : visite de Zacharie au temple, naissance de saint Jean-Baptiste, son baptême et finalement sa décollation. Le transept et le chevet, de style gothique finissant et Renaissance, sont du 16e s. A chaque façade du transept, la décoration des portes et des contreforts retient l'attention.

A l'intérieur, le chœur et le transept, décorés à l'époque Renaissance, sont les parties les plus intéressantes, avec une galerie à loggias et de belles clés pendantes aux voûtes. Dans le transept gauche, une jolie tourelle ajourée abrite un escalier d'angle. Remarquer le haut-relief, ou **Arbre de Jessé** (milieu du 16e s.), sculpté dans le mur de la chapelle absidiale proche du croisillon.

Au bas de la nef à gauche, la chapelle du St-Sépulcre abrite une **Mise au tombeau**★ (1471), d'un puissant réalisme. Le groupe de onze personnages de grandeur nature, en pierre polychrome, représente l'Onction (les deux porteurs du corps du Christ tiennent les pots d'aromates et les spatules). La puissance d'expression des visages, les attitudes des personnages, le sens des volumes sont remarquables.

On peut voir dans la basilique diverses œuvres peintes ou sculptées de l'atelier de J.-B. Bouchardon, dont un ancien maître-autel en bois sculpté et doré, une chaire et un banc d'œuvre du début du 18e s.

Ⓥ **Musée** (Y M). — Installé dans les caves voûtées du palais de justice, le musée possède une petite collection archéologique dont un sarcophage mérovingien, une collection de peintures des 17e, 18e et 19e s., des sculptures de la Renaissance comprenant des fragments du mausolée du duc de Guise sculpté par Dominique Fromentin et des crèches napolitaines du 18e s.

Square Philippe-Lebon (YZ). — Vue sur la tour Hautefeuille, les remparts et l'église St-Jean-Baptiste.

★ **Viaduc.** — *A l'Ouest par l'Av. du Maréchal-Foch* (Z).
Ce magnifique ouvrage d'art de 50 arches de trois étages, long de 600 m et dominant de 52 m la vallée de la Suize, est emprunté par la voie ferrée de Paris à Bâle.

Le CHESNE
1 063 h. (les Chesnois)

Carte Michelin n° 56 pli 9 ou 241 pli 14.

Commandant un des défilés de l'Argonne, dit jadis du Chesne Populeux, cette localité est située sur la ligne de partage des eaux entre les bassins de l'Aisne et de la Meuse. Le **canal des Ardennes,** creusé sous Louis-Philippe, relie la Meuse à l'Aisne et aux voies navigables du bassin de la Seine. Au Sud-Ouest du Chesne, sur 9 km, on compte 27 écluses — la plus intéressante à Montgon. Vers Sedan, le canal suit la fraîche vallée de la Bar.

Lac de Bairon. — *2 km au Nord.*
Réservoir du canal des Ardennes, il s'étend sur 4 km dans un paysage de collines. Une chaussée le divise en Étang Vieux, jadis possédé par les moines du Mont Dieu *(p. 80)*, et en Étang Neuf. De la D 991, belle vue sur le lac.

CLERMONT-EN-ARGONNE
1 810 h. (les Clermontois)

Carte Michelin n° 56 pli 20 ou 241 pli 22 — Schéma p. 41.

Sur le flanc d'une colline boisée dont le sommet (alt. 308 m) est le point culminant de l'Argonne, Clermont occupe un site pittoresque au-dessus de la vallée de l'Aire.
Ancienne capitale du comté de Clermontois, la ville, dominée par un château fort, était entourée de remparts. Elle fit successivement partie de l'Empire, de l'évêché de Verdun, du comté de Bar, du duché de Lorraine, avant de passer à la France en 1632. Louis XIV l'attribua au Grand Condé. Le château avait été rasé pendant la Fronde.

Église St-Didier. — 16e s. Elle possède deux portails Renaissance. Remarquer les voûtes du transept et du chœur, de style gothique flamboyant, et les vitraux modernes. De la terrasse, derrière l'église, vue étendue sur l'Argonne et la forêt de Hesse.

Ⓥ **Chapelle Ste-Anne.** — *Accès par le chemin en montée qui passe à droite de l'église.*
Ce petit édifice, élevé à l'emplacement de l'ancien château, renferme un Saint Sépulcre du 16e s., composé de six statues. Dans le groupe des trois Marie, toutes trois peintes, Marie-Madeleine, très belle, est attribuée à Ligier Richier ou à un sculpteur de son école.
Suivre une allée ombragée conduisant à l'extrémité du promontoire : vue étendue sur la forêt d'Argonne et le plateau sillonné par la vallée de l'Aire *(table d'orientation)*.

COLOMBEY-LES-DEUX-ÉGLISES

688 h. (les Colombéiens)

Carte Michelin n° 61 pli 19 ou 241 pli 38.

Sur les marches de la Champagne, aux confins de la Bourgogne et de la Lorraine, Colombey fut de tout temps étape sur la route de Paris à Bâle. Mais la notoriété du village est liée à Charles de Gaulle qui y possédait, depuis 1933, la propriété de la Boisserie où il se retira en quittant les affaires de l'État en 1946 et en 1969, et où il mourut le 9 novembre 1970. Il est inhumé dans le cimetière du village, près de l'église. « Cette partie de la Champagne est tout imprégnée de calmes, vastes, frustes et tristes horizons ; bois, prés, cultures et friches mélancoliques ; relief d'anciennes montagnes très usées et résignées ; villages tranquilles et peu fortunés dont rien, depuis des millénaires, n'a changé l'âme, ni la place. Ainsi du mien. Situé haut sur le plateau, marqué d'une colline boisée, il passa des siècles au centre des terres que cultivent ses habitants... »

« Le silence emplit ma maison. De la pièce d'angle, où je passe la plupart des heures du jour, je découvre les lointains dans la direction du couchant. Au long de quinze kilomètres, aucune construction n'apparaît. Par-dessus la plaine et les bois, ma vue suit les longues pentes descendant vers la vallée de l'Aube, puis les hauteurs du versant opposé. D'un point élevé du jardin, j'embrasse les fonds sauvages où la forêt enveloppe le site, comme la mer bat le promontoire. Je vois la nuit couvrir le paysage. Ensuite, regardant les étoiles, je me pénètre de l'insignifiance des choses » (Charles de Gaulle « Mémoires de Guerre »).

La Boisserie. — Pendant la guerre, la Boisserie fut gravement endommagée par l'occupant : une partie du toit brûla et un mur s'effondra. Ce n'est que le 30 mai 1946 que le général et sa famille revinrent s'y installer, après avoir fait exécuter quelques travaux : l'ajout d'une tour d'angle et d'un porche au-dessus de la porte d'entrée. Depuis, elle n'a pas changé ; elle perpétue la présence de son hôte illustre qui s'y délassait des fatigues de sa charge et y mûrissait ses grandes décisions. Le public est admis dans un salon du rez-de-chaussée orné de souvenirs, de livres, de portraits de famille et de photographies de personnages contemporains, dans la grande bibliothèque sur laquelle donne le bureau hexagonal, où le général passait de nombreuses heures, et dans la salle à manger.

Mémorial. — Inauguré le 18 juin 1972, il dresse sa haute croix de Lorraine sur la « Montagne » qui domine le village, à 397 m d'altitude.

CONDÉ-EN-BRIE

611 h.

Carte Michelin n° 56 pli 15 ou 237 plis 21, 22.

Au confluent des vallées du Surmelin et de la Dhuys, Condé est un marché agricole avec une halle en charpente sur colonnes doriques. A la Révolution, la localité fut rebaptisée Vallon Libre.

Château. — De la grille d'entrée se découvre une belle perspective sur le château, édifié au 16e s. par Louis de Bourbon-Vendôme (1493-1557), évêque de Laon et abbé commendataire d'Orbais, auquel succéda son neveu, Louis de Bourbon, premier prince de Condé. Les bâtiments ont été remaniés aux 17e et 18e s. Extérieurement, le château présente un corps central se prolongeant par deux ailes en retour.

Les appartements ont conservé leur décor et leur mobilier du 18e s. Le **Grand Salon★** est décoré de panneaux, représentant des natures mortes admirables, exécutés par Oudry. La salle de musique est tendue de toiles en trompe l'œil, œuvre du célèbre architecte-décorateur Servandoni qui dessina aussi le grand escalier d'honneur.

DAMPIERRE

320 h.

Carte Michelin n° 61 pli 7 ou 241 pli 33.

Dès le Moyen Age, les seigneurs de Dampierre furent de puissants vassaux des comtes de Champagne. Au 13e s. l'un d'eux, Guillaume II de Dampierre, hérite même du titre de comte de Flandre à la suite de son mariage avec Marguerite de Flandre. Baronnie jusqu'en 1645, Dampierre devint ensuite marquisat.

Château. — De la forteresse moyenâgeuse au donjon puissant, il ne reste qu'un châtelet, porte d'entrée flanquée de quatre tourelles poivrières datant du 15e s. On le voit s'élever au-delà d'une superbe grille de fer forgé du 18e s. et l'on aperçoit, derrière, le château bâti au 17e s., d'une ordonnance parfaitement classique. Le tsar Alexandre Ier y séjourna le 23 février 1814.

Église. — Ce monument du 16e s. a conservé un élégant chœur du début du 13e s. L'intérieur abrite le beau tombeau de Pierre de Lannoy, baron de Dampierre, mort en 1523.

Participez à notre effort permanent de mise à jour.
Adressez-nous vos remarques et vos suggestions.

Cartes et Guides Michelin
46, avenue de Breteuil
75341 Paris Cedex 07

Carte Michelin nº 🖂 pli 9 ou 🖂 pli 34.

Mis en eau en 1974, le lac artificiel du Der-Chantecoq est le plus vaste de France avec ses 4 800 ha (1,5 fois le lac d'Annecy). Créé pour régulariser le cours de la Marne, il comprend 77 km de berges dont 19 de digues, un canal d'amenée de 12 km qui permet de prélever les deux tiers du débit de la Marne en période de crue et un canal de restitution pour approvisionner la région parisienne en période d'étiage. Le lac se remplit lentement pendant l'hiver et se vide durant l'automne. Il est à son plus haut niveau en juin et au plus bas en novembre.

Cette dépression du Der a été choisie pour l'étanchéité de ses sols argileux *(voir p. 81)*. Une partie de la forêt du Der (dont le nom en celte signifie chêne) a disparu sous les eaux du lac ainsi que les trois villages de Chantecoq, Champaubert-aux-Bois et Nuisement. Seules les églises de ces deux derniers villages ont été rescapées des eaux.

Aujourd'hui on compte trois ports de plaisance à Giffaumont, Nemours et Nuisement, six plages surveillées, un port spécialisé pour le motonautisme et ski nautique à Chantecoq, des possibilités de pêche sur toute la partie Est du lac, des centres équestres, des sentiers pédestres, des stages d'artisanat. Les oiseaux migrateurs qui par milliers s'arrêtent en automne et en hiver font du lac la quatrième zone de stationnement en France.

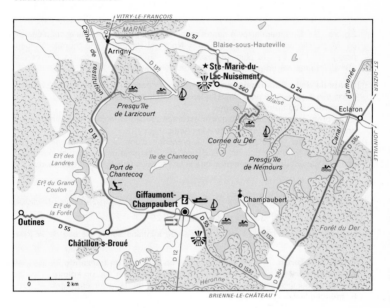

LES BORDS DU LAC *44 km — environ 2 h*

Partir de Giffaumont-Champaubert où se trouve la Maison du Lac (Office de Tourisme du lac du Der-Chantecoq).

Giffaumont-Champaubert. — Un port de plaisance important y a été aménagé. Des **promenades sur le lac** en vedettes y sont proposées pendant l'été.

En face, l'église de Champaubert se dresse seule sur son avancée de terre face à son village englouti.

Dans la **grange aux abeilles** une exposition fait découvrir le travail de ces insectes.

En prenant la D 55 vers Montier-en-Der, on arrive au **château d'eau panoramique** qui offre des vues d'ensemble sur le lac et la forêt.

Reprendre, en sens inverse, la D 55 vers Châtillon-sur-Broué puis Outines.

Châtillon-sur-Broué et Outines. — 53 h. et 164 h. Ces deux villages sont très représentatifs de l'habitat du Der avec leurs maisons en torchis à pans de bois et leurs églises surmontées de clochers pointus couverts d'écailles de bois.

Revenir au lac par la D 55, puis tourner à gauche face à l'église de Châtillon.

La route longe la digue, passe près du port de Chantecoq, puis traverse **Arrigny** (belle église à pans de bois).

Prendre la D 57 vers Eclaron puis tourner à droite à Blaise-sous-Hauteville.

★ **Ste-Marie-du-Lac-Nuisement.** — 213 h. Un petit **village-musée** y a été constitué avec plusieurs bâtiments à pans de bois sauvés des eaux dont l'église de Nuisement-aux-Bois, la mairie-école, la maison d'un forgeron qui abrite une buvette, un pigeonnier et la grange des Machelignots où sont présentées des expositions sur les traditions du Der : costumes, maquettes de maisons à pans de bois, reconstitutions d'ateliers d'artisans. Un film évoquant les différentes étapes de l'aménagement du réservoir-Marne y est projeté.

Un **château d'eau panoramique** offre des points de vue sur le lac.

La D 560 mène à la Cornée-du-Der, une presqu'île couverte de forêt qui avance loin dans le lac. Revenir à la D 24 et rejoindre Eclaron.

DONNEMARIE-DONTILLY

Carte Michelin n° 61 pli 3 ou 237 pli 32.

Ce bourg très étendu se dissimule dans un repli du Montois, région de collines assez boisée marquant la retombée du plateau de la Brie, au Sud-Est, sur la vallée champenoise de la Seine.

Église N.-D.-de-la-Nativité. — Construite au 13ᵉ s., elle apparaît, majestueuse, à flanc de pente, dressant son clocher à près de 60 m de hauteur. Intérieurement, le vaisseau gothique est ceinturé, sur les trois côtés de la nef, par un triforium. La lumière y pénètre surtout par les baies du chevet plat et par la grande rose ; quelques vitraux en médaillon de la couronne intermédiaire remontent aux 12ᵉ-13ᵉ s.

Cloître. — Au Nord de l'église, deux élégantes galeries du 16ᵉ s. délimitaient un cimetière. Une chapelle termine la galerie Nord. Il s'agirait d'un ancien « charnier ».

DORMANS

2 937 h. (les Dormanestes)

Carte Michelin n° 56 pli 15 ou 237 pli 22.

Cette petite ville des bords de la Marne, qui appartenait au comté de Champagne, fut rattachée à la couronne de France par le mariage de l'héritière du comté avec Philippe le Bel. Lors des batailles entre les troupes de la Ligue et celles de Henri III, c'est à Dormans que le duc de Guise reçut la blessure qui le fit surnommer le Balafré.

Église. — Une tour carrée à quatre pignons percés de trois baies accouplées s'élève sur la croisée du transept dont le bras Nord est flanqué d'une tourelle à clocheton octogonal. La partie la plus intéressante de l'église est le chœur à chevet plat du 13ᵉ s., éclairée par un grand fenestrage de style rayonnant.

Chapelle de la Reconnaissance. — Dans le parc du château occupé par un séminaire, elle a été élevée pour rappeler les deux victoires de la Marne.
Le sanctuaire compte deux étages.
De la première terrasse, sur laquelle est tracé un cadran solaire et qui offre en outre une table d'orientation, on accède à la crypte.
Par un escalier, on atteint une cour précédée d'une lanterne des morts. Elle est entourée, au fond et à gauche, d'une galerie que termine un ossuaire et, à droite, de la chapelle supérieure de même plan que la crypte mais plus haute et très claire.

DOUE

723 h. (les Dovinsiens)

Carte Michelin n° 56 Sud du pli 13 ou 237 pli 20.

La butte de Doue (alt. 181 m) offre une vue lointaine sur le plateau de la Brie des Morins.

Église St-Martin. — L'église juxtapose un chœur et un transept gothiques, élevés et ajourés, à une nef trapue, de moindre intérêt. De l'intérieur, on admire la luminosité de ce chœur, caractéristique de l'architecture de la première époque gothique (« gothique lancéolé » — 13ᵉ s.).

★ ÉLAN (Vallon d')

Carte Michelin n° 53 Sud des plis 18, 19 ou 241 pli 10.

Adjacent à la vallée de la Meuse, le vallon d'Élan prend, par endroits, des allures montagnardes, resserré entre des versants à pente accentuée, couverts de prés.

Abbaye d'Élan. — Fondée en 1148, l'abbaye cistercienne d'Élan eut comme premier abbé **saint Roger**. Au Moyen Age, elle devint très riche, possédant, entre autres, un « moulin à écorces de chênes » pour la fabrique du tan pour les tanneries et, à Flize, une foulerie pour le drap. A la Révolution, on n'y dénombrait que quatre moines.
L'ancienne abbatiale à nef gothique et façade classique du 17ᵉ s. compose, avec le manoir abbatial cantonné de tourelles, un harmonieux tableau.

Chapelle St-Roger. — Elle date du 17ᵉ s. et marque le lieu où saint Roger venait méditer. A ses pieds sourd une fontaine donnant naissance au ruisseau d'Élan qui alimentait jadis le vivier abbatial.

Forêt d'Élan. — Très accidentée, d'une superficie de 872 ha, elle est couverte de belles futaies de chênes et de hêtres.

★ ÉPERNAY

28 876 h. (les Sparnaciens)

Carte Michelin n° 56 pli 16 ou 241 pli 21 — Schéma p. 65.

Centre d'excursions dans la vallée de la Marne et les coteaux avoisinants, Épernay représente, avec Reims, le principal centre viticole champenois. La ville est largement pourvue d'espaces verts qui lui donnent un aspect aéré et avenant. De nombreux immeubles cossus, du 19ᵉ s., y pastichent les styles Renaissance ou classique, surtout dans le quartier de l'avenue de Champagne.
Un ensemble moderne a été édifié au Sud, près du mont Bernon. La zone industrielle s'étend au Nord et à l'Est.

★LES CAVES DE CHAMPAGNE (BYZ) *visite : 2 h*

Les principales maisons de champagne, dont certaines remontent au 18e s., s'alignent de part et d'autre de l'avenue de Champagne, au-dessus de la falaise de craie trouée de dizaines de kilomètres de galeries à température constante (9o-12o).

Trois établissements organisent des visites permettant d'assister aux manipulations que subit le champagne pour arriver à sa perfection *(voir p. 36)*. Ce sont :

Moët et Chandon. — Première maison de champagne, la société Moët et Chandon est liée à l'histoire de l'abbaye d'Hautvillers *(p. 69)* dont elle est aujourd'hui propriétaire, et à Dom Pérignon qu'elle a honoré en donnant son nom à sa cuvée spéciale.

Claude Moët, le fondateur, se lance dans la production du champagne en 1743. Son petit-fils, Jean Rémy, grand ami de Napoléon Ier, reçoit la visite de ce dernier à plusieurs reprises (l'établissement conserve un chapeau de l'Empereur). Le gendre de Jean Rémy, Pierre Gabriel Chandon, ajoute son nom à la raison sociale de la maison.

En 1962, cette entreprise familiale devient société anonyme. Depuis, le groupe Moët-Hennessy contrôle les champagnes Moët et Chandon, Ruinart et Mercier, le cognac Hennessy, le porto Rozès, les parfums Christian Dior, les cosmétiques Roc, et possède 850 ha de vignobles en France, ainsi que d'autres en Californie et au Brésil.

Les caves, d'une longueur de 28 km, couvrent une superficie de 18 ha et contiennent l'équivalent de 75 millions de bouteilles. Pendant la visite, très complète, on suit les différentes étapes de l'élaboration du champagne dont le remuage et le dégorgement.

(Photo P. Guérin)

Épernay. — Foudre géant de Mercier.

Mercier. — En 1858, Eugène Mercier regroupe plusieurs maisons de champagne et crée la maison Mercier. Il fait alors creuser 18 km de galeries. En 1889, à l'occasion de l'Exposition Universelle, il demande au sculpteur rémois Navlet de décorer un foudre géant d'une capacité de 200 000 bouteilles, puis il le place sur un chariot tiré par 24 chevaux, 42 dans les côtes. Ce « convoi exceptionnel » couvre Épernay-Paris en 20 jours ; des ponts sont renforcés sur son passage et des murs abattus.

Deuxième productrice de champagne après Moët et Chandon, la maison Mercier fait aujourd'hui partie du groupe Moët-Hennessy.

La visite de ses caves, en petit train électrique, permet de découvrir le foudre géant et les sculptures taillées dans la craie par Navlet.

de Castellane. — A la visite des 10 km de caves s'ajoute celle de la tour, haute de 60 m, aménagée en un musée présentant des dioramas sur les différentes étapes de la production de champagne ; un historique de la famille de Castellane — dont le célèbre collectionneur Boni de Castellane qui fut marié à la milliardaire américaine Anna Gould — ; des collections d'affiches, d'étiquettes, de bouteilles.

Les 239 marches (depuis le cellier) mènent au sommet d'où s'offre une vue étendue sur Épernay et son vignoble.

AUTRES CURIOSITÉS

★Musée Municipal (BY M). — Ce musée est aménagé dans l'ancien château Perrier, pastiche d'un château Louis XIII construit au milieu du 19e s. par un négociant.

Vin de Champagne. — Histoire de la vigne et du vin de Champagne *(diorama)*. Évocation de la vie et du travail des vignerons. On trouve également une curieuse collection d'étiquettes de bouteilles.

Préhistoire et Archéologie. — Matériel funéraire recueilli dans les cimetières de la région, reconstitution de tombes. Remarquables poteries, verres, armes et bijoux.

Faïences. — Bel ensemble provenant de faïenceries de l'Est de la France.

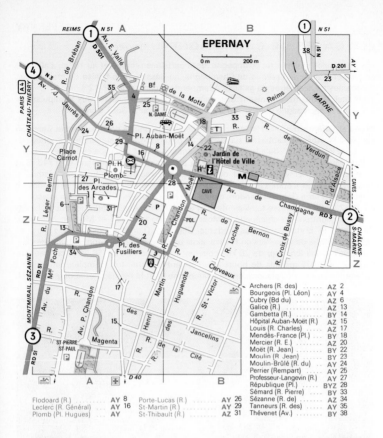

ÉPERNAY

0 m　　　200 m

Archers (R. des)	AZ 2
Bourgeois (Pl. Léon)	AY 4
Cubry (Bd du)	AZ 6
Galice (R.)	AZ 13
Gambetta (R.)	BY 14
Hôpital Auban-Moët (R.)	AZ 15
Louis (R. Charles)	AZ 17
Mendès-France (Pl.)	BY 18
Mercier (R. E.)	AZ 20
Moët (R. Jean)	BY 22
Moulin (R. Jean)	BY 23
Moulin-Brûlé (R. du)	AY 24
Perrier (Rempart)	AY 25
Professeur-Langevin (R.)	AY 27
République (Pl.)	BYZ 28
Sémard (R. Pierre)	BY 33
Sézanne (R. de)	AZ 34
Tanneurs (R. des)	AY 35
Thévenet (Av.)	BY 38

Flodoard (R.)	AY 8	Porte-Lucas (R.)	AY 26
Leclerc (R. Général)	AY 16	St-Martin (R.)	AY 29
Plomb (Pl. Hugues)	AY	St-Thibault (R.)	AZ 31

Jardin de l'hôtel de ville (BY). — L'hôtel de ville est entouré d'un agréable jardin que dessinèrent, au 19e s., les frères Bühler, auteurs du parc de la Tête d'Or à Lyon.

⊘**Jardin des papillons.** — *A l'Est par ②, 63 bis avenue de Champagne.*
Dans une serre tropicale, parmi les plantes et les fleurs exotiques volent en liberté des papillons provenant du monde entier.

EXCURSIONS

★**①** **Côte des Blancs.** — *Description p. 46.*

② **Circuit de 25 km.** — *Environ 1 h. — schéma p. 65. Quitter Épernay par la rue de Reims en direction de Dizy.*

Entre Dizy et Champillon, la route gravit la côte au sein d'une mer de vignes. D'une terrasse aménagée au bord de la route, **vue**★ sur le vignoble, la vallée de la Marne et Épernay.

★**Hautvillers.** — *Page 69.*

Damery. — *Page 69.*

Regagner Épernay par la rive droite de la Marne (D 1).

★**③** **Montagne d'Épernay.** — *Circuit de 36 km — environ 1 h. — schéma p. 65.* Elle forme le rebord de la « falaise de l'Ile de France » *(p. 12).*

Quitter Épernay par ③, RD 51.

La route remonte le vallon du Cubry aux versants revêtus de vignes.

Pierry. — *Page 47.*

A hauteur de Moussy se révèle à gauche une vue sur l'église de Chavot (13e s.) perchée sur un piton.

1 km après Vaudancourt, prendre à droite.

Château de Brugny. — Il regarde le vallon de Cubry qui fuit, en contrebas, jusqu'à Épernay.
Les bâtiments, du 16e s., ont été remaniés au 18e s. Admirer la fière silhouette du donjon carré, en pierre, que cantonnent des échauguettes rondes, en briques.

A Brugny, suivre la route de St-Martin d'Ablois.

Vues★ sur les pentes sinueuses du cirque du Sourdon ; à droite l'église de Chavot, au centre Moussy, à gauche la forêt d'Épernay.

Prendre à gauche la D 11, vers Mareuil-en-Brie.

Le **château de St-Martin,** entouré de cascatelles, a abrité le célèbre miniaturiste Isabey qui séjourna chez les Talhouet-Roy.

⊘**Parc du Sourdon.** — Planté de beaux arbres, il est traversé par le torrent du Sourdon qui forme de petits bassins où s'ébattent les truites : sa source bouillonne sous un amas de rochers, dans un demi-jour verdâtre.

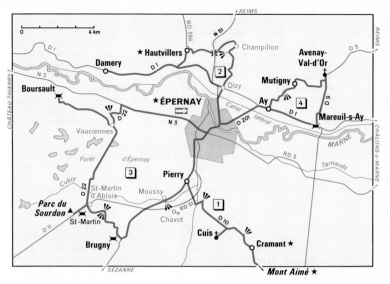

Redescendre jusqu'à la D 22, qu'on prend à gauche. La route traverse la forêt d'Épernay (domaine privé) puis Vaucienes. Là, prendre à gauche vers Boursault.

Château de Boursault. — Élevé en 1848 par l'architecte Arveuf pour la célèbre Veuve Clicquot, ce vaste château, inspiré du style Renaissance, fut le cadre de fastueuses réceptions organisées par Mᵐᵉ Clicquot, puis par sa petite-fille, la duchesse d'Uzès.

Revenir à Vaucienes et prendre la D 22 qui plonge vers la Marne puis la N 3.

De belles **vues**★ s'offrent sur la vallée de la Marne, Damery et la Montagne de Reims.

④ **Circuit de 18 km.** — *Environ 1/2 h — schéma ci-dessus. Quitter Épernay par la rue Jean-Moulin et la D 201.*

Ay. — 4 773 h. Dans un site abrité au pied du coteau, la cité des Agéens est placée au cœur d'un vignoble célèbre, déjà connu à l'époque gallo-romaine et qui fut apprécié de nombreux souverains tels François Iᵉʳ et son rival Henri VIII d'Angleterre, le pape Léon X, au temps de la Renaissance. Henri IV se disait « Sire d'Ay » et possédait en ville un pressoir à son usage. « Les vins d'Ay tiennent le premier rang en bonté et perfection... Ils sont clairets et fauvelets, subtils et délicats... et souhaités pour la bouche des rois, princes et grands seigneurs », dit un contemporain. Voltaire en chantait en ces termes sa faculté à donner de l'esprit :

« Du vin d'Ay, la mousse pétille
En chatouillant les fibres du cerveau
Y porte un feu qui s'exhale en bons mots ».

La maison Gosset, dont le fondateur est cité comme vigneron dans les registres d'Ay de 1584, s'enorgueillit d'être la plus ancienne de Champagne.

Mareuil-sur-Ay. — 1 159 h. Le château a été élevé au 18ᵉ s. pour J.-B. de Domman-geville dont la fille fut aimée d'André Chénier. Le domaine fut acquis en 1830 par le duc de Montebello, fils du maréchal Lannes, qui y créa la marque de champagne portant son nom.

Avenay-Val-d'Or. — 975 h. L'**église** St-Trésain, des 13ᵉ et 16ᵉ s., avec une belle façade flamboyante, abrite des orgues du 16ᵉ s. (bras droit du transept) et des tableaux provenant de l'abbaye de bénédictines, du Breuil, détruite à la Révolution.

Face à la gare d'Avenay, prendre la D 201 et, aussitôt passée la voie ferrée, la petite route qui, à travers vignes, grimpe à Mutigny.

Mutigny. — 137 h. A proximité de la modeste église rurale, placée sur le rebord de la côte, **vue** sur Ay et la Côte des Blancs à droite, la plaine vers Châlons en face.

En descendant sur Ay, points de vue vers Épernay et la côte des Blancs.

★★ ÉPINE (Basilique Notre-Dame de l')

Carte Michelin nᵒ 🖽 pli 18 ou 🔲 pli 26.

Cette basilique, aux dimensions de cathédrale, est le siège de grands pèlerinages, durant l'été, depuis la découverte, au Moyen Age, par des bergers, d'une statue de la Vierge dans un buisson d'épines enflammé. Des pèlerins illustres sont venus vénérer l'image miraculeuse, tels Charles VII, Louis XI et ce bon roi René d'Anjou, souverain du proche duché de Bar, que le prodige inspira sans doute lorsqu'il fit exécuter, au 15ᵉ s., par Nicolas Froment, le triptyque du Buisson Ardent, aujourd'hui à la cathédrale d'Aix-en-Provence.

S'élevant sur une légère éminence, la basilique se distingue à des lieues alentour. Édifiée dès le début du 15ᵉ s. et progressivement agrandie et complétée, elle présente une façade de style gothique flamboyant, « brasier ardent et buisson de roses épanouies » (Paul Claudel) ; les chapelles rayonnantes sont du début du 16ᵉ s.

Extérieur. — La façade, à la décoration luxuriante, est percée de trois portails surmontés de gâbles aigus dont le plus haut porte un crucifix. Elle est couronnée de flèches à jour : celle de droite, haute de 55 m, présente en son milieu une couronne mariale à fleurs de lis ; celle de gauche, arasée en 1798 pour permettre l'installation d'un télégraphe Chappe, a été rétablie en 1868. Se placer à peu de distance des portails pour découvrir une perspective ascendante sur l'étagement fantastique des pinacles, des clochetons et des gargouilles.

Longer ensuite l'église par la droite afin de détailler les curieuses et très réalistes **gargouilles★**, qui étonnèrent Hugo et Huysmans eux-mêmes : elles se développent, nombreuses, tout autour de la basilique et symbolisent les vices et les esprits mauvais, chassés du sanctuaire par la présence divine. Elles ont subi des restaurations au 19e s. au cours desquelles on élimina celles jugées trop « obscènes ».

Profondément ébrasé et encadré de tourelles polygonales, le portail du croisillon Sud est orné de draperies sculptées analogues à celles du portail principal de la cathédrale de Reims ; son linteau porte diverses scènes sculptées relatant la vie de saint Jean-Baptiste. De part et d'autre de ce portail sont fixés des anneaux utilisés autrefois pour attacher les chevaux ; une inscription gothique s'adresse aux voyageurs : « Bonnes gens qui ici passez, priez Dieu (pour les trépassés) ».

Intérieur. — D'un style très pur, il exprime sans exhubérance l'élégante perfection de l'architecture gothique. Le chœur est clos par un élégant **jubé** de la fin du 15e s. dont l'arcade droite abrite la statue vénérée de Notre-Dame (14e s.) et par une clôture de pierre, gothique à droite, Renaissance à gauche. Sur le jubé une poutre de gloire monumentale (16e s.) porte le Christ en croix entre la Vierge et saint Jean.

Dans le bras gauche du transept se trouve un puits qui aurait été utilisé lors de la construction de la basilique ; au-dessus, admirer un buffet d'orgue Renaissance.

En contournant le chœur par la gauche on observe dans le déambulatoire un **tabernacle-reliquaire** de structure gothique, mais de décor Renaissance, complété par un minuscule oratoire (confession) où les fidèles pouvaient toucher les reliques, dont un fragment de la Vraie Croix. Plus loin, une chapelle abrite une belle mise au tombeau, du 16e s., de l'école champenoise.

ERVY-LE-CHÂTEL
1 262 h.

Carte Michelin n° 61 Sud du pli 16 ou 241 pli 41.

Dominant l'Armance, cette ancienne place forte des comtes de Champagne a conservé quelques maisons anciennes. Une agréable promenade ombragée a été aménagée sur les anciens remparts, dont il subsiste la **porte St-Nicolas,** élément fortifié flanqué de deux tours rondes. Sur la place, curieuse halle circulaire à deux étages (19e s.).

L'**église** des 15e-16e s. est éclairée par de beaux vitraux Renaissance dont un décrivant les triomphes de Pétrarque, poème allégorique du poète italien du 14e s., sujet exceptionnel dans un vitrail d'église ; nombreuses statues de l'école champenoise et tableaux. Retable du maître-autel, en bois doré à la feuille, du 17e s.

ÉTOGES
306 h.

Carte Michelin n° 56 Sud-Ouest du pli 16 ou 241 pli 25.

Ancien relais sur la route royale de Paris à Châlons, Étoges est un centre viticole, situé à proximité de la côte des Blancs.

Château. — Harmonieux édifice du 17e s. Sur les douves en eau s'élance un élégant pont d'où la vue embrasse les bâtiments de briques roses à chaînages et parements de pierre blanche, les hauts toits à la française coiffés d'ardoises mauves. Construit par les barons d'Anglure, le château appartint, sous l'Empire, au comte de Guéhéneuc, sénateur, régent de la Banque de France et beau-père du maréchal Lannes.

FÈRE-EN-TARDENOIS
3 295 h. (les Férois)

Carte Michelin n° 56 Nord-Ouest du pli 15 ou 237 pli 9.

Établie au bord de l'Ourcq naissante, Fère est un important nœud routier et fut très disputée en 1918 au cours de la seconde bataille de la Marne.

Église. — Élevée au 16e s., elle a été très restaurée. Remarquer le beau portail du Nord en tiers-point.

Halles. — Construites en 1540, elles abritaient autrefois le marché au blé. La belle charpente en châtaignier est soutenue par de gros piliers cylindriques en pierre.

EXCURSION

★**Château de Fère.** — *3 km au Nord par la D 967. Laisser à droite la route privée de l'hôtellerie du Château et prendre le chemin suivant.* Un château fort, élevé au début du 13e s. sur une terre appartenant à une branche cadette de la famille royale, est à l'origine de ce château. Anne de Montmorency qui en 1528 l'a reçu de François Ier, le transforme en demeure de plaisance et fait jeter sur le fossé un pont monumental, ouvrage d'art d'époque Renaissance. Après la mort de Henri II, le château, confisqué par Louis XIII, passe au prince de Condé et finit, par le jeu des héritages et des mariages, par échouer dans les mains de Philippe-Égalité qui le fait démolir en partie.

En dominant légèrement le fossé, face à la motte du château, confortée, avec grand soin, de pavés de grès, atteindre la sépulture préparée pour le possesseur actuel des ruines, puis la pile Est du pont monumental. Monter l'escalier ménagé dans cette pile.

★★ **Pont monumental.** — Édifié, selon la tradition, par Jean Bullant, sur les ordres du Grand Connétable, il repose sur cinq arches monumentales en plein cintre. Une double galerie, dont l'étage supérieur est en partie démoli, le surmonte.

Ruines. — Une porte encadrée de deux petites tours à bec ouvre sur l'ancienne cour. Voir les sept tours rondes, soigneusement appareillées, dont les assises présentent un curieux dispositif en dents d'engrenage.

La FERTÉ (Fort de)

Carte Michelin n° 🔠 pli 10 ou 🔢 pli 15 (10 km au Sud-Est de Carignan).

ⓥ Ce petit ouvrage de la ligne Maginot *(voir p. 35)* connut un destin tragique le 19 mai 1940 : point extrême et isolé du dispositif Ouest de la Ligne, il succomba après 3 terribles jours de lutte. Sa garnison de 104 hommes fut anéantie par asphyxie, l'ennemi ayant réussi à s'approcher des embrasures de tir pour introduire des explosifs.

La **visite** intérieure du fort montre les ravages causés par les explosions. On y reconnaît cependant les salles des machines, le central téléphonique, l'infirmerie, les pièces où vivaient les hommes, réparties sur plusieurs niveaux, le plus profond se trouvant à 35 m sous terre. L'humidité qui y règne laisse imaginer les dures conditions de vie.

A l'extérieur, l'état des blocs bétonnés aux cloches d'acier rouillées encore flanqués de barbelés témoignent des épreuves subies ainsi que, à 200 m au Nord (vers Villy), un monument commémoratif et un cimetière militaire.

Du point le plus élevé du fort, **vue** étendue à l'Est sur la plaine où coule la Chiers et à l'Ouest sur les hauteurs boisées de la Meuse.

FISMES
4 818 h.

Carte Michelin n° 🔠 pli 5 ou 🔢 pli 10.

Au confluent de la Vesle et de l'Ardre, Fismes a été reconstruite après la guerre 1914-1918. Les rois de France, allant à Reims pour y être sacrés, y faisaient étape.

Circuit de 23 km. — *Environ 3/4 h. Quitter Fismes au Sud vers Épernay.*

Courville. — 317 h. Au Moyen Age l'archevêque de Reims possédait un château à cet emplacement. Des fouilles ont permis de dégager les salles basses du donjon du 12e s. La présence archiépiscopale explique l'importance de l'**église** romane qui domine le village. D'après les chapiteaux archaïques, la nef aurait été élevée au 11e s. tandis que la croisée du transept qui supporte la haute tour à toit en bâtière, le chœur, la chapelle latérale sont du 12e s. La charpente primitive a été remplacée à la fin du 19e s. par une voûte en berceau.

On longe le cours de l'Ardre, apprécié des pêcheurs, parmi des paysages rustiques. De Crugny, on gagne Arcis-le-Ponsart.

Arcis-le-Ponsart. — 231 h. Dans un joli site au-dessus d'un vallon, ce village possède une église du 12e s. et un château du 17e s.

Prendre la D 25 au Nord d'Arcis, et à Courville à gauche la route de Fismes.

FROMENTIÈRES
249 h.

Carte Michelin n° 🔠 Sud du pli 15 ou 🔢 pli 22.

La modeste **église** de ce village renferme un monumental **retable**★★ flamand du début du 16e s., peint et sculpté, qu'un curé de Fromentières acheta à Châlons, en 1715, pour 12 pistoles, faible somme en regard de sa valeur actuelle. Ce chef-d'œuvre est signé d'une « main coupée », emblème légendaire d'Anvers.

Il est situé derrière le maître-autel. Ses qualités de composition et d'exécution surprendront le visiteur. Derrière les volets peints relatant des épisodes du Nouveau Testament apparaissent trois étages de scènes aux délicates figurines qui, à l'origine, étaient peintes de couleurs vives et se détachaient sur des fonds dorés.

Les personnages, d'une extrême finesse, évoquent la Vie et la Passion du Christ avec un sens du détail familier et une intensité d'expression exceptionnels.

GIVET
7 728 h. (les Givetois)

Carte Michelin n° 🔠 pli 9 ou 🔢 pli 2 — Schéma p. 77.

Ville frontière, dominée par le fort de Charlemont, Givet occupe l'extrémité de la langue de terre arrosée par la Meuse française et encastrée en Belgique. Sur la rive droite se trouve **Givet-Notre-Dame,** quartier des manufactures aujourd'hui disparues. Sur la rive gauche, s'étend **Givet-St-Hilaire** dont les rues anciennes entourent une église bâtie par Vauban ; son clocher inspira Victor Hugo : « Le grave architecte a pris un bonnet carré de prêtre ou d'avocat, sur ce bonnet il a échafaudé un saladier renversé, sur le fond du saladier il a posé un sucrier, sur le sucrier une bouteille, sur la bouteille un soleil emmanché dans le goulot par le rayon vertical inférieur, et enfin sur le soleil un coq embroché ».

Le quartier St-Hilaire est aussi le centre commercial avec ses prolongements jusqu'à la place Méhul, la gare et la frontière belge à travers le quartier de Bon-Secours.
Givet possède des industries diverses : tuberie de cuivre, fonderie de bronze, textiles artificiels.
Son important port fluvial est accessible aux grands chalands belges qui assurent le transbordement des marchandises des péniches françaises, d'un gabarit différent.
Au Nord de la ville, en bordure de la Meuse et de la N 51 se dresse un silo à grain d'une capacité de 800 000 quintaux. Au Sud-Ouest, entre Givet et Foisches se trouvent des carrières dont la pierre bleue fut employée à Versailles.
Givet est la patrie du musicien **Méhul** (1763-1817), auteur du célèbre Chant du départ.

Point de vue. — Du pont sur la Meuse, on jouit d'une bonne vue sur la ville ancienne, la tour Victoire et le fort de Charlemont.

Ⓥ **Tour Victoire.** — Cet ancien donjon du château des comtes de la Marck (14e-15e s.) abrite en été, sous ses belles voûtes en ogive, des expositions retraçant le passé de la région.

Ⓥ **Forge Toussaint.** — A 100 m de la tour, sur le quai de Meuse, cette forge en activité jusqu'en 1950, a été installée dans un ancien corps de garde de la fin du 17e s., après la guerre de 1870. Exposition de la maréchalerie.

Ⓥ **Fort de Charlemont.** — Cette petite cité fortifiée par Charles Quint, qui lui donna son nom, fut refaite par Vauban. Ce fort s'intégrait dans l'ensemble stratégique de la grande couronne d'Haurs, qui devait commander les deux parties de la ville de Givet afin de la protéger efficacement. L'idée de Vauban *(voir p. 35)* était d'établir, sur la couronne, deux fronts terminés par des bastions, renforcés en avant par des demi-lunes et prolongés par des ailes fortifiées, de manière à fermer le plateau dans sa totalité. Le projet ne put être mené à son terme.
Depuis 1962, ce fort est réutilisé par l'armée qui en a fait un centre d'entraînement commando.
Plusieurs constructions du camp retranché gardent encore un caractère imposant bien qu'elles soient en ruine. Les salles des gardes sont toutes voûtées en plein cintre et ouvrent sur des passages couverts.
Une partie de ces salles et bastions de la pointe Est se visitent. De cet endroit s'offrent de belles **vues**★ sur Givet, la vallée de la Meuse, et les collines belges où l'on distingue le manoir d'Agimont, ancienne propriété du comte de Paris.

EXCURSIONS

Ⓥ **Grottes de Nichet.** — *4 km à l'Est. Sortir par la D 949, prendre à droite la D 46 qui conduit à Fromelennes ; à Fromelennes, prendre à gauche le chemin du cimetière et, de là, monter à la grotte.*
Les grottes de Nichet comptent une douzaine de salles riches en concrétions que l'on parcourt sur trois niveaux.

★ **Centrales nucléaires des Ardennes.** — *6 km au Sud. Description p. 77.*

GRAND

595 h. (les Grandérinois)

Carte Michelin nº 62 Sud-Est du pli 2 ou 241 pli 39.

Grand était à l'époque romaine une ville importante ainsi que le révèlent les kilomètres Ⓥ d'égouts romains qui ont été découverts sous le village. Elle possédait un **amphithéâtre,** aujourd'hui très largement dégagé, pouvant contenir 20 000 spectateurs et qui présente encore deux belles arcades. L'existence d'une basilique, de type oriental, fut découverte en 1883, en même temps que la belle mosaïque.

Ⓥ **Mosaïque romaine.** — Elle date du 1er s. et c'est la plus vaste qui ait été dégagée en France. Elle pavait probablement la basilique et montre un hémicycle en excellent état. Au centre, remarquer, dans le rectangle, un berger tenant une houlette et, aux angles, des animaux bondissant (chien, léopard, panthère, sanglier).

EXCURSION

Prez-sous-Lafauche. — 409 h. *14 km au Sud par la D 110.*
Ⓥ Dans ce village haut-marnais est installé le **zoo de bois** ou musée aux branches. Celles-ci, trouvées dans la nature, judicieusement et artistement assemblées, composent des scènes comiques ou tragiques, des animaux familiers, etc.

HAGNICOURT

72 h.

Carte Michelin nº 56 Nord du pli 8 ou 241 pli 14.

Hagnicourt se cache au plus profond des **Crêtes,** région accidentée à vocation pastorale, qui sépare la vallée de la Meuse de celle de l'Aisne.
Il occupe un **site** bucolique au creux d'un vallon étroit, dont les pentes tapissées de prairies sont coiffées de bois.
Au milieu du vallon, l'église (15e s.) est posée sur une éminence boisée. Un parc touffu entoure le **Château d'Harzillemont** (16e-18e s.).

★ HAUTVILLERS

811 h.

Carte Michelin n° 🆂🆖 pli 16 ou 🆜🆘🆙 pli 21 (6 km au Nord d'Épernay) — Schéma p. 65.

Hautvillers est un bourg séduisant à la fois vigneron et résidentiel, accroché au versant Sud de la Montagne de Reims *(p. 78)*. Le village a gardé ses demeures anciennes à portail en « anse de panier » qu'agrémentent des enseignes en fer forgé. Il s'enorgueillit de faire partie des « trois bons coteaux vineux d'Ay, Hautvillers et Avenay ».

D'après la tradition, c'est **dom Pérignon** (1638-1715), procureur et cellerier de l'abbaye bénédictine, qui, le premier, eut l'idée de faire mousser le vin de Champagne, en étudiant et en dirigeant le phénomène de double fermentation *(voir p. 36)*.

Ce moine au teint fleuri était un grand connaisseur ; il étudia de près la vinification et fut le premier à procéder au « mariage » des crus entre eux pour former des « cuvées ».

> « Bon vin le matin
> Sortant de la tonne
> Vaut bien le latin
> Qu'on dit en Sorbonne ».

(Photo J. Bottin)

Hautvillers. — Une enseigne.

Ancienne abbatiale. — Elle a été fondée en 660 par saint Nivard, neveu du « bon roi Dagobert ». Au 9e s., l'abbaye et son scriptorium furent un centre de rayonnement artistique des plus brillants de l'Occident : les plus beaux manuscrits carolingiens de l'« **école de Reims** » y furent réalisés *(voir p. 25)*.

A l'extrémité du bourg, une allée conduit à l'abbatiale. Admirer le chœur des moines (17e-18e s.) orné de boiseries de chêne, de stalles exécutées à la fin du 18e s. à Signy-l'Abbaye et de grands tableaux religieux, parmi lesquels deux œuvres remarquables de l'école de Philippe de Champaigne : saint Benoît assistant sainte Scholastique et saint Nivard fondant l'abbaye d'Hautvillers ; un grand lustre formé de quatre roues de pressoir surmonte le maître-autel. Dalle funéraire de dom Pérignon « cellarius ».

Damery. — 1 461 h. *5 km à l'Ouest*. Sur les bords de la Marne, au pied du coteau, Damery constitue un but de promenade. A ses quais, abordait jadis le coche d'eau.
L'**église** (12e-13e s.) était celle d'un prieuré de l'abbaye bénédictine St-Médard de Soissons. Sa nef romane est éclairée par des baies en plein cintre tandis que le chœur gothique, très haut, est percé de grandes baies lancéolées. Remarquer les chapiteaux sculptés des piliers soutenant le clocher : intéressant bestiaire dans un décor de feuillages et de tiges entrelacées. Le buffet d'orgue et les grilles du chœur sont du 18e s.

IGNY (Abbaye d')

Carte Michelin n° 🆂🆖 Nord du pli 15 ou 🆜🆛🆜 pli 10.

Dans un vallon solitaire et boisé du Tardenois se cache l'**abbaye Notre-Dame d'Igny**, monastère cistercien, fondé en 1128 par saint Bernard. Déjà reconstruits au 18e s., les bâtiments ont été de nouveau refaits après la guerre 14-18, dans le style gothique.
Converti par l'abbé Mugnier, **J.-K. Huysmans** (1848-1907) fit retraite durant l'été 1892 à l'abbaye qu'il évoqua sous le nom de Notre-Dame de l'Atre dans « En Route ».

Lagery. — 136 h. *5 km à l'Est par la D 27*. Halle du 18e s., complétée par un pittoresque lavoir. C'est à Lagery qu'est né le pape Urbain II *(voir p. 57)*.

ISLE-AUMONT

367 h.

Carte Michelin n° 🆖🆘 pli 17 ou 🆜🆘🆙 pli 41.

La butte d'Isle-Aumont témoigne d'un passé particulièrement riche rappelant que la vallée de la Seine fut un axe de passage privilégié. Sur ce promontoire se sont succédé stations néolithiques et celtiques, sanctuaires païens et chrétiens, camp viking, nécropoles, monastères et châteaux. Des vestiges de toutes ces époques subsistent.

⊘ **Église.** — Des fouilles ont révélé une succession d'édifices. Du 5e au 9e s., il y eut un établissement monastique détruit par les Normands. La présence de superbes sarcophages mérovingiens (5e au 8e s.) indique que ce sanctuaire était très fréquenté. Au 10e s., l'église fut reconstruite : de cette phase date l'abside de forme semi-circulaire, dégagée sous l'actuel chœur, ainsi que la table d'autel. En 1097, Robert de Molesme fonda un prieuré bénédictin, mais c'est au 12e s. que l'église actuelle apparaît. Édifice plus vaste que le précédent, elle comportait une nef avec deux collatéraux et se terminait par un chœur surélevé, l'ancien ayant été remblayé. Les collatéraux furent démolis au 15e s. et au 19e s. Aux 15e et 16e s. fut ajoutée une seconde nef.
La nef romane voûtée en berceau abrite les sarcophages, des chapiteaux, et une statue de sainte Marthe tenant la tarasque enchaînée. A droite, dans la nef gothique : beau Christ en bois du 13e s.

JOINVILLE

Carte Michelin n° 61 pli 10 ou 241 pli 35.

Bordée par la Marne (importants moulins), cette petite ville est dominée à l'Ouest par une colline où s'élevait autrefois un château féodal, berceau des ducs de Guise.
Siège d'une baronnie dès le 11e s., elle eut pour seigneur, au 13e s., le célèbre chroniqueur Jean, sire de Joinville, fidèle compagnon de Saint Louis. C'est au château de Joinville que, au temps des guerres de Religion, en 1583, fut signé, par Philippe II d'Espagne et les chefs de la Ligue, un traité d'alliance connu sous le nom de Ligue du Bien Public.

ⓥ **Château du Grand Jardin.** — C'est un intéressant édifice du 16e s. Il doit son nom au fait d'avoir été construit en plaine, au milieu d'un « grand jardin » planté d'essences exotiques.
L'ensemble, élevé par Claude de Lorraine, chef de la maison des Guise et Antoinette de Bourbon, consiste en un élégant corps de logis surmonté d'une haute toiture. La façade principale donnant sur les jardins est richement décorée de sculptures, mais elle est gâtée par un perron du milieu du 19e s. La façade postérieure présente un avant-corps sans doute rapporté et une riche décoration sculptée qui serait due à Dominique Florentin et à Jean Picart, élèves du Primatice.
La chapelle possède un joli plafond à caissons du 16e s.

Église Notre-Dame. — Du 13e s., elle a été incendiée et restaurée au 16e s. dans le style primitif. Elle a conservé sa nef ancienne — sauf les voûtes reconstruites au 16e s. et ses anciens collatéraux. Elle abrite un Saint Sépulcre du 16e s.

EXCURSIONS

Blécourt. — 130 h. *9 km par la N 67 vers Chaumont et, à Rupt, la D 117 à droite.*
Ce village accueillant possède une belle **église** gothique d'inspiration clunisienne, construite aux 12e et 13e s. et admirable de proportions. A l'intérieur, Vierge à l'Enfant en bois sculpté (13e s., école champenoise), but d'un pèlerinage remontant à Dagobert. Des groupes fréquentent ce lieu de prière et de réflexion dont le sire de Joinville parlait déjà dans ses chroniques.

Lacets de Mélaire. — *Circuit de 19 km. Suivre la D 960 ; 4 km après Thonnancelès-Joinville, prendre à droite la petite route en sous-bois.*
On découvre, à travers les lacets aux pentes abruptes de la « Petite Suisse », une belle vue sur la large vallée de Poissons.

Poissons. — 747 h. Ce village a gardé de vieilles maisons, et des rives du Rongeant ⓥ qui le traverse s'offrent de jolis points de vue. L'**église St-Aignan** du 16e s. est précédée d'un porche monumental aux voussures finement sculptées formant avec le portail un bel ensemble Renaissance. A l'intérieur belle poutre de gloire.

Revenir à Joinville par la D 427 qui suit la vallée du Rongeant.

★ LANGRES

Carte Michelin n° 66 pli 3 ou 241 pli 47.

Dans un **site★★** admirable au sommet d'un éperon du plateau de Langres, l'antique oppidum des Lingons fut une des trois capitales de la Bourgogne gauloise. Ville épiscopale, elle resta longtemps une des forteresses avancées du royaume. C'est l'une des portes de la Bourgogne, étape touristique sur l'un des axes Lorraine-Midi (N 74). Elle est située en outre à proximité des sources de la Marne et de la Seine, qui remontent vers le Bassin parisien et la Manche, et de quatre lacs — réservoirs destinés à alimenter le canal de la Marne à la Saône : lacs de Charmes, de la Liez, de la Mouche et de Villegusien.

UN PEU D'HISTOIRE

Existant déjà au temps de la Gaule indépendante sous le nom d' « Andematunum », Langres devint l'alliée de César. En 70 après J.-C., à la mort de Néron, un chef lingon, **Sabinus**, tenta de s'emparer du pouvoir suprême. Après son échec, il trouva refuge pendant neuf années dans une grotte proche de la source de la Marne *(voir p. 72)*. Découvert, il fut mis à mort, à Rome, ainsi que sa femme Éponine qui avait lié son sort au sien.
Une légende hagiographique fait remonter la fondation du diocèse de Langres à saint Bénigne au 2e s. En fait, la christianisation du pays intervint au 3e s., et saint Didier semble avoir été l'organisateur du diocèse au 4e s. Le rôle des évêques se renforça durant l'époque mérovingienne, et au 9e s. ils dirigeaient le comté avec le droit de battre monnaie, un attribut de souveraineté que leur avait concédé Charles le Chauve. A partir du 12e s., l'évêché fut une des pairies ecclésiastiques du royaume ; au sacre des rois de France, l'évêque, duc et pair, portait le sceptre. Plusieurs évêques gravitèrent dans l'entourage des souverains : Guy Baudet, chancelier de France en 1334, Bernard IV de La Tour, conseiller de Charles VI, Guy IV Bernard, premier chancelier de l'Ordre de St-Michel en 1469.
Langres est la patrie du peintre Claude Gillot (1673-1722), un des maîtres de Watteau, et du philosophe **Diderot**, (1713-1784), auteur de Jacques le Fataliste, le Neveu de Rameau, la Religieuse... Il a de plus fondé et animé l'œuvre essentielle du siècle : l'Encyclopédie.

LA VILLE ANCIENNE *visite : 1 h 1/2*

Une visite rapide permet d'apprécier la ceinture de remparts restaurés au 19e s., la cathédrale St-Mammès et quelques belles maisons anciennes.

De la place des États-Unis, pénétrer dans la ville par la **porte des Moulins** (Z), qui a conservé son caractère d'architecture militaire de l'époque Louis XIII, et prendre à droite la rue Denfert-Rochereau qui mène au chemin de ronde du rempart.

Tour St-Ferjeux (Z). — Construite sur l'ordre de Louis XI, elle date de 1471. De sa plate-forme, on découvre un panorama étendu sur la campagne voisine et de belles perspectives sur les remparts.

La rue Diderot passe devant les bâtiments du collège (18e s.) puis atteint la place Diderot dominée par une statue du sculpteur Bartholdi représentant le philosophe.

Par la rue du Général-Leclerc, on atteint la cathédrale.

★ **Cathédrale St-Mammès** (Y E). — Longue de 94 m et haute de 23 m, la cathédrale fut édifiée dans la seconde moitié du 12e s., mais elle a subi depuis de nombreux remaniements. La façade primitive (12e-13e s.), détruite par de gros incendies, a été remplacée, au 18e s., par une façade de style classique, à trois étages, d'ordonnance régulière. En suivant le côté gauche, on peut voir une porte romane restaurée.

L'intérieur, aux proportions majestueuses, est de style roman-bourguignon et montre la transition avec le gothique par sa nef, voûtée d'ogives, comptant 6 travées. Le triforium rappelle la porte gallo-romaine des remparts par sa disposition et sa décoration.

La première chapelle du bas-côté gauche (2e travée), au remarquable plafond à caissons, abrite une Vierge à l'Enfant en albâtre, ayant à son côté l'évêque donateur, œuvre de 1341 due à Évrard d'Orléans. La 3e travée est ornée de bas-reliefs représentant la Passion, encastrés dans un fragment du jubé construit, vers 1550, par le cardinal de Givry ; deux autres fragments décorent le déambulatoire. Deux des tapisseries dont le prélat fit don à la cathédrale sont exposées dans le transept : elles figurent la légende de saint Mammès. Ce saint de Cappadoce vivant au 3e s. prêchait l'Évangile aux animaux sauvages. Quand les gardes romains envoyés par l'empereur Aurélien vinrent le chercher pour le martyriser, les bêtes féroces le protégèrent. Il fut finalement étripé et est souvent représenté se tenant les entrailles. La cathédrale de Langres reçut de Constantinople un lot de ses reliques, dont le chef du saint.

Le chœur et l'abside, élevés entre 1141 et 1153, sont les parties les plus remarquables de l'édifice, achevé dans la seconde partie du 12e s. et consacré, d'après la tradition, en 1196. Les chapiteaux du triforium de l'abside présentent un décor d'une grande richesse : animaux et personnages fantastiques, motifs floraux. Les chapelles rayonnantes ont été remaniées au 19e s. Dans le déambulatoire, un bas-relief du 16e s. représente la translation des reliques de saint Mammès, procession solennelle autour des murs de la ville.

Ⓥ Attenant à la salle capitulaire, la **salle du Trésor** conserve un reliquaire provenant de Clairvaux contenant un fragment de la Vraie Croix, un buste-reliquaire en vermeil de saint Mammès ainsi qu'une petite statue d'ivoire du 15e s. le représentant se tenant les entrailles, une plaque d'évangéliaire en émail champlevé sur cuivre doré du 13e s., une boîte aux Saintes Huiles en argent repoussé et ciselé de 1615, seul vestige de la chapelle épiscopale détruite à la Révolution.

Quant au cloître, du 13e s., il n'en reste que deux galeries récemment restaurées.

Par la rue Aubert et, à droite, la rue de la Crémaillère, on atteint le chemin de ronde et une table d'orientation.

Table d'orientation (Y B). — De cet endroit, la vue embrasse : en contrebas, le faubourg de Sous-Murs, entouré de sa propre enceinte fortifiée ; de chaque côté, l'enfilade sur les remparts et l'ancienne gare haute du train à crémaillère qui fonctionna de 1887 à 1971 ; au loin, le lac de la Liez et les Vosges.

Reprendre la rue de la Crémaillère en sens inverse, puis la rue de la Croisette, la rue Canon et la rue Pierre-Durand.

Passer devant l'**hôtel de ville**, édifice du 18e s., et quitter l'enceinte par la **porte de l'Hôtel-de-Ville** qui conserve les pilastres de l'antique pont-levis, le corps de garde (1620) et la Grand'Porte ornée de la statue de la Vierge. En voyant au passage la **porte Gallo-Romaine,** suivre la promenade de la Belle-Allée, dominée par la ligne des remparts, coupée de tours et de portes.

Passer au pied de la porte Boulière, puis prendre à gauche la rue de Turenne qui se poursuit par la rue des Ursulines. Tourner à droite dans la rue de Tournelle.

Maisons Renaissance (Y V). — L'une d'elles, rue de la Tournelle, fait face à la rue du Cardinal Morlot ; la plus intéressante au n° 20 de cette rue présente une superbe façade extérieure et un puits.

Poursuivre par la rue Lambert-Payen et la rue Gambetta qui mènent à la charmante place Jenson.

Ⓥ **Église St-Martin** (Z). — En partie du 13e s., remaniée au 18e s. à la suite d'un incendie, elle est surmontée d'un élégant campanile de cette époque. Elle abrite quelques œuvres d'art : un Christ en croix en bois sculpté (16e s.), au-dessus du maître-autel, un groupe en pierre du 16e s. représentant la Sainte Trinité *(croisillon droit)* et au-dessus de la porte de sacristie un haut-relief illustrant la charité de saint Martin.

Par la rue Minot, rejoindre la rue Diderot et la Porte des Moulins.

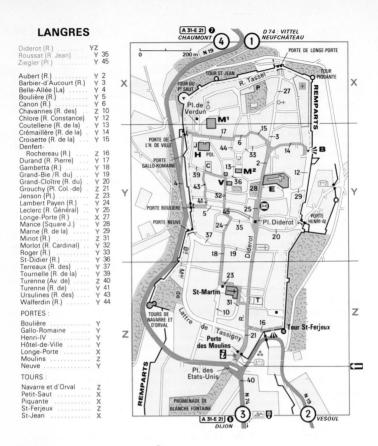

AUTRES CURIOSITÉS

Promenade des Remparts. — Les remparts constituent une promenade circulaire, d'où l'on découvre un magnifique **panorama,** en particulier sur la vallée de la Marne. Suivre à pied le chemin de ronde. En partant de la place des États-Unis, on rencontre :
— porte des Moulins, l'entrée la plus monumentale de la ville ;
— tour St-Ferjeux, *(voir p. 71)* ;
— porte Henri-IV ou de Sous-Murs, ancien quartier des tanneurs ;
— tour Piquante, flanquée à un angle d'une petite échauguette ;
— porte de Longe-Porte qui fut ornée d'un arc de triomphe gallo-romain et a possédé un pont-levis dont il reste les piliers. Elle date de 1604 ;
— tour St-Jean : bâtie en 1538, elle flanque l'entrée de Longe-Porte ;
— tour du Petit-Saut, datant de François Ier. Par les meurtrières Sud de cette tour, on peut suivre des yeux toute une enfilade de hautes murailles et de remparts ;
— porte de l'Hôtel-de-Ville ;
— porte Gallo-Romaine, de l'époque de Marc-Aurèle, enclavée dans la muraille ;
— porte Boulière, avec une tourelle du 15e s. ;
— porte Neuve, ou porte des Terreaux (du 19e s.) ;
— **tours de Navarre et d'Orval.** — La tour de Navarre, au toit pointu, est la plus puissante de toutes avec ses trois étages de tir. Bâtie en 1519, ses murs ont une épaisseur de 6 m. Elle est doublée de la tour d'Orval dont la rampe tournante, voûtée d'ogives, fut gravie à cheval par François Ier en 1521.

Musée du Breuil-de-St-Germain (XY M¹). — Il est installé dans un hôtel formé d'un corps de logis Renaissance (belle porte sculptée) et d'un gracieux pavillon de style Louis XVI. Dans le jardin, statue de Louis XV en Apollon, par Bouchardon.
Les objets d'art — collections d'ivoires tournés, de reliures, de faïences dont celles d'Apry, à 15 km de Langres, et de porcelaines de Giez-sur-Aujon, — sont bien mis en valeur dans ce cadre d'époque. Une salle est consacrée à Diderot, dont le père était coutelier, une seconde à Claude Gillot ; une autre salle présente des vitrines réservées à la coutellerie (industrie d'origine langroise maintenant installée à Nogent-en-Bassigny).

Musée St-Didier (Y M²). — Il comprend une importante collection d'antiquités gallo-romaines provenant de la région, des sculptures du Moyen Age et de la Renaissance.

EXCURSIONS

Source de la Marne. — *Circuit de 15 km, plus 1/4 h à pied AR. Sortir de Langres par ③, N 74 puis prendre à gauche la D 122 en direction de Noidant-Chatenoy. A 2,5 km prendre à gauche la D 290. A 1 km prendre à droite un chemin jusqu'au parking, puis à gauche un sentier descendant vers la source de la Marne, à 400 m.*

La Marne sourd d'une sorte de caveau fermé par une porte de fer. A proximité, on verra la grotte de Sabinus *(voir p. 70)* et quelques beaux rochers.

Le retour à Langres s'effectue par Balesmes-sur-Marne, puis par la D 193 (en direction de St-Vallier), que l'on quitte à 1 km pour prendre à gauche la D 17 qui traverse le canal de la Marne à la Saône et rejoint la N 19.

On peut voir le canal pénétrer dans un tunnel (d'une longueur de 5 km), dont l'étroitesse oblige à faire alterner le sens du passage des péniches.

Château du Pailly. — *12 km au Sud-Est. Sortir de Langres par ③, N 74, puis prendre à gauche la D 122. A Noidant-Chatenoy prendre à gauche la D 141.*
Du château reconstruit vers 1560 pour le maréchal de Saulx-Tavannes ne subsistent actuellement que trois des quatre corps de logis.
Des tours rondes se dressent aux extrémités de la façade Nord. Le pavillon carré qui s'élève à l'angle Sud-Ouest est d'une élégante architecture. Les façades Renaissance sont décorées sur deux étages de colonnes cannelées. La cour d'honneur présente une belle ordonnance. Le donjon, reste d'une forteresse féodale, est une massive construction du 11e s.

Andilly-en-Bassigny. — *22 km au Nord-Est. Sortir par ①, D 74, puis juste après le réservoir des Charmes, tourner à droite dans la D 35.*
ⓥ **Les fouilles gallo-romaines.** — La villa d'Andilly constitue un remarquable exemple d'économie domaniale du 2e s. Elle juxtapose : l'habitation du maître, les thermes et le vivier, l'habitat des domestiques et les ateliers des artisans, soit la « pars urbana », séparée par des murs de la « pars agraria » qui est le quartier agricole.
Les **thermes**, bien dégagés, comprennent : une salle non chauffée ; un vestiaire ; les restes d'une baignoire individuelle ; une salle tiède où subsiste une partie de l'hypocauste ; une piscine chaude en hémicycle avec banquette et escaliers d'accès latéraux ; une étuve, bain de vapeur de forme octogonale ; une piscine froide rectangulaire avec banquette et escaliers d'accès. Ces thermes étaient somptueusement aménagés, comme le prouvent les placages de marbre à la base des murs, une magnifique sculpture (tête féminine couronnée de fleurs) et les fragments d'un plafond peint.
Dans le quartier artisanal, en contrebas, ont été identifiés les ateliers des artisans : tuiliers, tailleurs de pierre, potiers, peintres et maçons.
Cette villa était un actif centre de production ; elle survécut aux invasions, comme l'atteste la présence d'une nécropole mérovingienne et d'un énigmatique bûcher funéraire.
Le matériel des fouilles est exposé dans un petit **musée.**

LANGRES (Plateau de)

Carte Michelin n° 66 plis 1, 2, 3 ou 241 plis 46, 47, 51.

Prolongeant la « montagne » bourguignonne au Nord-Est, ce plateau, aux paysages monotones de bois et de landes, contraste avec les fraîches vallées encaissées des affluents de la Seine et de la Saône qui le découpent. La marque du calcaire apparaît partout : grottes et dolines appelées ici « andouzoirs » et de nombreuses sources vauclusiennes liées à l'existence d'un sous-sol argileux. Le plateau de Langres correspond à la ligne de partage des eaux entre les bassins parisien, rhénan et rhodanien et la Seine, l'Aube, la Marne, la Meuse y prennent leur source. Ce pays aux sols médiocres est couvert de vastes massifs forestiers : forêts d'Auberive, d'Arc-en-Barrois.

HAUTE VALLÉE DE L'AUBE
De Langres à Arc-en-Barrois — *58 km — 2 h*

★**Langres.** — *Page 70. Visite : 1 h 1/2.*
Sortir de Langres par ③ en suivant la N 74.

ⓥ **Sts-Geosmes.** — 563 h. L'église du 13e s. dédiée à trois saints jumeaux martyrisés en ce lieu, est bâtie sur une crypte du 10e s. à trois nefs.
Prendre la D 428 vers Auberive.

Après le village de Pierrefontaines, la route passe à côté du Haut-du-Sec (516 m), point culminant du plateau de Langres, puis pénètre dans la forêt d'Auberive.
Prendre à gauche la route forestière d'Acquenove. La source de l'Aube est signalée.

Source de l'Aube. — Elle jaillit dans un cadre bucolique, aménagé pour les pique-niqueurs.
Gagner Auberive par la D 20 puis la D 428.

Auberive. — 219 h. Dans un site boisé, au bord de l'Aube naissante, s'élève une ancienne abbaye cistercienne fondée en 1133, à l'instigation de saint Bernard. Le seul vestige roman est le chœur de l'église abbatiale (1182) : voûté en berceau brisé sur un plan rectangulaire, il se termine par un chevet plat dans le style de Fontenay.
A travers l'élégante grille en fer forgé du 18e s., œuvre de Jean Lamour, auteur des grilles de la place Stanislas à Nancy, on aperçoit les bâtiments abbatiaux reconstruits au 18e s.
A la sortie d'Auberive, prendre à droite la D 20 qui longe l'Aube.

★**Cascade d'Etufs.** — Peu après Rouvres-Arbot, une avenue partant à gauche de la D 20 *(laisser la voiture au parking)* conduit à une propriété, que l'on contourne par la droite pour atteindre la cascade pétrifiante. Dans un site ombragé d'arbres magnifiques, les eaux jaillissent à flanc de coteau et tombent en cascatelles, dans des vasques superposées formant un grand escalier de calcaire.

Poursuivre sur la D 20, puis, à Aubepierre-sur-Aube prendre la D 159 vers Arc-en-Barrois.

Arc-en-Barrois. — 834 h. Nichée au fond d'une vallée et entourée de massifs forestiers, cette petite ville est un agréable lieu de séjour.

L'église St-Martin fut désorientée au 19e s. sous prétexte d'urbanisme, et il faut la contourner pour découvrir l'ancien portail du 15e s. : sóus un arc trilobé le tympan porte un Christ en croix entre l'Église et la Synagogue.

Autres curiosités proches de la N 74

Isômes. — 148 h. *2,5 km au Sud du Prauthoy, prendre à gauche la D 140.*
L'église romane du 12e s. est surmontée d'un joli clocher carré avec flèche octogonale en pierre. Remarquer la belle teinte de la pierre.

Prendre la D 171 vers le Nord.

Montsaugeon. — 69 h. Le village construit sur une butte, domine le plateau. Au sommet
Ⓥ l'**église** entourée du cimetière possède un chœur du 12e s. et des boiseries du 17e s.

LHUÎTRE (Église de)

Carte Michelin nº 🔳 centre du pli 7 ou 🔳 pli 33.

Cet édifice d'imposantes dimensions (50 m de long) est né d'un pèlerinage à sainte Tanche, jeune vierge et martyre qui, après sa décapitation, porta sa tête dans ses mains jusqu'au lieu de sa sépulture.

La croisée du transept et la tour sont du 12e s., le chœur et le chevet à pans du 14e s. ; la nef, très élevée, marque l'apogée du style gothique flamboyant.

A l'intérieur, il faut voir d'intéressantes statues du 16e s., parmi lesquelles, au revers de la façade, celle de sainte Tanche. Dans le transept, un retable en pierre de la même époque représente le Portement de Croix, la Crucifixion et la Résurrection.

Des **vitraux** garnissent les cinq baies du chevet.

Admirer enfin la qualité des **chapiteaux** historiés (début 16e s.) du transept, caractérisés par de curieuses représentations de sybilles, guerriers, prophètes, chimères, animaux.

MARNE (Vallée de la)

Carte Michelin nº 🔳🔳 plis 13, 14 ou 🔳🔳🔳 plis 20 à 22.

Après avoir traversé la Champagne, la Marne pénètre dans les plateaux de la Brie, y traçant une entaille atteignant 150 m de profondeur à Château-Thierry et y décrivant de nombreux méandres.

Les batailles de la Marne. — Le nom de la rivière est attaché à deux des plus glorieuses batailles de la Première Guerre mondiale *(voir p. 24)*. En 1914 et en 1918, le sort de la France et des Alliés s'est joué sur ses rives.

Dans la première bataille, les combats décisifs se sont livrés dans le Multien ; dans la seconde, Château-Thierry a marqué l'extrême avance allemande et la victoire a été obtenue dans les secteurs de Villers-Cotterêts et de Reims.

Le vignoble. — Le vignoble de l'Aisne, accompagnant le sillon de la Marne de Crouttes à Trélou (près de Dormans) appartient à la Champagne viticole délimitée (5,5 % de la superficie totale). Il progresse peu à peu sur le versant rive droite.

CIRCUIT AU DÉPART DE CHÂTEAU-THIERRY

47 km — environ 1 h 1/2

Château-Thierry. — *Page 56. Visite : 1 h 1/2.*

Quitter Château-Thierry à l'Ouest du plan par l'av. J.-Lefèbvre et prendre la D 969.

Ⓥ **Essômes.** — 2 321 h. L'**église**★, ancienne abbatiale, fut bâtie pour les augustins au 13e s. L'**intérieur**★ de l'édifice frappe par son ordonnance caractéristique du gothique « lancéolé ». Le triforium aux étroites arcatures géminées contribue pour beaucoup à l'élégance de l'ensemble.

D'Essômes, gagner Montcourt, puis tourner à gauche dans la D 1400.

La route traverse le vignoble. Après le hameau de Mont-de-Bonneil sur la route d'Azy, **panorama** sur la boucle de Chazy et les lointains assez boisés de la Brie.

A Azy reprendre la D 969. Après la longue agglomération de Saulchery et Charly, prendre la D 11 vers Villiers-Saint-Denis puis la D 842 vers Crouttes.

Cette route procure une vue étendue, au Sud, sur la boucle de la Marne.

Crouttes. — 565 h. Ce village vigneron doit son nom aux caves forées dans le rocher (du latin cryptae). Sur la place de la mairie, laisser la voiture. Monter à pied à l'église au site escarpé pittoresque.

De Crouttes, revenir à Charly par la D 969 puis traverser la Marne. Sur l'autre rive suivre la D 86 vers Nogent-l'Artaud.

Entre Nogent-l'Artaud et Chezy, agréable parcours dégagé au-dessus de la Marne, face aux pentes du vignoble.

Revenir à Château-Thierry par la D 15 et la D 1.

Carte Michelin nº 53 plis 8, 18 ou 241 plis 2, 6, 10.

De Charleville à Givet, la Meuse française revêt son caractère le plus pittoresque : elle coule au milieu des schistes dans un profond et sinueux défilé, parfois nu, parfois boisé de chênes et de conifères (où se pratique la chasse au gros gibier : sangliers et chevreuils) et toujours sauvage malgré une certaine animation due aux ardoisières et aux industries métallurgiques.

Les écrivains romantiques, Victor Hugo et George Sand en particulier, ont célébré ces paysages d'une « grandiose horreur » avec ses pentes sombres se cachant parfois derrière un rideau de brouillard et de pluie. En automne, une lumière tout en nuances filtre à travers les bois.

En mai 1940, lorsque déferla l'attaque allemande *(p. 24),* de nombreuses localités riveraines furent endommagées et les ponts furent détruits.

(Photo A. Petit/Atlas-Photo)

Paysage des méandres de la Meuse.

Au travers des Ardennes. — Longue de 950 km, la Meuse prend sa source à seulement 409 m d'altitude, au pied du plateau de Langres ; elle se jette dans la mer du Nord où ses eaux se mêlent à celles du Rhin. En aval de Charleville, ce fleuve de maigre débit, malgré l'apport de la Chiers près de Sedan, semble vouloir emprunter le sillon naturel qui relie Charleville à Hirson et à la haute vallée de l'Oise ; mais, se ravisant, la Meuse poursuit son cours au travers des terrains primaires du massif ardennais, haut plateau de grès, de granits et de schistes, redressés et plissés, dont l'altitude varie entre 200 et 500 m.

Dans le secteur ardennais, le caractère sinueux de la vallée s'explique par un phénomène que les géographes nomment « surimposition ». Le fleuve coulait, à l'origine, sur un sol nivelé par l'érosion, ce qui a permis la formation de méandres qui ont conservé leur tracé lorsque les terrains durs du sous-sol ont subi un relèvement.

Doublé par la voie ferrée Charleville-Givet, le fleuve est relié à l'Aisne par le canal des Ardennes *(p. 59).* La navigation n'y est pas très active, car plusieurs seuils rocheux en interdisent l'accès aux péniches de plus de 300 t alors qu'en aval de Givet son cours a été aménagé pour livrer passage à des péniches atteignant 1 350 t.

Des croisières, des excursions en bateau sont organisées sur la Meuse *(voir le chapitre des « Renseignements pratiques » en fin de guide).*

DE CHARLEVILLE A REVIN

40 km — environ 4 h — schéma p. 76

Charleville. — *Page 53.*

Quitter Charleville par ② et la D 1 qui rejoint rapidement la Meuse.

Vue sur Nouzonville.

Nouzonville. — 7 355 h. Centre industriel (métallurgie et mécanique) sur la rive droite de la Meuse, au débouché du vallon de la Goutelle, le long duquel s'échelonnent quelques usines métallurgiques traditionnelles qu'on reverra souvent au cours de la descente : forges, fonderies, etc. héritières d'une longue tradition d'industrie de la clouterie qui avait été amenée au 15e s. par les Liégeois fuyant Charles le Téméraire.

Continuer la D 1 jusqu'à Braux où l'on franchit la Meuse pour la première fois.

Du pont, perspective à gauche sur les quatre pointes du Rocher des Quatre Fils Aymon.

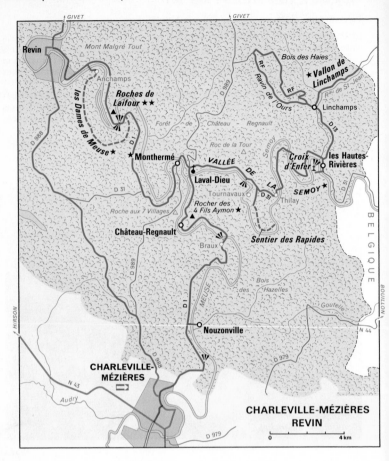

Château-Regnault. — Cette localité fut le siège d'une principauté dont Louis XIV fit raser le château. Elle s'incurve au pied du **Rocher des Quatre Fils Aymon★** dont la silhouette, formée de quatre pointes de quartzite, évoque le légendaire cheval Bayard emportant les quatre fils Aymon, poursuivis par les hommes de Charlemagne. On retrouve d'ailleurs les traces de cet illustre coursier au Rocher Bayard, près de Dinant en Belgique.

La D 1 passe ensuite sous la voie ferrée, avant de franchir la Semoy qui se jette dans la Meuse en face de Laval-Dieu.

Laval-Dieu. — Faubourg industriel de Monthermé, Laval-Dieu doit sa naissance à une abbaye de prémontrés établie là au début du 12e s. L'église, ancienne abbatiale, se dissimule sous les arbres, dans un site paisible. C'est un édifice dont la grosse tour carrée du 12e s., en pierre de schiste apparente, contraste par sa rudesse avec l'élégance de la façade de la fin du 17e s. en briques à encadrements de pierre. Remarquer le chœur à chevet plat, orné de bandes lombardes, exemple unique dans la région.

★**Vallée de la Semoy.** — *Description p. 110.*

★**Monthermé.** — *Page 80.*

A Monthermé, la D 1 repasse sur la rive gauche, côtoyant la colline qui porte la Roche aux 7 Villages (p. 80) et traverse Deville avant d'atteindre Laifour (fonderies).

★★**Roches de Laifour.** — A 270 m au-dessus de la Meuse, les Roches de Laifour dessinent un promontoire aigu dont les pentes de schiste tombent à pic vers le fleuve ; le site est d'une grandeur sauvage.

Du pont, on jouit d'une **vue★★** impressionnante sur les Roches de Laifour et les Dames de Meuse ; remarquer, en aval, le canal latéral qui permet d'éviter un seuil rocheux.

★**Les Dames de Meuse.** — Cette ligne de crêtes aux pentes abruptes forme une masse noire, ravinée et déchiquetée, s'infléchissant en une courbe parallèle au fleuve, qui atteint 393 m d'altitude et domine le cours de la Meuse de près de 250 m. Son nom lui viendrait de trois épouses infidèles, changées en pierre par la colère divine.

Un **chemin** se détache de la D 1 au Sud de Laifour, monte au Refuge des Dames de Meuse et atteint le rebord de la crête *(2 h à pied AR)* : la promenade procure une belle **vue★** sur la vallée et le village. De là, un sentier suit la ligne des crêtes et aboutit à Anchamps *(2 h 1/2 environ à pied).*

En auto, suivre la D 1 qui franchit la Meuse.

Cette route procure des vues imposantes sur les Dames.

DE REVIN A GIVET 44 km — environ 2 h

Revin. — *Page 104.*

Quitter Revin par la D 988.

La route court le long de la Meuse, se glissant dans une vallée très étroite.

Fumay. — 5 811 h. Ancienne capitale de l'ardoise connue pour ses ardoises violettes alignées sur les bords de la Meuse, Fumay s'est spécialisée dans la fabrication de câbles téléphoniques et les fonderies de fonte.

La ville ancienne, aux rues étroites et tortueuses, occupe un site original, à cheval sur le pédoncule d'un méandre de la Meuse. Du pont, vue agréable sur l'étagement du vieux quartier.

La N 51 vers Givet, longeant la Meuse, mène en vue de la gare et du pont de Haybes.

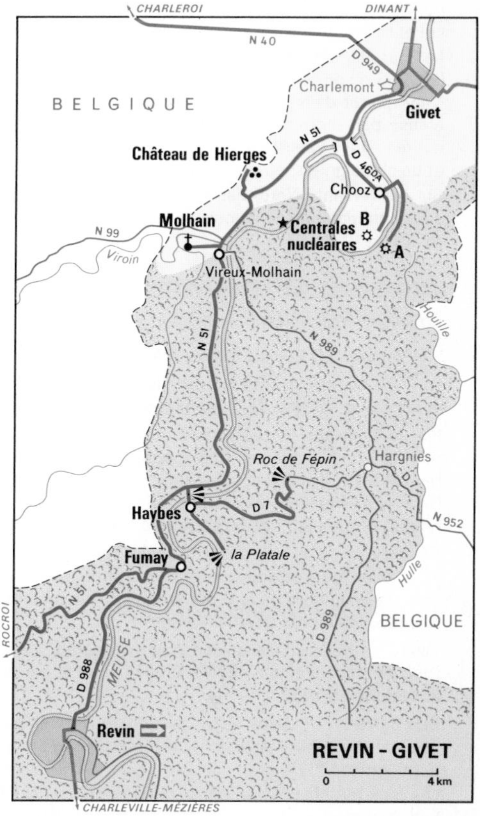

Haybes. — 2 145 h. (les Haybois). Du pont de Haybes, on découvre une jolie vue sur cette coquette station surnommée Haybes-la-Jolie.

De multiples promenades peuvent être effectuées au départ d'Haybes, notamment au **point de vue de la Platale :** vue sur Fumay *(2 km d'Haybes par la petite route touristique de Morhon : pique-nique aménagé),* et à celui du **Roc de Fépin** *(8 km à l'Est par la D 7, route d'Hargnies ; accès signalé).*

La N 51 conduit à **Vireux-Molhain,** dans un bassin riant formé par la Meuse et le Viroin.

Sur le mont Vireux, des fouilles ont mis au jour un site gallo-romain et médiéval. On y voit des vestiges de l'enceinte médiévale et un four à pain du 14e s.

⊘ **Ancienne collégiale de Molhain.** — Bâtie sur une crypte du 9e ou 10e s. et refaite au 18e s., elle revêt de l'intérêt par son décor intérieur de stucs à l'italienne et par son mobilier. Remarquer le retable de l'Assomption du 17e s., au maître-autel ; une mise au tombeau (début 16e s.), des statues du 14e au 16e s., des dalles funéraires du 13e au 18e s. parmi lesquelles celle d'Allard de Chimay qui sauva la vie de Philippe Auguste à Bouvines.

A 2 km de Vireux-Molhain, sur la N 51, apparaissent Hierges et son château.

Château de Hierges. — Tout près de la frontière belge se détachent, sur un terre-plein rocheux, les ruines du château (du 11e au 16e s.), jadis siège d'une baronnie dépendant à la fois du prince-évêque de Liège et du duc de Bouillon. Il se présente comme une forteresse mais l'influence de la Renaissance apparaît dans la décoration des tours.

La N 51 atteint le méandre de Chooz dont la racine est coupée par un canal souterrain.

★ **Centrales nucléaires des Ardennes.** — Deux centrales nucléaires sont construites sur le
⊘ territoire de la commune de **Chooz.**

La première, dénommée « centrale nucléaire des Ardennes » ou Chooz (A) est implantée sur la rive droite d'une boucle de la Meuse ; on y accède par la D 46DA. Cette centrale construite et exploitée par la France et la Belgique, est entrée en service en 1967, elle produit 2 milliards de kWh par an, la partie « nucléaire » est installée en souterrain.

A l'entrée, une salle de documentation rassemble maquettes et graphiques expliquant les phases de production de l'énergie nucléaire.

Depuis 1982, une deuxième centrale nucléaire Chooz (B) est en cours de construction. Située sur la rive gauche de la Meuse, elle comportera deux tranches de 1 400 MW qui produiront 20 milliards de kWh par an.

Revenir à la N 51 qui, avant Givet, passe au pied de carrières de marbre noir.

Givet. — *Page 67.*

Carte Michelin n° 🕮 plis 16, 17 ou 🕮 pli 21.

Couverte de vignes et couronnée de bois, la Montagne de Reims forme un massif pittoresque, riche en sites agréables.

La forêt de 20 000 ha fait partie du **Parc naturel régional de la Montagne de Reims,** créé en 1976, qui s'étend sur 50 000 ha entre Reims, Épernay et Châlons-sur-Marne. De nombreux aménagements y ont été réalisés : sentiers de promenade à partir de Villers-Allerand, Rilly-la-Montagne, Villers-Marmery, Trépail, Courtagnon et Damery.

Forêt et vigne. — Entre Vesle et Marne, la falaise de l'Ile-de-France *(p. 12)* dessine une avancée en direction de la plaine champenoise qu'elle domine : c'est la Montagne de Reims comprenant la Grande Montagne à l'Est de la N 51 et, à l'Ouest de celle-ci, la Petite Montagne qui se prolonge par le Tardenois.

Le massif culmine à 287 m au Sud de Verzy mais, à l'exception du mont Sinaï (alt. 283 m) et du mont Joli (alt. 274 m), ne présente pas de sommets bien distincts. Il s'agit plutôt d'un plateau calcaire accidenté, couvert de sables ou de marnes, qui se creuse par endroits en étangs, en « fosses » et en gouffres donnant naissance à de petites rivières souterraines. Dans la vaste forêt à prédominance de chênes, de hêtres et de châtaigniers, errent sangliers et chevreuils.

Sur les versants Nord, Est, Sud du massif, découpés par l'érosion, la roche disparaît sous son manteau de vignes, dont les crus figurent parmi les meilleurs de Champagne *(p. 36)*.

CIRCUIT AU DÉPART DE LA N 51 A MONTCHENOT

79 km — environ 3 h

Prendre la D 26 vers Villers-Allerand.

La D 26 qui suit la côte Nord de la Montagne de Reims serpente à travers les vignes et les riches villages de Champagne.

Rilly-la-Montagne. — 1 017 h. Bourg cossu, Rilly abrite un certain nombre de producteurs et négociants en Champagne. Dans l'église, des stalles sculptées du 16ᵉ s. représentent des sujets vignerons.

De Rilly s'effectuent des promenades sur les pentes du **mont Joli** sous lequel passe le tunnel, long de 3,5 km, qu'emprunte la voie ferrée Paris-Reims.

Verzenay. — 1 175 h. Juste avant le village se découpe la silhouette d'un moulin à vent qu'on ne s'attend guère à rencontrer dans cette mer de vigne. De l'esplanade aménagée au bord de la D 26, **vue★** sur une immense étendue de ceps et, au-delà, sur Reims et les monts de Champagne.

Verzy. — 880 h. Très ancien bourg vigneron, il se développa sous la protection de l'abbaye bénédictine St-Basle, fondée au 7ᵉ s. par Saint Nivard, archevêque de Reims, et détruite en 1792.

★**Faux de Verzy.** — *Dans Verzy, prendre la D 34 en direction de Louvois. En arrivant sur le plateau, prendre à gauche la route des « Faux ». Du parking suivre le sentier sur 1 km environ.*

Les faux (du latin fagus, hêtre, qui a donné aussi « faou ») sont des hêtres tortillards, bas et tordus, au tronc noueux et difforme, dont les branchages forment de curieux dômes. Ce phénomène génétique pourrait avoir été favorisé par une disposition naturelle au marcottage. Le site est aménagé : promenades pour piétons et cyclistes, aire de jeux et de pique-nique.

(Photo S. Chirol)

Montagne de Reims. — Les Faux de Verzy.

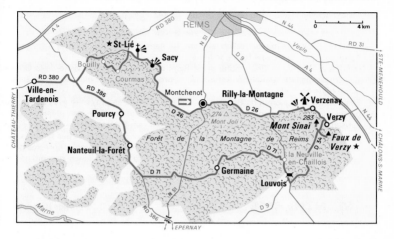

Observatoire du Mont Sinaï. — *Parking de l'autre côté de la D 34. Prendre à pied la route forestière puis après 200 m tourner à droite dans un chemin très large. 1/2 h AR.*

Sur le bord de la crête, une casemate situe l'observatoire d'où le général Gouraud étudiait le secteur de la bataille de Champagne. Vue étendue en direction de Reims et des monts de Champagne.

Reprendre la D 34 vers Louvois.

Louvois. — 362 h. Édifié par Mansart à l'intention du ministre de Louis XIV, le château de Louvois appartint à Mesdames, filles de Louis XV. Cette somptueuse demeure entourée d'un parc conçu par Le Nôtre fut en grande partie démolie de 1805 à 1812. De la grille du Parc, on aperçoit le château actuel, reste d'un pavillon partiellement reconstruit au 19ᵉ s. Dans le bourg, l'église de campagne du 12ᵉ s. a été récemment restaurée.

Reprendre la D 9 au Nord jusqu'à la Neuville-en-Chaillois puis prendre à gauche la D 71 à travers la forêt.

Germaine. — 305 h. Le Parc naturel régional a aménagé la **« maison du bûcheron »,** petit musée évoquant l'exploitation de la forêt : martelage, débroussaillage, coupe de taillis, abattage, débardage, etc... et les différents métiers concernés : bûcheron, fendeur de lattes, scieur de long... Tous les objets présentés proviennent de la Montagne de Reims.

La D 71 traverse la N 51 et se poursuit au-delà de St-Imoges ; tourner à droite dans la RD 386 vers Nanteuil-la-Forêt.

Nanteuil-la-Forêt. — 142 h. Dans un site sauvage, au creux d'un vallon étroit que cerne la forêt, Nanteuil-la-Forêt eut jadis un prieuré de Templiers.

Pourcy. — 128 h. La **maison du Parc,** structure moderne pour laquelle ne furent utilisés que des matériaux réservés habituellement à la construction des bâtiments agricoles, abrite les bureaux administratifs du Parc régional et un centre d'information.

Après Chaumuzy, tourner à gauche dans la RD 380.

Ville-en-Tardenois. — 332 h. L'église du 12ᵉ s. est surmontée d'une belle tour à toit en bâtière.

Un centre artisanal, mis en place par le Parc régional présente des expositions culturelles, artistiques et techniques.

Reprendre la RD 380 en sens inverse puis passer par Bouilly.

Après Bouilly, dans un virage, une grille en fer forgé s'ouvre sur le domaine de Commetreuil, propriété du Parc régional.

Poursuivre par Courmas puis tourner à droite dans la D 6.

★Chapelle St-Lié. — Située sur une « motte » près de Ville-Dommange, elle se cache dans un bosquet qui fut sans doute un « bois sacré » gallo-romain ; en lisière se dresse une croix en fer forgé, portant les instruments de la Passion *(voir illustration p. 12).* Dédiée à un ermite du 5ᵉ s., la chapelle des 12ᵉ, 13ᵉ et 16ᵉ s. est entourée de son cimetière.

Vue★ très étendue sur la côte, Reims dominée par sa cathédrale, et la plaine jusqu'au massif de St-Thierry.

Sacy. — 363 h. L'église St-Remi possède un chevet de la fin du 11ᵉ s. et une tour carrée du 12ᵉ s. Du cimetière attenant, vue sur Reims.

La D 26 ramène à la N 51.

---

*Chaque année, le **guide Michelin France***

révise, pour les gourmets, sa sélection d'étoiles de bonne table
avec indications de spécialités culinaires et de vins locaux ;
et propose un choix de restaurants plus simples, à menus soignés souvent
de type régional... et de prix modéré.

Tous comptes faits, le guide de l'année, c'est une économie.

Carte Michelin n° 🔲🔲 Nord du pli 9 ou 🔲🔲🔲 pli 14.

Accès signalé sur la D 977 qui traverse la forêt domaniale du Mont Dieu.

La chartreuse occupe un vallon austère formant clairière, au pied des crêtes de l'Argonne que couvre une futaie de hêtres.

Fondée en 1130, par Odon, abbé de St-Remi de Reims, après sa visite de la Grande Chartreuse dans le Dauphiné, cette abbaye prospère occupait plus de 12 ha à l'abri d'une triple enceinte.

Elle souffrit des guerres de Religion au 16e s. du fait de sa proximité avec Sedan, fief protestant, devint prison sous la Révolution puis fut partiellement démolie. Il en subsiste des bâtiments du 17e s., d'une certaine sévérité tempérée par la couleur chaude de la brique rose et les encadrements de pierre des portes et des fenêtres.

L'ensemble, entouré de douves en eau, se détache sur le vert des prés, enserrés par la couronne sombre des bois. Son site isolé évoque la vie de silence des moines de l'ordre de saint Bruno.

★ **MONTHERMÉ**   3 103 h. (les Baraquins)

Carte Michelin n° 🔲🔲 pli 18 ou 🔲🔲🔲 pli 6 — Schéma p. 76.

Principal centre d'excursions dans les vallées de Meuse et de Semoy, Monthermé est située en aval du confluent de ces deux rivières. Très animée durant les beaux jours, l'agglomération s'étire sur près de 2 km, sur la rive droite de la Meuse (Ville Neuve) et sur la rive gauche (Vieille Ville). Du pont qui relie les deux quartiers, jolie vue sur le site de la ville.

Un évêque du 6e s., Ermel, a donné son nom à la ville, longtemps appelée Mont-Ermel.

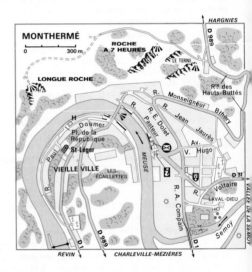

Vieille ville. — Une longue rue bordée de maisons anciennes
ⓥ mène à l'**église St-Léger** (12e-15e s.) construite en belle pierre de Meuse et fortifiée. A l'intérieur : fresques du 16e s., cuve baptismale romane, chaire du 18e s.

★ **Roche à 7 Heures.** — *2 km par la route de Hargnies, puis au sommet à gauche le chemin goudronné.* De cet éperon rocheux, **vue★** plongeante sur Monthermé et le méandre de la Meuse, en amont Laval-Dieu et ses usines, puis Château-Regnault et le Rocher des Quatre Fils Aymon.

★★ **Longue Roche.** — *Au-delà de la Roche à 7 heures, le chemin goudronné continue, sur 400 m, jusqu'à un parking. Poursuite à pied (1/2 h AR) jusqu'au belvédère.*
La Longue Roche (alt. 365 m) détermine un éperon dominant la Meuse de 140 m. Un sentier des crêtes offre une vue plongeante sur la vallée en différents endroits. La **vue★★** est plus sauvage et plus nette que celle de la Roche à 7 Heures.

★★ **Roc de la Tour.** — *3,5 km à l'Est, plus 20 mn à pied AR. La route d'accès se détache de la D 31 à la sortie de Laval-Dieu, à gauche ; elle monte à travers bois le long du vallon formé par le torrent de la Lyre. Laisser la voiture et emprunter le sentier allant au Roc.*
D'aspect ruiniforme (quartzite), entouré de bouleaux, il occupe un site impressionnant, en balcon sur la Semoy : **vue★★** immense sur les croupes boisées de l'Ardenne.

★★ **Roche aux 7 Villages.** — *3 km au Sud. Prendre la route de Charleville (D 989) : dans la montée, la vue s'étend peu à peu sur la vallée.*
Un escalier conduit au sommet de ce piton émergeant de la forêt, d'où se révèle une **vue★★** remarquable sur les sinuosités de la Meuse que jalonnent sept villages de Braux à Deville ; on reconnaît, à côté de Château-Regnault, la silhouette déchiquetée du Rocher des Quatre Fils Aymon.

★ **Roche de Roma.** — Alt. 333 m. *Au-delà de la Roche aux 7 Villages, au terme de la côte, un chemin conduit au belvédère de la Roche de Roma.* **Vue★** sur le méandre de la Meuse, entre Monthermé et Deville.

*Les **guides Rouges**, les **guides Verts** et les **cartes Michelin** composent un tout.*
Ils vont bien ensemble, ne les séparez pas.

MONTIER-EN-DER

Carte Michelin n° **61** pli 9 ou **241** pli 34.

Détruit par l'artillerie en juin 1940, Montier-en-Der a été reconstruit sur un plan aéré avec d'agréables jardins publics, tel le jardin Napoléon.

Montier est né d'un monastère établi par les bénédictins sur les rives de la Voire. C'est la capitale d'un « pays » de la Champagne humide, le **Der**, plaine de sables et d'argiles, jadis couverte de bois de chênes (der en langue celtique signifie chêne) que défrichèrent, au Moyen Age, les moines venus s'installer dans la région ; la forêt du Der au Nord-Est en est le vestige principal.

Aujourd'hui partagé en prairies où paissent chevaux et bovins, en bois et en étangs (brochets estimés), le Der garde une grande originalité, surtout dans ses villages, entourés de vergers (mirabelliers), aux maisons basses à torchis et pans de bois dominées par l'église à clocher pointu souvent couvert d'écailles de bois.

Église Notre-Dame. — C'est l'ancienne abbatiale St-Pierre St-Paul. En 672, un groupe de moines s'installaient sur les rives de la Voire. Dirigés par saint Berchaire, fondateur d'Hautvillers *(p. 69)* et ancien moine de Luxeuil, ils fondèrent un monastère qui adopta la règle de Colomban (moine irlandais, fondateur de l'abbaye de Luxeuil). Ils défrichèrent la forêt et drainèrent les marécages, mais l'un d'eux assassina Berchaire en 685. De l'église du 7ᵉ s., il ne reste plus rien, pas plus que de celle du 9ᵉ s. Par contre, la nef de l'édifice élevé par l'abbé Adson subsiste. Adson venait lui aussi de Luxeuil et il avait été écolâtre à St-Epvre. Fin lettré, ami de Gerbert, il fut à l'origine du rayonnement de l'abbaye. Il mourut cependant avant la consécration de l'église en 998. Cette dernière fut remaniée aux 11ᵉ et 13ᵉ s. (destruction de l'abside préromane, remplacée par un chœur plus vaste). Les bâtiments abbatiaux, détruits par un incendie en 1735 et reconstruits en 1775, furent transformés en haras en 1811 puis finalement rasés en 1850. L'église a brûlé en juin 1940 à la suite d'un bombardement allemand, mais elle a été remarquablement restaurée : la nef et le clocher ont été restitués dans leur état primitif.

La **nef** se présente sous l'aspect d'un vaisseau sobre et sévère de 36,50 m de longueur. Huit grandes arcades en plein cintre reposent sur des piles rectangulaires assez basses ; au-dessus des baies géminées sont divisées par des colonnettes cylindriques ou polygonales, au-dessus encore des fenêtres hautes percent un grand mur nu. La voûte de bois reproduit celle qui existait au 16ᵉ s.

Le **chœur★** (12ᵉ-13ᵉ s.) relève du plus beau style gothique primaire champenois. L'élément le plus impressionnant en est, à l'intérieur, le rond-point à quatre étages :
— grandes arcades reposant sur des colonnes jumelées que décorent de curieux masques grotesques,
— tribune à arcatures géminées que surmonte un oculus,
— triforium à triples arcatures trilobées,
— fenêtres hautes délimitées par des colonnettes.

Le déambulatoire est séparé des chapelles rayonnantes par une file de colonnes détachées, selon la formule champenoise ; la chapelle absidale, très profonde, présente une harmonieuse voûte gothique à nervures rayonnantes.

Ⓥ **Haras.** — Situé à l'emplacement de l'ancienne abbaye, à gauche de l'église Notre-Dame, il abrite une quarantaine d'étalons et quinze chevaux pour la remonte des sociétés hippiques.

LES ÉGLISES DU DER

De Montier-en-Der à Châtillon-sur-Broué

37 km — environ 2 h

> *Quitter Montier-en-Der par la route de Brienne.*

Ceffonds. — 619 h. Le père de Jeanne d'Arc serait né dans ce village. L'**église St-Remi,** reconstruite au début du 16ᵉ s., autour de son clocher roman, s'élève dans le cimetière désaffecté qui a gardé sa croix de pierre, du 16ᵉ s. Accès par un portail Renaissance plaqué sur la façade en 1562 ; au revers de cette façade, une peinture murale, du 16ᵉ s., représente saint Christophe ; dans la 1ʳᵉ chapelle à droite, curieux fonts baptismaux, en pierre ; dans la chapelle du Sépulcre, à gauche, Mise au tombeau du 16ᵉ s. comprenant un ensemble de dix statues de pierre polychrome.

Le transept et le chœur sont ornés d'intéressants **vitraux★** du 16ᵉ s., œuvres des ateliers troyens *(voir p. 35)* :
— dans le chœur, de gauche à droite, la Légende de saint Remi, la Passion et la Résurrection du Christ, la Création ;
— dans le transept, à gauche du chœur, la Légende des saints Crépin et Crépinien, patrons des tanneurs et des cordonniers qui ont offert la verrière ;
— dans le transept, à droite du chœur, un Arbre de Jessé.

En sortant de l'église, voir une vieille maison à pans de bois.

> *Revenir vers Montier-en-Der et prendre à gauche la D 173.*

Puellemontier. — 246 h. Ses maisons à pans de bois se dispersent dans les prairies. Un clocher effilé signale l'**église,** qui présente une nef du 12ᵉ s. et un chœur du 16ᵉ s. : à l'intérieur, dans le bras droit du transept, deux statues (16ᵉ s.) représentant sainte Cyre et sainte Flora encadrent un Arbre de Jessé (vitrail de 1531). Ce vitrail fait partie d'un bel ensemble provenant des ateliers troyens du 16ᵉ s. *(voir p. 35).*

> *Continuer la D 173 puis la D 62.*

On côtoie le calme **étang de la Horre** (250 ha), tapi dans les hautes herbes.

★ **Lentilles.** — 183 h. Village typique du Der, Lentilles recèle une **église** rurale à pans de bois, du 16e s. : portant pignon et clocher revêtus d'écailles de bois, elle est précédée d'un curieux porche en charpente que surmonte une statue de saint Jacques.

Prendre à droite vers Chavanges.

Chavanges. — 695 h. L'église des 15e-16e s., avec un portail remontant au 12e s., conserve un intéressant ensemble de vitraux du 16e s. et des statues du 14e au 16e s.

Église de Lentilles.

En face de l'église s'élèvent deux belles maisons à pans de bois du 18e s. agrémentées d'une tourelle carrée.

La D 56, à l'Est, mène à Bailly-le-Franc.

Bailly-le-Franc. — 39 h. Très peu restaurée au cours des siècles, c'est la plus simple et la plus authentique des églises de Der.

Cet itinéraire se poursuit par la D 56 et la D 655 qui traverse **Outines** *(p. 61)* puis la D 55 jusqu'à **Châtillon-sur-Broué** *(p. 61).*

MONTMIRAIL   3 434 h. (les Montmiraillais)

Carte Michelin n° 🗺 pli 15 ou 🗺 plis 21, 22.

Petite ville ancienne, jadis fortifiée, Montmirail étage ses maisons basses et crépies sur le versant d'un promontoire dominant la rustique vallée du Petit Morin.
Le **château** (17e s.) est bâti dans le style Louis XIII.

« De viris illustribus ». — Paul de Gondi, futur **cardinal de Retz,** naît en 1613 au château. **Vincent de Paul,** précepteur dans la famille de Gondi y résida souvent. En 1685, le ministre de Louis XIV, le sévère **Louvois,** acheta le domaine, le remania, fit redessiner les jardins à la française et accueillit le Roi-Soleil. Son arrière-petite-fille épousa le vicomte de la Rochefoucauld dont les descendants possèdent encore le château. 1814, enfin : c'est la Campagne de France *(voir p. 22).* A 4 km au Nord-Ouest de Montmirail, sur la RD 33, une colonne surmontée d'un aigle doré (1867), évoque le souvenir d'une des dernières batailles remportées par **Napoléon,** le 11 février, sur les troupes russes et prussiennes.
Un siècle plus tard, le 5 septembre 1914, l'armée allemande de Von Bülow installe son quartier général à Montmirail. Elle y est attaquée par les armées de Foch et Franchey d'Esperey. Une stèle rappelle que des St-Cyriens ont été tués en casoar et gants blancs. Comme ils en avaient fait le serment, la ligne de la Marne était maintenue.

MONTMORT-LUCY   497 h.

Carte Michelin n° 🗺 plis 15, 16 ou 🗺 pli 25.

Occupant un site plaisant au-dessus du Surmelin, Montmort-Lucy est un point de départ pour d'agréables promenades dans la vallée et dans les forêts voisines.

⊙ **Château.** — Placé sur une éminence et commandant le passage du Surmelin, ce château dont certaines parties remontent au 12e s., fut reconstruit à la fin du 16e s. Il appartint au début du 18e s. à Pierre Rémond de Montmort (1678-1719) mathématicien estimé qui publia un « Essai d'analyse sur les jeux du hasard ». En 1914, c'est sur sa pelouse que le général von Bülow annonça la retraite de la Marne.
Présentant un bel appareil de briques à parements de pierre blanche, il garde un aspect féodal avec des douves de 14 m de haut. Lors de la visite, on découvre le four à pain bien conservé, un beau portail Renaissance (1577), la salle des gardes et la cuisine. On redescend vers la partie basse du château par une rampe à chevaux rappelant celle du château d'Amboise.

Église. — Encore entourée d'un cimetière, elle suscite l'intérêt par son porche, sa nef romane, son premier transept du 13e s., son second transept et son chœur du début du 16e s. (vitraux de la même époque). Dans la nef, chaire du 18e s.

EXCURSION

Forêt de la Charmoye. — *Circuit de 12 km — environ 1/2 h.*

Prendre à l'Est la D 38.

La route suit la verte et solitaire vallée du Surmelin, côtoyant le château de la Charmoye, ancienne abbaye, puis pénètre en forêt de la Charmoye.

Prendre la 1re route à droite, vers Étoges, qui traverse de profonds sous-bois puis, de nouveau à droite, la D 18 vers Montmort.

Le château apparaît alors, rose sous ses toits bleus.

★ La MOTTE-TILLY (Château de)

Carte Michelin n° 61 pli 4 ou 237 pli 33 (6 km au Sud-Ouest de Nogent-sur-Seine).

ⓥ Le château de la Motte-Tilly a été ouvert au public, grâce au legs de la marquise de Maillé (1895-1972), archéologue et historien d'art. Il rassemble un mobilier de famille restauré, enrichi et réagencé avec une prédilection éclairée pour le 18e s.

Le château, d'architecture simple mais noble, fut élevé à partir de 1754 sur la terrasse naturelle dominant la Seine par les frères Terray, nom connu dans l'histoire pour la carrière du plus célèbre d'entre eux, l'abbé Terray (1715-1778), contrôleur des Finances sous Louis XV. Les toits d'une hauteur considérable pour l'époque, les arcades reliant le bâtiment aux pavillons annexes caractérisent la façade Sud, du côté de la route.

Les salons du rez-de-chaussée joignent à l'éclat de leurs ensembles mobiliers et décoratifs une luminosité émanant des boiseries peintes et de la lumière tamisée. Une ambiance raffinée règne dans le salon d'automne, peint d'un décor de faux marbre, dans le Grand salon, ouvrant sur la perspective principale (prolongée, au-delà de la Seine invisible, par une allée forestière), dans la bibliothèque.

Au 1er étage, deux pièces rappellent le souvenir de la donatrice : sa chambre à coucher tendue de vert ; la chambre Empire du comte de Rohan-Chabot, son père.

Après la visite, gagner la façade Nord du château, dont l'avant-corps bâti en pierre est un luxe dans cette région pauvre en matériaux de construction durables.

Parc. — La perspective principale, au Nord du château, est marquée par le bassin du « Miroir ». Derrière le grand canal perpendiculaire à ce plan d'eau une charmille coupe la vue, masquant intentionnellement une route et la Seine.

★ MOUZON   2 995 h. (les Mouzonnais)

Carte Michelin n° 56 pli 10 ou 241 plis 10, 14.

Cette petite ville, arrosée par la Meuse, fut à l'origine un marché gaulois (Mosomagos) puis un poste romain. Clovis en fit don à saint Remi. Les archevêques de Reims y séjournèrent fréquemment.

Réunie à la France par Charles V en 1379, Mouzon fut souvent assiégée : par les Impériaux en 1521 (entrée de Charles Quint), par les Espagnols en 1650 — on peut voir encore quelques vieilles maisons espagnoles — et par Condé en 1658. Des fortifications démolies en 1671, subsiste encore la **porte de Bourgogne,** du 15e s.

Mouzon est le siège d'une usine Sommer, la dernière en France à produire du feutre industriel.

★ **Église Notre-Dame.** — La construction de cette ancienne abbatiale, commencée à la fin du 12e s., fut achevée en 1231, sauf la tour Nord terminée au 15e s. et la tour Sud, au 16e s. Le portail central de la façade est richement sculpté : au trumeau, Vierge à l'Enfant ; au tympan, de gauche à droite et de bas en haut ; mort de la Vierge, martyre de sainte Suzanne et de saint Victor de Mouzon, Visitation, Couronnement de la Vierge, Annonciation.

L'intérieur est imposant : 65 m de longueur, 21 m de hauteur sous voûte. La nef et le chœur reposent sur de gros piliers ronds, comme à Laon, dont Mouzon reproduit le plan primitif, et à N.-D. de Paris. Un étage de galeries fait le tour de la nef et du chœur ; au-dessus, court un triforium aveugle. De chaque côté du chœur et des bras du transept, jolie perspective sur les galeries qui surmontent le déambulatoire et les chapelles rayonnantes. Le mobilier du 18e s. est intéressant, tout particulièrement l'orgue et le buffet d'orgue en bois sculpté (1725), seul vestige de l'œuvre du facteur Christophe Moucherel dans le Nord de la France.

ⓥ **Musée du Feutre.** — Installé dans une ancienne ferme de l'abbaye, ce musée est consacré à l'histoire et à l'élaboration du feutre depuis son utilisation la plus artisanale (tapis et manteaux des éleveurs nomades afghans ou turcs) à son usage le plus industriel (revêtement de sol, filtre d'aspirateur) en passant par des productions plus connues comme les chapeaux, les chaussons ou des articles de décoration. La reconstitution au quart d'une chaîne de fabrication permet de voir comment s'élabore industriellement le feutre. Un atelier d'art contemporain présente des réalisations artistiques en feutre, et des animations offrent aux enfants et aux adultes la possibilité de s'essayer au « feutrage ».

MUSSY-SUR-SEINE   1 710 h.

Carte Michelin n° 61 Sud du pli 18 ou 241 pli 46.

Appelé autrefois « Mussy-l'Évêque », c'était le lieu de villégiature des évêques de Langres qui y possédaient leur château d'été (occupé aujourd'hui par la mairie). Mussy a conservé quelques maisons anciennes des 15e et 16e s.

ⓥ **Église St-Pierre-ès-Liens.** — Édifiée à la fin du 13e s., elle frappe par ses vastes dimensions. Son abside présente de grandes analogies avec St-Urbain de Troyes *(p. 116).* Elle abrite de nombreuses statues. Remarquer :

— le Saint Jean-Baptiste, haut de 2 m, dans la chapelle des fonts baptismaux ;

— le tombeau du 14e s. avec les gisants des fondateurs de l'église et une statue de la Sainte Trinité du 15e s. dans le croisillon Nord ;

— une statue de l'archange saint Michel terrassant le dragon et pesant les âmes (15e s.) contre le mur de la chapelle fermée du bas-côté gauche.

ⓥ **Musée de la Résistance.** — Dans une pièce sont réunis quelques souvenirs évoquant le maquis de Grancey en 1944.

NAVARIN (Monument de la ferme)

Carte Michelin n° 56 Nord du pli 18 ou 241 Nord du pli 22.

Au point culminant (alt. 92 m) du plateau qui fut le théâtre principal de la bataille de Champagne, ce monument commémore les combats d'octobre 1914 et de septembre 1915. L'œuvre montre trois soldats. L'un évoque le **général Gouraud,** commandant de la 4e Armée, un autre le lieutenant **Quentin Roosevelt,** fils du président Théodore Roosevelt, tué en 1918 dans le Tardenois. Le général Gouraud est inhumé dans la crypte.

NOGENT-SUR-SEINE   5 103 h. (les Nogentais)

Carte Michelin n° 61 plis 4, 5 ou 237 pli 33.

Dominée par les silhouettes des moulins, des silos et les deux tours de réfrigération de la centrale nucléaire, Nogent occupe les deux rives de la Seine et une île reliée au gros de l'agglomération par un moulin construit sur le bras de la rivière. Le quai de la rive droite offre, à hauteur de la **maison dite de Henri IV,** une agréable vue du fleuve et de la ville.

Église St-Laurent. — Élevée au 16e s., elle associe les styles gothique flamboyant et Renaissance. A gauche du portail principal s'élève une majestueuse tour dont l'ornementation est Renaissance. Elle est surmontée d'une lanterne qui affecte la forme d'une cage d'écureuil sur laquelle est posée la statue de saint Laurent portant le gril, instrument de son martyre.
Les collatéraux Renaissance sont percés de larges baies. Les contreforts portent des chapiteaux ouvragés et d'originales gargouilles. Au portail Sud : beau fronton.
A l'intérieur les chapelles au décor Renaissance abritent quelques œuvres d'art : tableau représentant le martyre de saint Laurent attribué à Eustache Lesueur *(5e chapelle du bas-côté droit),* grand retable sculpté dans l'ensemble du mur avec les emblèmes de la Vierge Marie *(5e chapelle du bas-côté gauche).*

Musée Paul Dubois - Alfred Boucher. — La collection archéologique provient des fouilles effectuées dans le Nogentais : poteries gallo-romaines trouvées à Ville-neuve-au-Chatelot, monnaies... Au 1er étage, peintures et plâtres d'artistes régionaux dont les deux sculpteurs qui ont donné leurs noms au musée.

EXCURSIONS

Centrale nucléaire de Nogent-sur-Seine. — *4 km au Nord-Est.* Située sur la rive droite de la Seine, en amont de Nogent, elle comprend deux unités de production REP (réacteur à eau pressurisée) de 1 300 MW. Un centre d'information permet au visiteur de se familiariser avec le fonctionnement d'une centrale nucléaire (maquette).

★**Château de la Motte-Tilly.** — *6 km au Sud-Ouest par la D 951. Page 83.*

Ancienne abbaye du Paraclet. — *6 km au Sud-Est par la N 19 et la D 442.*
Abélard s'installa dans ce lieu désert avec un seul clerc. Il commença par construire un modeste oratoire de roseaux et de chaume. Mais il ne resta pas longtemps dans l'isolement, car il fut rejoint par une foule de disciples, qui se mirent à camper autour de l'oratoire. Ce dernier ne tarda pas à être édifié en pierre : « Il fut appelé Paraclet, en mémoire de ce que j'y étais venu en fugitif et, qu'au milieu de mon désespoir, j'y avais trouvé quelque repos dans les consolations de la grâce divine » écrit Abélard. Héloïse en devint abbesse en 1129 *(voir p. 17).* De l'abbaye, il ne reste qu'un cellier sous les bâtiments d'une ferme briarde. Derrière la chapelle, un obélisque marque l'emplacement de la crypte où se trouvaient les cercueils d'Héloïse et d'Abélard. Transportés au 15e s. dans la grande église du Paraclet, leurs restes furent enlevés sous la Révolution. Ils reposent actuellement au cimetière du Père-Lachaise à Paris.

OMONT   42 h.

Carte Michelin n° 56 Nord-Est du pli 8 ou 241 pli 14.

Village presque abandonné, Omont reste cependant un chef-lieu de canton en témoi-gnage du rôle qu'il joua sous l'Ancien Régime comme forteresse et comme prévôté, justifiant le dicton : « Vin de Mouzon, pain de Sapogne, justice d'Omont ». Il couronne une crête à 230 m d'altitude, isolé dans la vaste forêt de Mazarin, celle-là même qui fut dilapidée au 18e s. par la duchesse de Mazarin, joueuse effrénée.
Au point le plus élevé se trouve l'église du 17e s. ; on reconnaît l'emplacement du château qui, tenu par les Ligueurs, fut assiégé en 1591 par Henri IV. Vues étendues.

ORBAIS-L'ABBAYE   617 h.

Carte Michelin n° 56 pli 15 ou 237 pli 22 (9,5 km au Nord-Ouest de Montmort).

Orbais doit sa renommée à une importante abbaye bénédictine fondée au 7e s. C'est à la fois un but de promenade et un point de départ pour des excursions dans la vallée du Surmelin et la forêt de Vassy.

★**Église.** — Elle est constituée par le chœur et le transept de l'abbatiale ainsi que par deux des travées primitives de la nef (l'une servant de porche, l'autre à l'intérieur). Les autres travées et la façade à deux tours furent détruites en 1803. La construction (fin des 12e s., 13e s.) fut dirigée selon toute vraissemblance par Jean d'Orbais, l'un des maîtres d'œuvre de la cathédrale de Reims *(voir p. 94).*

En faisant le tour extérieur du monument, admirer l'élévation, d'une sobre harmonie ; remarquer la disposition originale des arcs-boutants du transept et de l'abside se rejoignant sur la même culée de contrefort ; la flèche légère, qui surmonte la croisée du transept, date du 14e s.

A l'intérieur, la pureté de l'architecture séduit le visiteur. Le **chœur**★, à déambulatoire et chapelles rayonnantes, est considéré comme le prototype de celui de la cathédrale de Reims ; le rond-point est remarquable par l'équilibre de ses lignes : des arcades aiguës supportent un triforium élancé et des fenêtres hautes que surmontent des « oculi ».

L'entrée du transept qui sert de nef est garnie de stalles réalisées au début du 16e s. : les parcloses portent des effigies d'apôtres, à l'exception des deux premières ornées de sculptures représentant, à droite l'Arbre de Jessé, à gauche la Vierge. Détailler miséricordes et jouées aux amusantes figures de fantaisie. Dans la chapelle absidale, un vitrail du 13e s. subsiste, présentant des scènes de l'Ancien Testament. Les fenêtres hautes conservent quelques fragments de vitraux en grisaille.

Il subsiste une grande partie des bâtiments conventuels. On peut y voir une très belle salle du 18e s. à double travée couverte de croisées d'ogives. Elle est utilisée comme chapelle d'hiver.

★★ ORIENT (Lac et forêt d')

Carte Michelin n° 61 plis 17, 18 ou 241 plis 37, 38.

Le lac. — Mis en eau en 1965 pour régulariser le cours de la Seine, le **lac de la Forêt d'Orient,** ou **réservoir Seine,** forme un superbe plan d'eau de 2 300 ha offrant de nombreuses possibilités de loisirs. Une route touristique en fait le tour permettant d'admirer ce site lumineux : beaux points de vue entre Mesnil-St-Père et la Maison du Parc.
Un réservoir Aube de 2 500 ha est en cours de réalisation entre le lac et Brienne.

La forêt d'Orient. — Reliquat de l'immense forêt du Der qui couvrait la région, elle doit son nom à une commanderie de Templiers. Traitée en taillis sous futaie de chênes, elle occupe 10 000 ha de terrains humides parsemés d'étangs. Elle est aménagée dans certaines zones. La **Loge-aux-Chèvres** y occupe une pittoresque clairière.

Le Parc naturel régional. — Créé en 1970 autour du lac artificiel, le parc couvre une superficie de 69 200 ha englobant 47 communes dont Brienne-le-Château *(p. 48)*. Situé à la limite de la Champagne crayeuse et de la Champagne humide, ses paysages présentent une grande variété. Les objectifs du Parc comprennent la préservation de l'équilibre naturel : faune et végétation, la sauvegarde du patrimoine culturel et architectural et le développement d'équipements touristiques *(voir le schéma).*

Ⓥ **Maison du Parc.** — Beau bâtiment en briques à pans de bois, cette maison champenoise ancienne a été déplacée pour être remontée dans la forêt de Piney. Elle abrite un centre d'information sur les aménagements du parc ainsi qu'une galerie d'exposition.

Réserve ornithologique. — Aménagée dans la partie Nord-Est du lac, cette zone réservée au gibier d'eau est protégée. Un observatoire (entre la Maison du Parc et Géraudot) permet de suivre les évolutions des poules d'eau, canards...

Ⓥ **Parc de vision de gibier.** — Abritant sangliers, cerfs et chevreuils, il couvre une superficie de 80 ha dans la forêt de Piney.

Mesnil-St-Père. — Base nautique la plus importante du lac, elle comprend une plage et des écoles de voile.

Ⓥ Des excursions sur le lac sont proposées à bord de la vedette panoramique « Winger ».

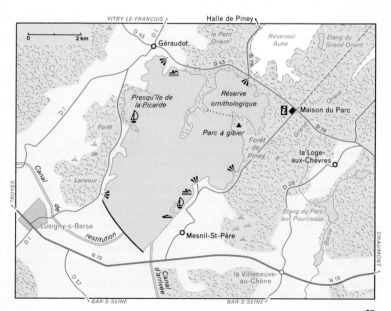

ORIENT (Lac et forêt d')★★

Géraudot. — Son église précédée d'un porche en bois possède une nef du 12e s. et un chœur du 16e s. Au maître-autel un beau **retable** Renaissance en pierre polychrome représente la Crucifixion et la Résurrection. Remarquer aussi les vitraux du 16e s. Près de Géraudot : plage aménagée.

Piney. — Belle halle en bois ancienne.

Presqu'île de la Picarde. — Une école de voile et un « parcours de santé » y ont été aménagés.

OTHE (Pays d')

Carte Michelin no 61 plis 15, 16 ou 237 plis 46, 47.

Région vallonnée et verdoyante dont les hauteurs sont couvertes par la forêt, le pays d'Othe, entre l'Yonne et la Seine, présente un curieux contraste avec la plaine de la Champagne crayeuse qu'il domine. Son habitat dispersé, ses champs de pommiers l'avait fait surnommer « la petite Normandie », mais depuis quelques années les grandes étendues de cultures céréalières occupent les fonds des vallons.
Ce pays, dans l'aire d'influence de Troyes, vécut longtemps de la draperie et de la bonneterie. Aujourd'hui il s'est tourné vers l'agriculture, sous forme de grandes exploitations, et le tourisme, avec un nombre élevé de résidences secondaires.

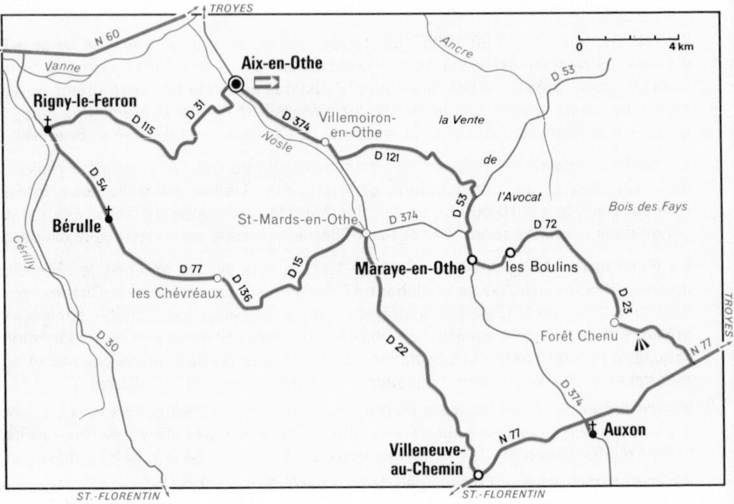

CIRCUIT AU DÉPART D'AIX-EN-OTHE

60 km — environ 3 h

Aix-en-Othe. — 2 349 h. « Capitale » du pays d'Othe, ce bourg gravite autour de son **église** décorée de peintures en trompe-l'œil et de tapisseries des 16e et 17e s.

Prendre la D 374 vers Villemoiron-en-Othe puis après le village, tourner à gauche dans la D 121 et poursuivre par la D 53.

La route traverse une forêt au nom curieux : « La Vente de l'Avocat », puis descend dans un vallon tapissé d'un damier de champs.

Maraye-en-Othe. — 374 h. Ce village tout en longueur est cerné de forêts. Un pavillon de chasse du 18e s. y a été restauré.

Prendre à gauche la D 72.

Au lieu-dit « Les Boulins », un petit plan d'eau a été aménagé devant un ancien lavoir.

Tourner à droite dans la D 23.

Après Forêt Chenu, de belles **perspectives**★ s'offrent en premier plan sur les grands damiers des cultures céréalières et au-delà sur les massifs forestiers du Chaourçois.

Tourner à droite dans la N 77.

Auxon. — 861 h. Située à la lisière orientale de la forêt d'Othe, Auxon possède une église du 16e s., à trois nefs, remarquable par son portail latéral de style Renaissance italienne finement sculpté. A l'intérieur, statues des 14e et 16e s. (entre autres un charmant saint Hubert près de son cheval) et verrières des 15e et 16e s.

Villeneuve-au-Chemin. — 186 h. Au-dessus du village s'élève une statue de la Vierge, haute de 7 m, surmontant la chapelle St-Joseph.

Quitter la N 77 et prendre la D 22 à droite jusqu'à St-Mards-en-Othe. Tourner à gauche dans la D 15 puis la D 136 jusqu'au lieu-dit « Les Chévréaux », et là prendre la D 77 et la D 54 jusqu'à Bérulle.

Bérulle. — 240 h. Ce fut le fief de la célèbre famille de Bérulle. Le cardinal Pierre de Bérulle (1575-1629) eut une influence politique considérable, en particulier dans son opposition aux protestants. Il contribua au mouvement de réforme catholique qui eut lieu au 17e s. afin de restaurer la rigueur de la religion et, fut le fondateur en France de la congrégation de l'Oratoire en 1609.

ⓥ Le village possède une **église** du 16ᵉ s., de style Renaissance avec des fonts baptismaux de la même époque. Le chœur est orné de beaux vitraux du 16ᵉ s.

ⓥ **Rigny-le-Ferron.** — 347 h. Son **église** possède un riche ensemble de verrières du 16ᵉ s. ainsi qu'un très beau groupe de la Vierge de Pitié en pierre polychrome.

Rejoindre Aix-en-Othe par la D 115 et la D 31.

PETIT MORIN (Vallée du)

Carte Michelin nº 🐜🐜 plis 14, 15 ou 🐜🐜🐜 plis 21, 22.

La vallée du Petit Morin, affluent de la Marne issu des marais de St-Gond *(p. 106)*, offre un cadre de prairies vallonnées parfois marécageuses, de peupliers et de bosquets. Les maisons aux murs crépis et parements de briques et aux toits bruns de tuiles plates forment de minuscules villages autour des églises.

DE VERDELOT A BAYE *38 km — environ 2 h*

ⓥ **Verdelot.** — 526 h. Importante **église** dressant à flanc de pente son chœur très élevé, postérieur à la guerre de Cent Ans (15ᵉ-16ᵉ s.), ce dont témoignent les voûtes complexes et les collatéraux presque aussi hauts que les voûtes du chœur. De part et d'autre du chœur, voir les statuettes (15ᵉ s.) de saint Crépin et saint Crépinien, patrons des cordonniers, auxquels le sanctuaire est dédié. Dans un retable du 19ᵉ s. apparaît une Vierge assise, en noyer, N.-D.-de-Pitié de Verdelot. La facture sévère de cette œuvre l'apparenterait aux Vierges auvergnates et languedociennes des 12ᵉ ou 13ᵉ s.

Prendre à l'Ouest la D 31 qui longe le Petit-Morin puis la D 241.

La vallée s'élargit et Montmirail apparaît sur son promontoire.

Montmirail. — *Page 82.*

De Montmirail, descendre dans la vallée et prendre la D 43.

Cette route traverse de charmants villages aux noms bucoliques : Bergères-sous-Montmirail, Boissy-le-Repos...

ⓥ **Abbaye du Reclus.** — Un saint ermite, Hugues-le-Reclus, venu se retirer dans ce vallon vers 1123 lui donna son nom. Plus tard en 1142, saint Bernard y fonda une abbaye cistercienne qui connut de nombreuses transformations au cours des siècles. En partie démolie pendant les guerres de Religion, elle fut reconstruite par les abbés commendataires. Sous le bâtiment des moines actuel ont été découverts des éléments importants de l'abbaye du 12ᵉ s. : galerie Est du cloître, salle capitulaire, sacristie.

Après Talus St-Prix, prendre à gauche la route en direction de Baye.

Baye. — 483 h. A l'orée d'un vallon affluent du Petit Morin se découvre Baye, où naquit, la même année que Paul de Gondi, la célèbre courtisane Marion de Lorme (1611-1650) qui inspira un drame à Victor Hugo.
Dans l'église du 13ᵉ s. fut inhumé saint Alpin, évêque de Châlons, natif de Baye. Le château du 17ᵉ s. a conservé une chapelle du 13ᵉ s. attribuée à Jean d'Orbais.

POMPELLE (Fort de la)

Carte Michelin nº 🐜🐜 plis 16, 17 ou 🐜🐜🐜 pli 21 (9 km au Sud-Est de Reims).

La masse informe et blanchâtre du fort couronne une butte s'élevant à 120 m d'altitude. Construit en 1880, cet ouvrage qui couvre les approches de Reims fut constamment l'objectif des Allemands qui l'occupèrent du 4 au 23 septembre 1914 puis, chassés, l'attaquèrent à de multiples reprises, au cours de la bataille de Champagne. La résistance de la Pompelle permit les deux victoires de la Marne.

Du parking inférieur, un chemin traversant un terrain bouleversé conduit au fort resté à peu près tel qu'à la fin de la guerre 1914-1918 ; on peut faire le tour du fort et pénétrer dans les galeries. Sur l'esplanade devant le fort sont exposés des canons.

ⓥ **Musée.** — Il abrite des souvenirs de la Première Guerre mondiale ; décorations, tableaux, uniformes, armes et une rare collection de **casques allemands★** : casques à pointes, à boule (artilleur), coiffures coloniales des troupes d'Empire, colbacks fourrés des hussards ; certains arborent le lion des Reiters (cavaliers) saxons ou l'aigle des cuirassiers de la garde impériale.

PONT-SUR-SEINE   1 161 h.

Carte Michelin nº 🐜 pli 5 ou 🐜🐜🐜 pli 34.

Capitale d'un petit « pays », le Morvois, Pont est agréablement situé entre la Seine et le canal latéral de la Haute-Seine. Jadis siège d'une importante seigneurie que détinrent les Bouthillier, protégés de Richelieu, et défendue par une enceinte, la ville a conservé un cachet ancien avec ses rues sinueuses et ses hôtels à haut portail.

Église St-Martin. — Construite aux 12ᵉ et 16ᵉ s., elle a été entièrement peinte intérieurement, sous les Bouthillier, de scènes et de motifs ornementaux assez curieux. A droite du chœur, la **chapelle du Rosaire** constitue un rare ensemble décoratif, typique du style Louis XIII. Les lambris sont peints de scènes évoquant la vie des Pères du désert. Le tableau d'autel a pour sujet la Vierge remettant le Rosaire à saint Dominique.

Que l'on aborde Provins par le plateau briard ou la vallée de la Voulzie, la cité féodale retient l'attention par la silhouette de sa tour de César et le dôme de l'église St-Quiriace. Au pied du promontoire rassemblant les ruines mélancoliques célébrées par Balzac et esquissées par le peintre anglais Turner, la ville basse, vivante, commerçante s'étend le long de la Voulzie et du Durteint.

Depuis le début des temps historiques, les argiles du bassin de Provins, exploitées maintenant en carrières souterraines (les « glaisières »), ont offert aux potiers, briquetiers et tuiliers une gamme complète de matières premières.

(Photo BULLOZ, Paris)

Vue de Provins par Jean Houel (musée des Beaux-Arts de Rouen).

UN PEU D'HISTOIRE

La ville basse d'origine monastique se développa dans un bas-fond, à partir du 11ᵉ s., autour d'un prieuré bénédictin fondé à l'endroit où les reliques de saint Ayoul (Aygulphe ou Aygulf), abbé de Lérins, avaient été miraculeusement retrouvées.

Avec Henri le Libéral (1152-1181) se confirma la vocation commerciale de Provins, l'une des deux capitales du comté de Champagne.

Les foires de Provins. — Avec celles de Troyes, les deux foires de Provins étaient semble-t-il les plus importantes des foires de Champagne. La première se tenait en mai-juin et la seconde en septembre-octobre. Chacune se divisait en trois temps : d'abord la « montre », les marchands exposent leurs marchandises, ils comparent les prix et la qualité ; ensuite la vente proprement dite, les marchandises s'échangent, passent d'une main à l'autre ; enfin les paiements, acheteurs et vendeurs font leurs comptes, ils recourent aux changeurs, aux notaires et aux gardes de foires.

La valeur des marchandises présentées étant considérable, les risques de vol, d'abus de confiance et de fraude s'en trouvaient accrus. Pour remédier à cela, les comtes de Champagne avaient créé une institution très efficace : les **gardes de foires,** secondés par des lieutenants et des sergents. D'un simple rôle de police au départ, ils exercèrent au 13ᵉ s. un véritable pouvoir de justice régi par la coutume.

Pendant la foire, la ville ressemblait à une gigantesque halle dans laquelle se pressait une foule bigarrée d'hommes du Nord et de méditerranéens, regroupés par villes ou par groupes nationaux. Les marchands des villes drapantes avaient acheté des bâtiments qui leur servaient d'entrepôt et de logement. Les transactions s'effectuaient en livres provinoises, d'où l'importance grandissante des banquiers-changeurs italiens pratiquant des conversions complexes. A la fin du 13ᵉ s., ils devinrent les véritables maîtres des foires, lesquelles, sous leur impulsion, se mirent à ressembler de plus en plus à des places de change où la circulation des créances prenait le pas sur celle des marchandises. La première foire annuelle, la plus importante, s'installait près du château sur la colline, la seconde près de St-Ayoul.

La ville médiévale. — Deux bourgs distincts se développèrent : le « châtel » ou ville haute et le « val » ou ville basse. Plus tard, ils furent compris dans une même enceinte. Au 13ᵉ s. la ville dépasse les 10 000 habitants, chiffre considérable pour l'époque. Autour des marchands gravitent les tisserands, foulons, teinturiers, toiliers, tondeurs sans oublier les agents de change, gardes chargés de la police et autres représentants de la justice du comte. De nombreux juifs, toute une population de taverniers, aubergistes et autres commerçants traditionnels viennent ajouter à l'animation de la ville.

Les comtes de Champagne faisaient de longs séjours à Provins où ils entretenaient une Cour brillante. Thibaud IV le Chansonnier (1201-1253) encourage les Lettres et les Arts. Il est l'auteur de chansons qui comptent parmi les textes les plus beaux du 13ᵉ s.

Au 14e s. les activités de Provins déclinent. Ses foires disparaissent au profit de Paris et Lyon. La ville subit les dommages de la guerre de Cent Ans et connaît un effacement durable.

Les roses. — Edmond de Lancastre (1245-1296), frère du roi d'Angleterre, ayant épousé, Blanche d'Artois, la veuve de Henri le Gros, comte de Champagne, devient pendant quelques années suzerain de Provins. Il introduit dans ses armes une fleur alors très rare : la rose rouge. La tradition veut que ce soit Thibaud IV qui ait rapporté de la Septième Croisade et fait prospérer à Provins des plants en provenance de Syrie.

Cent cinquante ans plus tard, la guerre des Deux-Roses, pour la conquête du trône d'Angleterre, oppose la rose rouge de la maison de Lancastre à la rose blanche des York. Au Moyen Age, les pétales produits en grande quantité étaient largement utilisés en pharmacopée.

De nos jours, les roses sont remises à l'honneur. C'est au cours du mois de juin qu'il faut venir à Provins pour admirer ses
ⓥ massifs de roses. On visite les Pépinières et Roseraies J. Vizier (**BY**), rue des Prés.

(Photo Bibliothèque Nationale)

Rosier de Provins ordinaire
par Pierre-Joseph Redouté.

★★LA VILLE HAUTE *visite : 1 h 1/2*

Accès. — *En voiture, prendre la voie, s'embranchant sur l'avenue du Général-de-Gaulle, qui était jusqu'au 18e s. la route normale d'accès à la ville.*
Un sombre chevalier, effigie en bois sculpté (1972) du comte Thibaud le Chansonnier en croisé portant la rose pourpre de Provins, accueille le visiteur.

Porte St-Jean. — Édifiée au 13e s., cette porte trapue est flanquée de deux tours en éperon partiellement masquées par des contreforts qui furent ajoutés au 14e s. pour étayer un pont-levis. Les pierres sont taillées en bossage — c'est-à-dire en saillie — pour offrir plus de résistance aux chocs. Le système défensif comportait, en outre, une herse en bois ferré qui coulissait dans de profondes rainures encore bien visibles dans l'ouvrage ainsi qu'une lourde porte en bois à deux vantaux s'ouvrant sur la ville et renforcée par un fléau. De part et d'autre de la porte, les corps de garde étaient reliés, au rez-de-chaussée, par un passage souterrain, à l'étage, par une galerie. Jusqu'en 1723, une tour de guet surmontait l'ensemble.

PROVINS

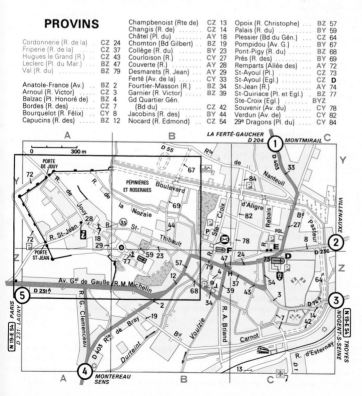

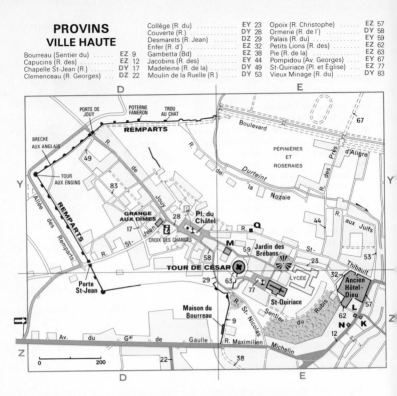

Suivre, en voiture, l'allée des Remparts dominant le fossé.

★★ Remparts. — L'enceinte de la ville haute est la plus ancienne de Provins.

Construite aux 12ᵉ s. et 13ᵉ s. sur une ligne de défense préexistante puis remaniée à maintes reprises, elle constitue un bel exemple d'architecture militaire médiévale.

La partie la plus intéressante s'étend entre la porte St-Jean et la porte de Jouy. La muraille, dominant les fossés à sec, est renforcée par des tours arborant des formes diverses : carrées, rectangulaires, semi-cylindriques ou en éperon.

L'importante tour d'angle, dite « tour aux Engins », qui relie les deux courtines, tire son nom d'une grange à proximité, où étaient emmagasinées les machines de guerre. Ses murs atteignent près de 3 m d'épaisseur. De la tour aux Engins à la porte St-Jean, les courtines sont percées d'archères et les glacis naissent à mi-hauteur des murs. De la tour aux Engins à la porte de Jouy, se succèdent cinq ouvrages de défense ; entre les premier et deuxième, la brèche dite « aux Anglais » de 1432.

De la porte de Jouy du 12ᵉ s. ne subsistent plus que les jambages et la base des tours en éperon qui s'appuient sur le fossé ; sur la droite, une partie du rempart reconstitué avec son couronnement de créneaux et de merlons.

Suivre la rue de Jouy.

Elle est bordée de pittoresques maisons basses à longs toits de tuile où à étage en avancée.

Laisser la voiture sur la place du Châtel.

Place du Châtel (DY). — Cette vaste place rectangulaire est bordée d'anciennes demeures au charme désuet.

En en faisant le tour dans le sens des aiguilles d'une montre, on découvre : à l'angle Sud-Ouest, la maison des Quatre Pignons du 15ᵉ s. à pans de bois ; à l'angle Nord-Ouest, la maison des Petits-Plaids du 13ᵉ s., qui conserve en contrebas une belle salle voûtée d'ogives ; au Nord, l'hôtel de la Coquille, dont le portail d'entrée en plein cintre, se signale par une coquille de St-Jacques ornant la clef ; à l'angle Nord-Est, les vestiges de l'église St-Thibault du 12ᵉ s. ; en contrebas, dans la rue qui porte son nom, la maison où, selon la légende serait né en 1017 saint Thibault (EYZ **Q**), fils d'un comte de Champagne.

Au centre, la croix des Changes, édicule gothique sur lequel étaient affichés les édits des comtes ; à côté, un vieux puits à cage de fer forgé.

★ Grange aux Dîmes (DY). — Cette rude construction du 13ᵉ s., d'aspect militaire, a ⊘ appartenu aux chanoines de St-Quiriace, qui lors des foires de Champagne, la louaient aux marchands.

Lorsque les foires tombèrent en décadence, elle servit d'entrepôt aux dîmes prélevées sur les récoltes des paysans, d'où son nom.

Au rez-de-chaussée, s'étend une majestueuse halle, dont les voûtes sur croisées d'ogives reposent sur deux rangées de piliers ronds surmontés de chapiteaux à feuillages.

⊘ **Musée du Provinois** (EY **M**). — Il est aménagé dans l'une des plus anciennes maisons provinoises, la « maison romane », dont la façade en courbe est percée de trois baies en plein cintre. Celle de la partie basse est encadrée de moulures en pointes de diamant ; celles de l'étage, jumelées, sont séparées par une colonnette.

Une porte basse conduit à la cave, où autour d'un pilier du 11e s. sont disposés des sarcophages mérovingiens et des chapiteaux.

Au rez-de-chaussée sont rassemblées d'intéressantes **collections★ de sculptures et de céramiques.** Précieux témoignages de l'art médiéval et Renaissance provinois, les statues en pierre ou en bois polychrome proviennent pour la plupart d'églises disparues. L'important fonds de céramiques favorisé par la présence de glaisières dans le bassin provinois témoigne d'une production remarquable par sa variété et sa continuité dans le temps : poteries néolithiques, tuiles gallo-romaines, fragments de bols et de coupes à décor sigillé (orné de sceaux et de poinçons), vases funéraires, carreaux de pavement à décor incrusté (12e-13e s.), pichets glaçurés ou à flammures rouges, épis de faîtage. Des bijoux de l'âge du fer et du bronze, des boucles de ceinturons mérovingiens en fer damasquiné et des sarcophages mérovingiens à décor typiquement local en arêtes de poisson complètent cet ensemble.

L'aspect ethnographique est évoqué à l'entrée et à l'étage par une série de bâtons de confrérie, dont celui de St-Lyé, patron des tisserands, et une étonnante collection de clefs médiévales.

Jardin des Brébans (EY). — De la butte aménagée en jardin public, vue impressionnante sur la masse, toute proche, de l'église St-Quiriace. Les bâtiments du lycée Thibaud de Champagne, sur l'éperon de la ville haute, sont construits sur l'emplacement de l'ancien palais des comtes de Champagne qui datait du 12e s. et abritait dès 1556 l'un des plus anciens collèges français.

⊘**Église St-Quiriace** (EZ). — La collégiale St-Quiriace remonte au 11e s. La construction de l'église actuelle, qui remplaçait un édifice antérieur à l'an mil, commença dans les années 1160, à l'initiative d'Henri le Libéral. En 1176, un chapitre de 44 chanoines desservait cette collégiale palatine, située près du château comtal. Ces chanoines avaient certes une fonction religieuse, mais ils représentaient aussi un foyer de culture et constituaient un vivier dans lequel le comte puisait son personnel.

L'édifice fut terminé par le dôme au 17e s., la nef restant réduite à deux travées. Le clocher, isolé, s'écroula en 1689. La croix sur la place, plantée de tilleuls, marque son emplacement.

Le chœur et le déambulatoire carré furent les premiers construits (2e moitié du 12e s.). Observer les indices du début du gothique : arcatures en plein cintre du triforium aveugle, griffes à la base des colonnes. La travée droite du chœur reçut en 1238 seulement sa voûte « octopartite » (assemblage de quatre arcs d'ogive), curieuse disposition architecturale propre à cette région. Pour en assurer la stabilité, on éleva alors les arcs-boutants extérieurs. Le dessin plus varié des baies du triforium dans le transept Nord et dans la nef correspond à des campagnes de construction ultérieures, échelonnées jusqu'au 16e s. Le dôme repose sur des pendentifs ornés de stucs représentant les évangélistes.

★★Tour de César (EY). — Ce superbe donjon du 12e s., flanqué de quatre tourelles et ⊘ haut de 44 m, est l'emblème de la ville. Il était rattaché autrefois au reste de l'enceinte de la ville haute. Le toit pyramidal a été construit au 16e s.

> *Pénétrer sous la voûte et prendre l'escalier à droite jusqu'à l'accueil, puis contourner la tour par la gauche.*

La « chemise » qui enserre la base du donjon fut ajoutée par les Anglais pendant la guerre de Cent Ans pour y installer de l'artillerie, d'où son surnom de « Pâté aux Anglais ».

Au 1er étage, la salle des Gardes, de plan octogonal et haute de 11 m, comporte une voûte formée de quatre arcades ogivales se terminant en coupole et percée d'un orifice par lequel on ravitaillait les soldats occupant l'étage supérieur et on recueillait les informations des guetteurs. Tout autour, les couloirs d'échauguettes, aujourd'hui disparues, mènent à des réduits ayant servi de cachots. Au pied de l'escalier conduisant à la galerie supérieure, se trouve la chambre du Gouverneur.

De la galerie autrefois couverte, qui ceinture le donjon à hauteur des tourelles, la **vue★** s'étend sur la cité et la campagne briarde : à l'Ouest, la ville haute enserrée derrière la ligne des remparts, au Nord, l'ancien couvent des Cordelières, fondé au 13e s. par le comte Thibaud IV de Champagne, qui abrite aujourd'hui le Centre André-François Poncet, annexe de la Bibliothèque Nationale.

Par des escaliers très étroits, on atteint l'étage supérieur. Sous la belle charpente du 16e s., sont installées les cloches de St-Quiriace recueillies là depuis que l'église a perdu son clocher. Au rez-de-chaussée, la salle basse est voûtée en calotte.

(D'après photo Guy Plessy)

Provins. — Tour de César.

AUTRES CURIOSITÉS

Église St-Ayoul (CZ D). — En 1048, Thibaud 1er installa des moines de Montier-la-Celle à St-Ayoul. Ceux-ci édifièrent une église, achevée en 1084, dont il reste le transept. En 1157, un incendie ravagea le prieuré. Dans les dix années qui suivirent, la reconstruction fut menée à bien. Un effort particulier avait porté sur la décoration, avec les trois portails de la façade, laquelle s'avance fortement devant le pignon de la construction, percé de trois fenêtres en tiers-point du 13e s. Les hautes statues romanes décapitées décorant le portail central évoquent celles du portail de St-Loup-de-Naud (voir p. 107).

Le vaisseau est ennobli de boiseries dues à Pierre Blasset (1610-1663) : maître-autel et son retable, lambris enrichis de caissons sculptés en bas-relief aux collatéraux Nord et Sud. Ne pas manquer de lire l'épitaphe de l'artiste à gauche de la porte de la sacristie.

Dans le bas-côté gauche, un groupe de statues en marbre rehaussé d'or du 16e s. retient l'attention : une **Vierge**★ à la grâce un peu précieuse et deux **anges musiciens**★★ aux vêtements magnifiquement drapés.

Tour Notre-Dame du Val (CZ E). — De l'ancienne collégiale fondée au 13e s. par la comtesse Marie de Champagne et rebâtie aux 15e et 16e s. ne subsiste plus que ce clocher imbriqué dans les vestiges de l'ancienne porte Bailly.

Coiffée d'un toit en comble surmonté d'un lanterneau, la tour abrite les cloches de St-Ayoul dont la tour romane de la croisée du transept a perdu sa flèche.

Église Ste-Croix (BYZ F). — Succédant à l'ancienne chapelle St-Laurent-des-Ponts, elle aurait reçu son vocable actuel après le transfert par Thibaud IV d'un fragment de la Vraie-Croix lors de la Septième Croisade. A la suite d'un incendie suivi de grandes inondations survenus au 16e s., le bas-côté Nord fut doublé dans le style flamboyant du début du 16e s. ; à l'intérieur, il est séparé du premier collatéral par de belles colonnes en hélice. Au-dessus de la croisée du transept, s'élève le clocher roman surmonté d'une flèche moderne. Remarquer au chevet la corniche à modillons apparentée au style bourguignon.

La façade à trois pignons attire l'attention par la riche décoration flamboyante et Renaissance que présente le portail latéral gauche. Cantonné par deux pilastres surmontés de pinacles à crochets, il s'ouvre au-dessous d'un cintre surbaissé, lequel est surmonté d'une archivolte festonnée de petits arcs trilobés. Le gâble à fleuron est flanqué de statues. Ici et là, apparaissent des feuillages, des grappes de raisin et des figurines grotesques.

Ancien Hôtel-Dieu (EZ). — Fondé au 11e s. par le comte Thibaud Ier, puis très remanié par la suite, l'ancien palais des comtesses de Blois et de Champagne, conserve son portail du 13e s. en arc brisé, une porte romane à voussure en plein cintre reposant sur deux colonnettes et un vestibule du 12e s. voûté d'arêtes. Celui-ci abrite un curieux retable Renaissance de pierre sculptée montrant une Vierge à l'Enfant invoquée par une donatrice agenouillée.

Souterrains à graffiti (EZ). — *Entrée, rue St-Thibault, à gauche du portail de l'ancien Hôtel-Dieu.* Provins possède un réseau de souterrains d'une densité exceptionnelle. Ceux ouverts à la visite, correspondent à une couche de tuf, affleurant à la base de l'éperon qui porte la ville haute. Ordonnancés de façon géométrique, ils comportent des cellules latérales et leurs parois sont couvertes de nombreux graffiti. La destination de ces réseaux de galeries, non reliés aux caveaux aménagés sous les maisons de la ville haute, reste une énigme. L'accès se fait par une salle basse voûtée d'arêtes de l'ancien Hôtel-Dieu.

Vieux hôtels. — Ils datent du 13e s. Au n° 1 de la rue des Capucins s'élève l'**hostellerie de la Croix d'Or** (EZ K) dont l'étage est percé de doubles fenêtres ogivales s'inscrivant elles-mêmes dans deux grandes ogives. En face, l'ancien **hôtel des Lions** (EZ L) présente une façade à pans de bois sculptés. Un peu plus loin, l'**hôtel de Vauluisant** (EZ N), ancien refuge des religieux de Cîteaux, s'orne à l'étage de quatre belles fenêtres ogivales flanquées de colonnettes et surmontées d'arcs trilobés soutenant des ouvertures tréflées.

Maison du Bourreau (EZ). — A cheval sur la courtine, qui, partant de la tour du Luxembourg rejoignait les fortifications de la ville basse, cette maison abritait les bourreaux du bailliage criminel de Provins. Son dernier occupant fut Charles-Henri Sanson, qui, avec son frère, bourreau de Paris, exécuta Louis XVI. Le pignon Sud est percé d'un oculus polylobé.

EXCURSIONS

Voulton. — 305 h. *7 km au Nord par* ① *du plan.* Après un parcours jalonné de noms d'origine monastique — les Filles-Dieu, St-Martin-aux-Champs — on atteint cette importante **église** gothique au fort clocher coiffé en bâtière.

Dans la nef, les grosses piles à colonnes engagées alternent avec les colonnes rondes qui reçoivent la retombée des arcades. Remarquer la structure de la voûte « octopartite » couvrant la travée précédant le chœur.

Beton-Bazoches. — *18 km au Nord par la D 55.* Ce village possède un gigantesque **pressoir à cidre** construit en 1850. Il se compose d'une meule de grès de 2 m de diamètre qui était actionnée par un cheval et de deux pressoirs en chêne et en orme dont le système de pressage était entraîné par une grande roue à écureuil.

Carte Michelin nº 🔢 plis 6, 16 ou 🔢 pli 17.

Ville d'art, cité des sacres, siège d'une université, Reims est connue pour son admirable cathédrale et sa basilique St-Remi. C'est aussi, avec Épernay, la métropole du champagne dont la plupart des caves *(voir p. 100-101)* s'ouvrent aux visiteurs.

Délimitée par une ceinture de boulevards tracés au 18e s., la ville, détruite à 80 % en 1914, se prolonge maintenant par de vastes faubourgs aux grands ensembles, certains à la limite du vignoble.

Son centre animé est la rue de Vesles et surtout la longue **place Drouet d'Erlon (AY 38)**.

Il faut compter au moins une journée pour voir les principaux centres d'intérêt de Reims en suivant par exemple ce programme : matinée : basilique et musée St-Remi ; après-midi : une cave de champagne, Palais de Tau et la cathédrale qui reçoit son plus bel éclairage en fin de journée.

UN PEU D'HISTOIRE ET DE GÉOGRAPHIE

Reims antique. — L'origine de Reims est très ancienne. Capitale de la tribu des Rèmes, Durocortorum est un oppidum de plaine entouré d'une double enceinte et limité par la Vesle et ses marais. Après la conquête romaine, elle devient capitale de la province de Belgique ; un gouverneur y réside. La ville se développe considérablement à partir de la fin du 1er s. Elle s'organise autour d'un « cardo » (axe Nord-Sud) et d'un « decumanus » (axe Est-Ouest) : le forum possède un cryptoportique (galerie souterraine dont l'utilisation est mal connue) ; quatre arcs monumentaux ou portes, un amphithéâtre, un temple de Jupiter et sans doute beaucoup d'autres édifices complètent cette configuration. Ne subsistent aujourd'hui que la **porte de Mars** et le **cryptoportique.** La cité a une double fonction : administrative, et économique avec sa foule d'artisans céramistes puis de verriers et d'oculistes. Dès le 3e s., comme partout en Gaule, les invasions provoquent un rétrécissement de l'espace urbain : la cité des Rèmes s'enferme dans une étroite enceinte d'une trentaine d'hectares. Placée au carrefour de routes stratégiques, sa fonction militaire ne cesse de prendre de l'ampleur. Plusieurs empereurs y séjournent (Julien en 356, Valentinien en 366-367) pour tenter d'endiguer les vagues d'envahisseurs.

En 407, tout le Nord-Est de la Gaule est dévasté, Reims n'est pas épargnée : **saint Nicaise** est massacré devant sa cathédrale, il devient le premier martyr de la cité. Depuis la fin du 3e s., le christianisme a supplanté les anciens cultes. Les premiers édifices chrétiens apparaissent au 4e s. : une cathédrale, une église, la basilique sépulcrale de Jovin sont les premiers édifices connus, il n'en reste aucun vestige.

Le baptême de Clovis. — Le jour de Noël 498, **Remi** (440-533), évêque depuis l'âge de 22 ans, baptise Clovis, scellant ainsi l'union des Francs et du Christianisme. Grégoire de Tours a narré l'événement dans son « Histoire des Francs ». La ville pavoise, une procession se déroule de l'ancien palais impérial jusqu'au baptistère situé près de la cathédrale. Lorsqu'il y fut entré pour le baptême, le saint de Dieu l'interpella d'une voix éloquente en ces termes : « Courbe doucement la tête, fier Sicambre ; adore ce que tu as brûlé, brûle ce que tu as adoré ». » D'après la légende, une colombe, symbole de l'Esprit saint, aurait apporté la Sainte Ampoule contenant le Chrême (huile sainte destinée à la consécration du roi) à Remi incapable de se mouvoir au milieu d'une foule immense. Tel est le récit que la tradition a conservé et qui place les premiers jours de la monarchie française sous le signe de la volonté divine. En souvenir de cette onction, et plus tard du sacre de Louis le Pieux, les rois de France vinrent régulièrement se faire sacrer à Reims, à partir du 11e s.

Le rayonnement de la Reims médiévale. — Sous l'épiscopat de Remi, la vocation religieuse de Reims avait pris une importance décisive. Au 6e s., la ville comptait 17 églises (5 intra-muros et 12 dans les faubourgs). En 744, l'évêque de Reims, qui a plusieurs suffragants, est élevé au rang d'archevêque. L'événement le plus marquant fut cependant le sacre impérial de Louis le Pieux en octobre 816 dans la vieille cathédrale. Le pape Étienne IV « consacra Louis et l'oignit comme empereur et posa sur sa tête une couronne d'or d'une grande beauté, ornée de gemmes magnifiques, qu'il avait apportée ». A cette époque, au 9e s., sous les épiscopats d'**Ebbon** et d'**Hincmar,** le rayonnement artistique de l'**école de Reims** atteint son apogée *(voir p. 25)* tandis qu'une nouvelle cathédrale s'élève (achevée en 862).

Le paysage urbain reste encore très marqué par l'empreinte romaine. Le voyageur arrivant de Laon « pénètre dans la ville par la porte de Mars, transformée en forteresse au 8e s., et parcourt des rues droites, dont les dalles disjointes subsistent… Ressortant par la porte Basée, il gagne le quartier des basiliques et des cimetières » (Michel Bur). Au 10e s., Reims conserve sa primauté religieuse et politique. L'abbaye St-Remi reçoit les rois et leur palais itinérant. Les archevêques sont de puissants personnages qui jouent le rôle d'arbitres entre les princes. L'un d'eux, **Gerbert,** devient pape en 999. Les 11e, 12e et 13e s. voient la ville se développer et s'embellir des prestigieux édifices qui sont parvenus jusqu'à nous : l'abbatiale St-Remi et la cathédrale Notre-Dame. La croissance urbaine est favorisée par **Guillaume aux Blanches Mains** (archevêque de 1176 à 1202), qui réalise des lotissements et se montre libéral en accordant une charte. De son côté, l'abbaye St-Remi donne naissance à un faubourg. De 1160 à 1210, la superficie bâtie a presque doublé et la ville atteint les limites extrêmes de son extension médiévale.

Ajoutons que Reims a définitivement confirmé sa vocation de ville du sacre. Celui de Charles VII le 17 juillet 1429 fut le plus émouvant. Jeanne d'Arc assista à la cérémonie, son étendard à la main : « Il a été à la peine, il était juste qu'il fût à l'honneur ».

Le cérémonial du sacre. — Il fut réglé dès le 12e s. et observé pour les 25 sacres, de Louis VIII à Charles X (1223 à 1825). Le jour du couronnement, toujours un dimanche matin, deux évêques allaient en procession chercher le roi au palais archiépiscopal qu'une galerie de bois ornée de tapisseries reliait à la cathédrale. Le cortège arrivé à la porte du roi, un chantre frappait et le dialogue suivant se poursuivait, par trois fois :

« Le grand chambellan : que demandez-vous ? — Un des évêques : le roi.
Le grand chambellan : le roi dort — L'évêque disait enfin : nous demandons Louis que Dieu nous a donné pour roi ». La porte s'ouvrait aussitôt et la compagnie était conduite au lit de parade du roi que les évêques menaient à la cathédrale.

Le roi prenait place dans le chœur, en présence du grand aumônier, des cardinaux, des six pairs ecclésiastiques, les archevêques-ducs de Reims et de Laon, les évêques-comtes de Langres, Beauvais, Châlons et Noyon, les dix pairs laïques et les trois maréchaux de France désignés pour tenir la couronne, le sceptre et la main de justice. Le roi s'agenouillait au pied de l'autel, puis s'asseyait sous le dais. A ce moment, la Sainte Ampoule, apportée de St-Remi, était placée sur l'autel près de la couronne de Charlemagne et de son épée Joyeuse, du sceptre, de la main de justice, des éperons, du livre des Cérémonies, d'une camisole de satin rouge garni d'or, d'une tunique et enfin du manteau royal de velours violet à fleurs de lys.

Ayant prêté serment, le roi montait à l'autel où les dignitaires le ceignaient de son épée et lui fixaient ses éperons. Avec une aiguille d'or, l'archevêque prenait dans la Sainte Ampoule une goutte du Saint Chrême qu'il mélangeait avec les huiles consacrées sur la patène de saint Remi ; il procédait ensuite à l'onction sur la tête, le ventre, les épaules, le dos, les jointures des bras. Le roi revêtait alors le manteau, recevait l'anneau, le sceptre et la main. Puis, avec l'assistance des pairs, l'archevêque le couronnait, le menait au trône, sous le jubé, l'embrassait et criait « Vivat Rex æternum ». Après acclamations des assistants, lâcher de colombes et salve de mousqueterie le « Te Deum » était entonné.

Enfin le roi regagnait l'archevêché. La cérémonie se concluait par un banquet.

Le lendemain, il se rendait à l'abbaye de Corbeny vénérer les reliques de saint Marcou qui donnaient le pouvoir de guérir les écrouelles.

Activités économiques. — L'industrie de la laine, fournie par les moutons champenois, fit de Reims une « ville drapante » dès le 12e s. **Colbert** (1619-1663) était issu d'une famille de drapiers *(voir p. 20)*. De nos jours, cette activité n'est plus représentée que par quelques établissements de confection et de bonneterie.

Reims n'est plus la ville du textile, ni uniquement celle du champagne, même si le vin pétillant et ses industries annexes (verreries, cartonneries, imprimeries…) occupent encore une place importante.

Des activités nouvelles, très diversifiées, se sont développées : chimie, pharmacie, électroménager, assurances, électronique, banques et laboratoires de recherche.

L'industrie d'art est représentée par les ateliers de vitraux qui ont accueilli Villon, Chagall, Braque, Da Silva.

★★★ CATHÉDRALE NOTRE-DAME (BY) *visite : environ 1 h*

C'est une des grandes cathédrales du monde chrétien par son unité de style, sa statuaire et les souvenirs qu'elle évoque — liés à l'histoire des rois de France.

Édification. — Une première cathédrale avait été élevée en 401 par saint Nicaise. Elle fut remplacée au 9e s. par un édifice plus vaste, détruit lors d'un incendie en 1210. L'archevêque Aubry de Humbert décida alors d'entreprendre la construction d'une cathédrale gothique à l'image de celles qui étaient déjà en chantier (Paris : 1163, Soissons 1180 et Chartres 1194). L'élaboration des plans fut confiée au Maître Jean d'Orbais et en 1211 la première pierre était posée. Cinq architectes se succédèrent qui suivirent assez fidèlement les plans d'origine ce qui donne son extraordinaire unité à Notre-Dame de Reims. Leurs noms sont connus grâce au labyrinthe, dallage en méandres du pavement que les fidèles suivaient à genoux et où les maîtres d'œuvre inscrivaient leur nom. Celui-ci fut malheureusement détruit au 18e s. Jean d'Orbais travailla à la construction du chœur jusqu'en 1228 puis Jean le Loup éleva la nef et la façade, où son successeur Gaucher de Reims plaça les statues et réalisa le revers des portails. Bernard de Soissons dessina la grande rose, les gâbles et acheva de voûter la nef. En 1285 l'intérieur de la cathédrale était achevé.

Les tours s'élevèrent au cours du 15e s. La construction de quatre autres tours et sept clochers allait être entreprise lorsqu'en 1481 un incendie ravageant les combles arrêta ce projet.

Au 18e s. la cathédrale souffrit de quelques modifications (suppression du jubé, de certains vitraux, du labyrinthe) mais passa la Révolution sans grands dommages.

Au 19e s. fut menée une longue campagne de consolidation et de restauration. Elle s'achevait à peine, lorsque la guerre de 1914-1918 frappa la cathédrale de plein fouet. Le 19 septembre 1914, un bombardement mit le feu à la charpente et l'énorme brasier fit fondre les cloches, les plombs des verrières et éclater la pierre. Des obus l'atteignirent tout au long des affrontements, cependant les murs tinrent bon et à la fin de la guerre, une nouvelle restauration, financée en grande partie par la donation Rockfeller, fut entreprise.

L'architecte Henri Deneux conçut alors une charpente en béton ininflammable. En 1937 la cathédrale fut enfin reconsacrée.

EXTÉRIEUR

L'extérieur de la cathédrale est habité par un peuple de statues nichant dans le moindre recoin. Plus de 2 300 ont été dénombrées mais certaines trop abîmées par la guerre et les intempéries ont dû être déposées et sont exposées au Palais du Tau. La plupart furent remplacées par des copies taillées par Georges Saupique et Louis Leygue.

Façade. — C'est l'une des plus belles qui soient en France. Elle doit être vue si possible en fin d'après-midi, caressée par le soleil. Elle présente un système d'élévation semblable à celui de Notre-Dame de Paris, mais ses lignes sont magnifiées par le mouvement vertical que créent les tympans, les gâbles et les pinacles aigus, les colonnettes élancées et les gigantesques effigies de la galerie des rois.

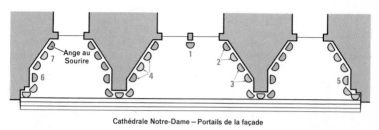

Cathédrale Notre-Dame — Portails de la façade

1er Atelier   2ème Atelier   3ème Atelier   4ème Atelier

Les **trois portails** correspondent aux trois nefs. Ils sont surmontés d'un gâble important servant de support au groupe de sculptures qui habituellement se trouve sur le tympan, ici ajouré.

Bien que toutes exécutées au 13e s., les statues qui ornent les portails proviennent de quatre ateliers successifs. Le premier *(en jaune sur le schéma)* a produit des personnages au corps hiératique rappelant les statues de Chartres. Le second *(en mauve)* manifeste une influence très certaine de l'art antique dans le plissé des vêtements et l'expression des visages. Le troisième *(en rouge)*, plus sobre, évoque la statuaire d'Amiens. Le quatrième *(en vert)*, héritier de toutes les recherches précédentes crée un style champenois original auquel on doit entre autres le fameux Ange au sourire. Les productions de cet atelier charment par la liberté des attitudes, la souplesse des draperies et la vivacité des visages malicieux et souriants.

Au portail central, consacré à Marie, la Vierge au trumeau sourit (1) ; dans les ébrasements de droite : groupes de la Visitation (2) et de l'Annonciation (3) ; dans ceux de gauche : la Présentation de Jésus au temple (4) avec la Vierge près du vieillard Siméon, saint Joseph au visage malicieux, portant des colombes ; dans le gâble : couronnement de la Vierge par le Christ (l'original se trouve au Palais du Tau).

Au portail de droite, les précurseurs du Christ, Siméon, Abraham, Isaï, Moïse (ébrasements de droite) (5) présentent des corps trapus aux physionomies figées. Sur le gâble dédié au Jugement dernier, le Christ est entouré d'anges portant les instruments de la Passion, tandis que dans les voussures, saint Jean écrit ses visions de l'Apocalypse qui se poursuivent sur le contrefort.

Au portail gauche, sont représentés les saints de l'église de Reims dont sainte Hélène (6) et saint Nicaise (7), la calotte crânienne tranchée, et, se tenant à gauche, l'**Ange au sourire** *(voir illustration p. 34)*. Le gâble porte le groupe de la Passion.

Au-dessus de la rosace et de la scène décrivant le combat de David et Goliath, la galerie des rois compte 56 statues mesurant chacune 4,50 m de haut et pesant 6 à 7 tonnes ; au centre : le baptême de Clovis.

Longer la cathédrale par la gauche.

Les contreforts. — L'aspect latéral de la nef avec ses contreforts et arcs-boutants a conservé son aspect d'origine, aucune chapelle n'ayant été construite ultérieurement. Les contreforts sont surmontés de niches abritant chacune un grand ange aux ailes déployées ce qui a valu à Notre-Dame de Reims le surnom de « Cathédrale des Anges ».

Façade du transept Nord. — Elle est dotée de trois portails dont la statuaire est plus ancienne que celle de la façade occidentale. Celui de droite provient de l'ancienne cathédrale romane ; le tympan orné d'une Vierge en majesté sous une arcade en plein cintre est encadré de beaux entrelacs de feuillages. Le portail du milieu figure, au trumeau, saint Calixte pape. Celui de gauche montre dans les ébrasements six belles statues d'apôtres encadrant le « Beau Dieu » malheureusement décapité. Le tympan présente des scènes du Jugement dernier aux détails pittoresques. Parmi les damnés du premier registre on reconnaît un roi, un évêque, un moine, un juge. Au-dessus les morts se contorsionnent pour sortir de leurs tombes.

Chevet. — Du cours Anatole France s'offre une belle vue sur le chevet de la cathédrale. La multiplicité des chapelles rayonnantes aux toits surmontés de galeries à arcatures et les deux séries d'arcs-boutants superposées créent une combinaison harmonieuse de volumes.

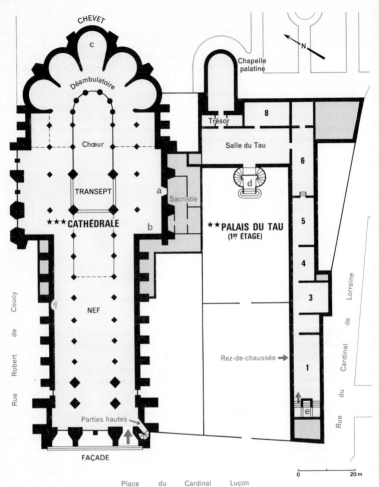

CHEVET

c

Déambulatoire

Chœur

TRANSEPT

★★★ CATHÉDRALE

NEF

Parties hautes

FAÇADE

a

b

Sacristie

★★ PALAIS DU TAU
(1er ÉTAGE)

d

Trésor

Salle du Tau

Chapelle
palatine

8

6

5

4

3

1

Rez-de-chaussée →

e

N

Rue   Robert   de   Coucy

Rue   du   Cardinal   de   Lorraine

Place   du   Cardinal   Luçon

0   20 m

INTÉRIEUR

L'intérieur frappe par son unité, sa sobriété, sa clarté, ses remarquables dimensions avec une longueur totale de 138 m et une hauteur sous voûte de 38 m. L'impression de hauteur, d'élancement est accentuée par les dimensions de la nef, étroite par rapport à sa longueur, par le tracé des doubleaux formant des arcs très aigus.

La **nef** s'élève sur trois étages : au-dessus des arcades étayées de piliers cylindriques, un triforium aveugle (qui correspond à l'appui des toitures des bas-côtés) court sous les hautes baies divisées en lancettes par un meneau. Les chapiteaux englobant dans leur pourtour les quatre demi-colonnes engagées dans le pilier, sont ornés d'une décoration florale plus ou moins élaborée selon l'étape de la construction. Les plus anciens (en partant du chœur) dessinent des feuilles d'acanthe traitées en crochet, des monstres et même deux vignerons portant un panier de raisin (6e pilier de la nef à droite). Les plus récents illustrent avec fidélité et délicatesse la flore locale.

Le **chœur** ne compte que deux travées mais la partie réservée au culte déborde très largement sur la nef (de 3 travées) : le déroulement des sacres exigeait un vaste espace. Autrefois un jubé le clôturait qui servait d'élévation pour le trône royal. Les piliers du chœur diminuent de section et se resserrent à chaque travée accentuant l'effet d'élévation. Les chapelles rayonnantes qui s'ouvrent sur le déambulatoire sont reliées entre elles par un passage, à la base des ouvertures, très typique de l'architecture champenoise.

Le **revers de la façade,** œuvre de Gaucher de Reims, est unique dans l'histoire de l'architecture gothique. La grande rose (12 m de diamètre) surmonte le triforium qui découpe ses arcatures sur des verrières de même forme. Au-dessous, dans le revers du portail dont le tympan est ajouré, s'inscrit une rose plus petite.

De part et d'autre, le mur est creusé dans lesquelles ont été sculptées des statues. Les différents registres sont séparés par une luxuriante décoration florale, évoquant celle des chapiteaux de la nef. Le revers du portail central est le mieux conservé. A gauche se déroule la Vie de la Vierge : 2e registre : l'ange Gabriel annonce à Anne et Joachim la naissance de Marie, 3e registre : les deux époux se rencontrent à la Porte Dorée, 4e registre : Isaïe présente la crèche ; 5e et 6e registres : le massacre des Innocents ; dernier registre : la Fuite en Égypte. A droite est représentée la Vie de saint Jean-Baptiste. En bas, la Communion du Chevalier, en habits du 13e s., figure Melchisédech offrant le pain et le vin à Abraham.

★★ Les vitraux. — Les vitraux du 13e s. ont malheureusement beaucoup souffert : certains furent remplacés par du verre blanc au 18e s., d'autres furent détruits pendant la guerre de 1914-1918. Il subsiste ceux de l'abside représentant au centre Henri de Braine le donateur (partie inférieure de la lancette de droite) et de part et d'autre les évêques suffragants dépendant de l'archevêque de Reims avec leur église : Soissons, Beauvais, Noyon, Laon, Tournai, Châlon, Senlis, Amiens et Thérouanne.

La grande rosace de la façade, chef-d'œuvre du 13e s., est dédiée à la Vierge : au centre la Dormition et dans les corolles qui l'entourent les apôtres, puis des anges musiciens. Il faut l'admirer en fin d'après-midi quand les rayons du soleil la traversent.

On ne peut parler des vitraux de Reims, sans évoquer la famille des maîtres-verriers Simon qui y travaille depuis plusieurs générations. Leur relevé des vitraux du 13e s., avant la Grande Guerre, a permis à Jacques Simon de restaurer certaines parties de ceux qui avaient été endommagés ou de refaire dans le même esprit ceux qui avaient disparu comme la petite rose de la façade et certains vitraux du transept, entre autres les vitraux des Vignerons (a). Sa fille Brigitte Simon-Marcq a exécuté une série de verrières abstraites dont celle intitulée les eaux du Jourdain à droite des fonts baptismaux (b) (transept Sud).

Depuis 1974, la chapelle absidale (c) est ornée de vitraux de Chagall qui frappent par leur dominante bleue et par leur luminosité. Dessinés par l'artiste, ils furent réalisés par les ateliers Simon. Au vitrail central, le sacrifice d'Abraham (à gauche) fait pendant au sacrifice de la croix (à droite). La fenêtre de gauche représente l'arbre de Jessé et celle de droite évoque les grands moments de la cathédrale de Reims : baptême de Clovis, sacre de Saint Louis.

(Photo Gaud)

Cathédrale de Reims.
Vitrail de Chagall.

★★ Les tapisseries. — La nudité de la pierre disparaît sous les très belles tapisseries de la Vie de la Vierge offertes en 1530 par le cardinal Robert de Lenoncourt.

Le cycle de la Vie de la Vierge se déroule sur 17 tapisseries (15 seulement sont exposées) qui commence par l'arbre de Jessé (bas-côté gauche), on reconnaît ensuite Anne et Joachim renvoyés du temple, leur rencontre à la Porte Dorée, la Naissance de la Vierge, la Présentation de Marie au temple, le mariage de la Vierge, l'Annonciation, la Visitation, la Nativité, l'Adoration des Mages, la Présentation de Jésus au temple, la Fuite en Égypte, la Dormition de la Vierge. Ces tapisseries frappent par l'« entassement » des représentations.

La composition est toujours la même : au centre une scène de la vie de la Vierge encadrée par un portail Renaissance, aux angles supérieurs des scènes de l'Ancien Testament préfigurant la scène décrite et aux angles inférieurs des prophètes. Des vers en français expliquent la scène et son symbolisme. L'architecture et les costumes sont de pur style Renaissance.

★★ PALAIS DU TAU (BY S) *visite : 1 h*

Il abrite le trésor de la cathédrale et une partie de la statuaire originale.

Le palais épiscopal existe à cet emplacement depuis 1138 et reçut ce curieux nom de Tau en raison de son plan en forme de T, évoquant les premières crosses épiscopales. Plus tard son nom passa à la grande salle édifiée à la fin du 15e s. Le bâtiment actuel fut construit en 1690 par Robert de Cotte et Mansart et conserve une chapelle du 13e s. et la salle du Tau. Il fut très abîmé par l'incendie du 19 septembre 1914 *(voir p. 94)* et sa restauration prit de nombreuses années.

⊙ **Visite.** — Sur le perron on peut voir l'ange-girouette du 15e s. (d) déposé en 1860. Dans la salle 1, on admire en haut de l'escalier le Couronnement de la Vierge (e) provenant du gâble du portail central, trois rois du bras Nord du transept, les moquettes d'Abbeville tissées pour le sacre de Charles X en 1825 et la statue de pèlerin d'Emmaüs qui se trouvait à droite de la grande rose à 27 m du sol.

Dans les salles 3 et 4, remarquer en particulier deux séries de tapisseries du 17e s. : l'Enfance du Christ, six pièces tissées à Reims, et le Cantique des Cantiques, quatre œuvres précieuses brodées à l'aiguille. La salle des petites sculptures (5) abrite de précieuses têtes finement bouclées provenant de différents points de la cathédrale.

Dans la salle du Goliath (6) sont exposées les statues monumentales de saint Paul, de Goliath, géant de 5,40 m en cotte de maille, de la Synagogue aux yeux bandés et de l'Église, très endommagée par un obus.

La salle Charles X (8) évoque le sacre de 1825. Le manteau royal et les vêtements portés par les hérauts d'armes y sont exposés ainsi que des tableaux de Gérard et quelques chasubles.

La **Salle du Tau** servait de cadre au festin qui suivit le sacre. Toute tendue d'étoffes fleurdelisées, en partie dissimulées par deux immenses tapisseries d'Arras du 15e s. qui célèbrent l'histoire de Clovis, elle est couverte d'une belle voûte en carène.

A l'entrée de la salle, une exposition de photos d'archives montre les ravages causés par la guerre. Des gravures évoquent les sacres du roi.

Le **trésor** est disposé dans deux chambres : celle de gauche, tendue de velours bleu, renferme des présents royaux très rares préservés à la Révolution : le talisman de Charlemagne du 9e s. avec un fragment de la Vraie Croix, le calice du sacre, coupe du 12e s., le reliquaire de la Sainte Épine, taillé dans un cristal du 11e s., le reliquaire de la Résurrection du 15e s., le reliquaire de sainte Ursule, délicat vaisseau de cornaline décoré de statuettes émaillées en 1505.

La chambre de droite abrite les ornements du sacre de Charles X sur fond cramoisi : le reliquaire de la Sainte Ampoule ; un grand vase d'offrande et deux pains d'or et d'argent, le collier de l'ordre du Saint-Esprit porté par Louis-Philippe.

La **chapelle,** au portail surmonté d'une Adoration des Mages, fut élevée de 1215 à 1235. Elle a reçu comme garniture d'autel la croix et les six chandeliers de vermeil réalisés pour le mariage de Napoléon avec Marie-Louise.

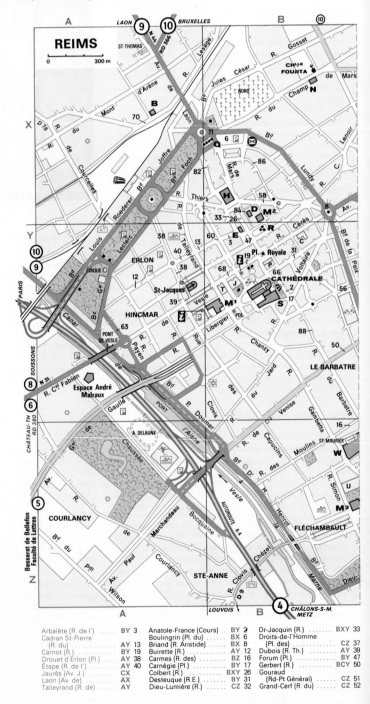

★★ BASILIQUE ET MUSÉE ST-REMI *visite : 1 h 1/2*

★★ Basilique St-Remi (CZ). — En 533, saint Remi fut inhumé dans une petite chapelle dédiée à saint Christophe. Mais, peu de temps après, une basilique était édifiée. Dans la seconde moitié du 8e s., une communauté bénédictine s'installa à la demande de l'archevêque Tilpin : l'abbaye St-Remi était née. En 852, une église nouvelle fut consacrée tandis que les reliques du saint étaient transférées dans une nouvelle châsse.

La construction de la basilique actuelle débuta vers 1007, mais le projet trop grandiose de l'abbé Airard fut abandonné par son successeur l'abbé Thierry (1035-1044). Celui-ci entreprit la démolition de l'église carolingienne, fit élever les murs et construire le chœur au dessus de la tombe de saint Remi.

C'est sous l'abbé Hérimar que les travaux se terminèrent par le transept et la couverture charpentée. Les 1er et 2 octobre 1049, l'église fut consacrée solennellement par le pape Léon IX.

Une nouvelle campagne intervint sous la direction de l'abbé Pierre de Celles, de 1162 à 1181, avant qu'il ne devienne évêque de Chartres. Le porche du siècle précédent fut abattu et remplacé par une façade et une double travée gothique ; puis ce fut au tour du chœur, auquel on substitua un nouveau chœur gothique à déambulatoire. Enfin, la nef fut couverte par une voûte d'ogives. St-Remi avait donc acquis son aspect actuel. Quelques transformations modifièrent des points de détail aux 16e et 17e s.

Remaniée, transformée en magasin de fourrages sous la Révolution, la basilique fut restaurée au 19e s. et après la guerre de 1914-1918 qui l'endommagea gravement. L'abbaye domine aujourd'hui un quartier moderne.

De nombreux archevêques de Reims et les premiers rois de France y furent inhumés ; la Sainte Ampoule y était conservée.

Extérieur. — La façade est dominée par deux tours carrées hautes de 56 m : celle de droite remonte au 11e s. ; celle de gauche a été reconstruite au 19e s. de même que le pignon qui les sépare ; les parties basses sont du 12e s. Encadrant le portail central, les colonnes gallo-romaines supportent les statues de saint Remi et de saint Pierre.

Le transept date du 11e s., mais la façade de son croisillon droit a été refaite de 1490 à 1515 sur l'initiative de Robert de Lenoncourt qui fut abbé de St-Remi avant d'être titulaire de l'archevêché : une statue de saint Michel surmonte le pignon.

Épaulé par des contreforts d'aspect archaïque, le chœur représente le style gothique primitif du 12e s. : admirer l'étagement des chapelles rayonnantes, du déambulatoire et des fenêtres hautes groupées par trois.

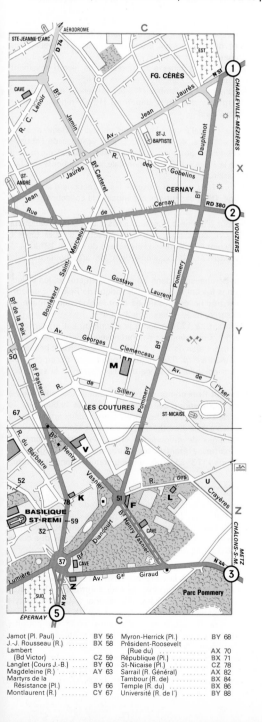

★★★**Intérieur.** — Les dimensions de la basilique, longue de 122 m pour une largeur de 26 m seulement, font que le visiteur ressent une impression d'infini, renforcée par la pénombre régnant dans la nef.

D'une architecture sobre (11e s.), la nef comporte onze travées à arcades plein cintre que supportent des colonnes à chapiteaux sculptés d'animaux ou de feuillages. Deux travées gothiques ont remplacé l'ancien porche roman et font le lien avec la façade. Au-dessus règnent d'immenses tribunes ; les voûtes d'ogives ont été lancées à la fin du 12e s. Remarquer la « couronne de lumière » percée de 96 jours symbolisant les 96 années de la vie de saint Remi, copie de celle détruite à la Révolution.

Entouré d'une clôture du 17e s., d'esprit encore Renaissance, le chœur gothique à quatre étages, d'une structure harmonieuse et légère, est éclairé par des baies qui gardent leurs vitraux du 12e s., représentant la Crucifixion, des apôtres, des prophètes et les archevêques de Reims.

Derrière l'autel, le **tombeau de saint Remi** a été réédifié en 1847 : cependant les statues des niches proviennent du tombeau antérieur et sont du 17e s. ; elles figurent saint Remi, Clovis et les douze pairs qui participaient au sacre.

Au pourtour du chœur d'élégantes colonnades séparent le déambulatoire des chapelles rayonnantes : à l'entrée de chacune d'elles se dressent deux colonnes isolées qui reçoivent les retombées supplémentaires des voûtes des chapelles et du déambulatoire. Cette disposition qui donne l'impression d'un espace circulaire a fait école en Champagne. Les chapelles présentent des chapiteaux ayant partiellement conservé leur polychromie d'origine et des statues des 13e et 18e s.

Dans la 1re travée du bas-côté gauche, 45 dalles à incrustations de plomb dessinant des scènes bibliques (13e s.) proviennent de l'ancienne abbaye St-Nicaise.

Dans le transept Sud remarquer une mise au tombeau (1530), provenant de l'ancienne commanderie du Temple, et le retable des Trois Baptêmes (1610) représentant le Christ entouré de Constantin et de Clovis.

★★**Musée St-Remi** (BZ M³). — Il est installé dans l'ancienne abbaye St-Remi, très bel ensemble de bâtiments des 17e et 18e s. conservant quelques vestiges de l'abbaye initiale du 12e s. et de la salle capitulaire gothique. Utilisés comme hôpital, ayant subi d'importants dommages pendant la Première Guerre mondiale, ces bâtiments ont fait l'objet d'une remarquable restauration.

Complément du musée St-Denis (p. 101), celui-ci présente les collections d'art rémois des origines à la fin du Moyen Age. Deux exceptions cependant : la collection d'armes et les tapisseries de St-Remi.

Visite. — On pénètre dans une cour d'honneur donnant accès à un premier bâtiment, à la majestueuse façade Louis XVI, où est exposée une **collection d'armes** (épées, sabres, mousquets, pistolets) montrant l'évolution de l'armement du 16e au 19e s.

Le cloître, élevé en 1709, est adossé à la basilique dont les arcs-boutants sont recouverts par une des galeries.

Le second bâtiment abrite au rez-de-chaussée, dans les anciens réfectoires, les collections archéologiques gallo-romaines faisant revivre la ville antique de Reims : Durocortorum. On y remarquera quelques très belles mosaïques dont le gladiateur Thrace, et le **tombeau de Jovin**★, magnifique sarcophage romain des 3e et 4e s.

Un superbe escalier d'honneur datant de 1778 mène à la galerie où est présentée la série des **10 tapisseries de St-Remi**★★. Commandées par l'archevêque Robert de Lenoncourt pour la basilique St-Remi et exécutées de 1523 à 1531 elles présentent beaucoup de similitude avec celles de la cathédrale (p. 97). Chaque tapisserie se décompose en plusieurs tableaux évoquant divers épisodes de la vie du saint patron et la suite des miracles qui la jalonnent.

Dans les salles voisines, le **Trésor de St-Remi** comprend l'exceptionnelle tête polychrome du roi Lothaire (1140) provenant d'une statue qui ornait le chœur de la basilique, le fragment du pied du candélabre de bronze du 12e s. et quelques émaux limousins du 17e s. représentant les martyres des saints Timothée, Appolinaire et Maur.

La **salle gothique** présente les vestiges de monuments civils et religieux rémois du Moyen Age disparus, la pièce maîtresse étant la reconstruction du 1er étage de la façade de la « Maison des Musiciens » (13e s.), ornée de cinq statues grandeur nature.

★CAVES DE CHAMPAGNE

Les grands établissements se groupent dans le quartier du Champ de Mars (BX) et sur les pentes crayeuses de la butte St-Nicaise (CZ), trouée de galeries dites « crayères », souvent gallo-romaines, dont l'intérêt documentaire se double d'un attrait historique. La profondeur et l'étendue des galeries se prêtent aux vastes installations des caves de champagne où s'élabore le précieux vin des fêtes (voir p. 36).

Pommery (CZ F). — En 1836 Narcisse Gréno fonde une maison de champagne et s'associe avec Louis Alexandre Pommery. A la mort de ce dernier, sa veuve prend la direction et s'avère douée des remarquables qualités de chef d'entreprise. Elle lance les champagnes « bruts », fait construire en 1878 les bâtiments actuels dans le style élisabéthain, fait relier 120 anciennes crayères gallo-romaines par 18 km de galeries qu'elle baptise des noms de ville du monde entier où se sont traités d'importants marchés, acquiert de nombreux vignobles ce qui permet aujourd'hui à la maison Pommery de posséder l'un des plus beaux domaines de la Champagne viticole (300 ha). La visite permet de découvrir les différentes étapes de l'élaboration du champagne à travers les crayères ornées de sculptures réalisées au 19e s. et de voir un foudre de 75000 litres, œuvre du sculpteur Gallé, qui fut exécuté pour l'Exposition de St-Louis du Missouri en 1904.

ⓥ **Taittinger** (CZ K). — Des négociants en vin rémois, les Fourneaux, se lancent dès 1734 dans la commercialisation des vins mousseux obtenus selon les méthodes de dom Pérignon et celles du cellérier du château de la Marquetterie, le frère Jean Oudart. En 1932 Pierre Taittinger arrive à la tête de la maison qui prend son nom.

Propriétaire de 250 ha de vignobles, de 6 vendangeoirs sur la Montagne de Reims, du château de la Marquetterie à Pierry, de l'hôtel des Comtes de Champagne à Reims *(p. 102)*, la maison Taittinger possède en outre de superbes caves, classées monuments historiques.

Leur visite permet de découvrir 15 millions de bouteilles dont le contenu vieillit tranquillement dans la fraîcheur des crayères gallo-romaines creusées en pyramide et dans les cryptes de l'ancienne abbaye St-Nicaise (13e s.) détruite à la Révolution.

ⓥ **Veuve Clicquot-Ponsardin** (CZ Z). — La maison fut fondée en 1772 par Philippe Clicquot, mais c'est son fils qui la développa et surtout la veuve de ce dernier, née Ponsardin qui créa la société sous son nom actuel. « La Grande Dame du Champagne » — son surnom a été donné à la cuvée spéciale — eut de remarquables initiatives dont celle du remuage dès 1816 *(voir p. 36)*. Aujourd'hui avec 265 ha de vignobles cette maison, qui exporte les 3/4 de sa production est l'une des plus connues à l'étranger. Ses caves sont aménagées dans des crayères gallo-romaines.

ⓥ **Ruinart** (CZ L). — Créée en 1729 par le neveu du moine Dom Thierry Ruinart, grand ami de dom Pérignon, cette maison prit un grand essor pendant la Restauration. Très affectée par les guerres mondiales, elle prit un nouvel élan à partir de 1949. Aujourd'hui dans le cadre du groupe Moët-Hennessy, le champagne Ruinart représente le haut de gamme. Ses caves occupent trois niveaux d'un ensemble exceptionnel de crayères gallo-romaines.

ⓥ **Piper Heidsieck** (CZ V). — La maison fut fondée en 1785 par Florens-Louis Heidsieck. Les différentes opérations de l'élaboration du champagne sont expliquées par un audio-visuel puis la visite des caves se fait en train électrique.

ⓥ **Mumm** (BX N). — Créée en 1827, cette maison connut de grandes heures au 19e s. en Europe et en Amérique. Aujourd'hui avec ses 390 ha de vignes, ses 22 pressoirs, ses énormes cuves, c'est une des principales maisons. Ses 18 km de caves se visitent.

ⓥ **Besserat de Bellefon.** — Un peu à l'extérieur de Reims, sur la route d'Épernay, les caves de Besserat de Bellefon se distinguent par leur modernisme. Les installations datant de 1970 permettent de voir les énormes cuves en acier inoxydable dans lesquelles le champagne subit les différentes opérations avant la mise en bouteille et le remuage toujours opéré selon la technique traditionnelle.

AUTRES CURIOSITÉS

★ **Musée St-Denis** (BY M¹). — Il est installé dans un logis abbatial du 18e s. et ⓥ présente des collections d'art de la Renaissance à l'époque contemporaine.

Rez-de-chaussée. — On y trouve des artistes locaux parmi lesquels Lié-Louis Périn, peintre et miniaturiste, et des céramiques.

Premier étage. — Dans les deux premières salles figurent quelques œuvres capitales :
— de curieuses toiles peintes en grisaille, rehaussée de couleurs, dont l'exécution s'échelonne sur les 15e et 16e s. et qui comprennent quatre séries de scènes fourmillant de détails pittoresques : les Mystères de l'Ancien Testament, de la Passion, de la Résurrection et de la Vengeance de Notre-Seigneur. Elles servaient de décor pour les mystères ou sur le passage du roi de St-Remi à la cathédrale lors du sacre.
— 13 portraits (16e s.) de princes allemands, dessins rehaussés de gouache et d'huile, d'un extraordinaire réalisme, par Cranach l'Ancien et Cranach le Jeune.

Les salles suivantes, présentées chronologiquement sont consacrées principalement à la peinture française, du 17e s. à nos jours ; on peut citer les œuvres de :
— Philippe de Champaigne (les Enfants Habert de Montmort) ; les frères Le Nain (Vénus dans la forge de Vulcain et le Repas de Paysans), Vouet et Poussin ; Corot (splendide ensemble de 27 toiles), Boucher (l'Odalisque), David (la Mort de Marat), les paysagistes de l'École de Barbizon (Daubigny, Théodore Rousseau, Harpignies, Millet) ;
— les préimpressionnistes Lépine, Boudin et Jongkind, les impressionnistes Pissaro, Monet, Sisley et Renoir ; la peinture moderne avec Dufy, Matisse et Picasso.

★ **Place Royale** (BY). — Établie sur les plans de Legendre, en 1760, elle montre les traits distinctifs de l'architecture Louis XVI : arcades, toits à balustres dont les lignes horizontales contrastent avec la silhouette jaillissante de la cathédrale, à l'arrière-plan. L'ancien hôtel des Fermes, sur le côté Sud, est occupé par la sous-préfecture.

Au centre, la statue de Louis XV par Pigalle, détruite à la Révolution, fut remplacée, sous la Restauration, par une autre due à Cartellier. Le piédestal sur lequel fut fracassée, en 1793, la Sainte Ampoule a conservé les allégories réalisées par Pigalle, où il s'est représenté lui-même en citoyen.

★ **Porte Mars** (BX Q). — Arc de triomphe, d'ordre corinthien, érigé en l'honneur d'Auguste, mais postérieur au 3e s. Au Moyen Age, il servit de porte aux remparts supprimés au 18e s. Haute de 13,50 m, la porte Mars est percée de trois arches décorées intérieurement de bas-reliefs sculptés, où l'on reconnaît difficilement Jupiter et Léda, Romulus et Remus. Sous l'arche centrale, traces d'ornières de chars.

Vers la gare et la Vesle s'étendent de vastes cours ombreux, pratiqués à l'emplacement des fossés et des glacis de l'ancienne enceinte ; à leur extrémité a été placée une remarquable **grille** de fer forgé, érigée en 1774 à l'occasion du sacre de Louis XVI.

★**Musée-hôtel Le Vergeur** (BX M²). — Sur la place du Forum, l'hôtel Le Vergeur (13ᵉ, 15ᵉ et 16ᵉ s.) présente une façade à soubassements de pierre, à bâti de pans de bois et pignons débordants. Une aile en retour, donnant sur le jardin, a été ajoutée à la Renaissance : intéressante frise sculptée de scènes guerrières.

La grande salle gothique du 13ᵉ s. et son étage supérieur abritent des sculptures, peintures, gravures et plans concernant l'histoire de Reims et les fastes des sacres.

Les appartements sont ornés de boiseries, de meubles anciens ; leur décor raffiné évoque la vie quotidienne du Baron rémois Hugues Krafft, mécène qui vécut là jusqu'à sa mort en 1935 et fit don de cet hôtel et de ses biens aux Amis du Vieux Reims.

Dans un salon est exposée une collection exceptionnelle de **gravures de Dürer** parmi lesquelles les séries de l'Apocalypse et de la Grande Passion. Dans les salles voisines, petits maîtres flamands et hollandais.

En tournant à droite dans la rue du Tambour, on voit au n° 22, l' **« hôtel des Comtes de Champagne »** (BX D), demeure gothique qui appartient à la maison Taittinger.

★**Hôtel de la Salle** (BY E). — Édifice Renaissance, bâti en 1545, où naquit **saint Jean-Baptiste de la Salle** (1651-1719), fondateur des Frères des Écoles chrétiennes *(voir p. 20)*. Harmonieusement équilibrée, la façade sur rue est scandée de pilastres, doriques au rez-de-chaussée, ioniques à l'étage. Elle est flanquée d'un pavillon d'entrée à porte cochère qu'encadrent des figures représentant Adam et Ève. Une frise sculptée, très décorative, traverse toute la façade : triglyphes, médaillons, bustes y alternent.

Dans un angle de la cour intérieure fait saillie une jolie tourelle d'escalier à jour.

★**Chapelle Foujita** (BX). — Conçue et décorée par **Léonard Foujita** (1886-1968), cette chapelle, inaugurée en 1966, commémore l'illumination mystique ressentie en la basilique St-Remi par ce peintre japonais de l'École de Paris, baptisé dans la cathédrale.

L'intérieur est orné de vitraux et de fresques stylisées, aux lignes souples et aux courbes douces, représentant des scènes de l'Ancien et du Nouveau Testament. Au fond, la Vierge protège des groupes de femmes et d'enfants ; au revers de la façade, dans la Crucifixion, le peintre a mis face à face la Vierge jeune mère et la Vierge de Douleurs tout en noir (Foujita s'est représenté dans la foule, à droite).

★**Centre historique de l'automobile française.** (CY M). — Créé par un célèbre styliste en automobile, ce centre présente une centaine de voitures anciennes, de prototypes, en parfait état (chaque véhicule passe par l'atelier de réparation avant d'être exposé). On peut y voir de superbes modèles : les premières voitures comme les De Dion Bouton, une collection d'Hispano Suiza (1929-35), la très curieuse scarab ayant servi au général de Gaulle en 1943, des voitures de courses de toutes époques…

Une collection d'affiches anciennes, et des modèles réduits complètent cet ensemble.

Cryptoportique gallo-romain (BY R). — *Place du Forum.* Situé sur l'emplacement du forum du Reims antique, ce grand monument gallo-romain, semi-souterrain, date du 2ᵉ s. ap. JC *(voir p. 93)*.

Ancien collège des jésuites (BZ W). — En 1606, le roi Henri IV avait donné aux jésuites l'autorisation de fonder un collège à Reims. Ils firent alors édifier la chapelle qui donne sur la place Museaux et les bâtiments qui entourent la cour.

La visité permet de découvrir le réfectoire orné de boiseries du 17ᵉ s. et de peintures de Jean Helart retraçant les vies de saint Ignace de Loyola et de saint François-Xavier. Un escalier d'honneur d'inspiration Renaissance mène à la **bibliothèque★**, remarquable par ses boiseries baroques de style Louis XIV au riche décor sculpté ; guirlandes, volutes, angelots soutenant le plafond à caissons.

Le planétarium et l'horloge astronomique. — Ils sont réunis dans la salle d'Astronomie au sein de l'ancien collège des jésuites. Le planétarium peut restituer la voûte céleste à n'importe quelle date et sous n'importe quelle latitude.

L'horloge astronomique est l'œuvre du Rémois Jean Legros qui travailla de 1930 à 1952 à la mise au point de ce « rêve mécanique ».

Salle de Guerre (AX B). — *12, rue Franklin-Roosevelt.* Le général Eisenhower avait choisi ce collège technique et moderne comme G.Q.G. à la fin de la Seconde Guerre mondiale. La capitulation allemande y fut signée, le 7 mai 1945, dans la « Salle de Guerre » qui a conservé son aspect d'alors avec ses cartes.

Église St-Jacques (AY). — Une nef à triforium, d'un style gothique pur (13ᵉ-14ᵉ s.), précède un chœur gothique flamboyant (début 16ᵉ s.) qu'encadrent deux chapelles Renaissance (milieu 16ᵉ s.) à colonnes corinthiennes. Vitraux non figuratifs, conçus par Vieira da Silva et Joseph Sima, et créés dans les ateliers Simon.

Maison de la culture André Malraux (AY). — Achevée en 1970, elle constitue un bon exemple d'architecture contemporaine adaptée à des besoins variés avec plusieurs niveaux utilisés comme salles de spectacles, galeries d'exposition, bibliothèque.

Parc Pommery (CZ). — Couvrant 22 ha, le parc comporte des jeux d'enfants, des terrains de sport. Le lieutenant de vaisseau **Hébert** (1875-1957) y expérimenta sa méthode d'éducation physique de plein air, dite « naturelle ».

Hôtel de ville (BX H). — Incendié en 1917, on a pu sauver sa majestueuse façade du début du 17ᵉ s. Beau fronton, sculpté d'un bas-relief équestre représentant Louis XIII.

Faculté des lettres (AZ). — *Accès par les avenues du Général-de-Gaulle et du Général-Eisenhower.* Au Sud-Ouest de Reims, s'élèvent de grandes coques abritant les amphithéâtres, œuvres de l'architecte Dubard de Gaillarbois.

EXCURSIONS

Fort de la Pompelle. — *9 km au Sud-Est ; quitter Reims par ③ et la N 44. Voir p. 87.*

Massif de St-Thierry. — *Circuit de 50 km — environ 1 h 1/2. Quitter Reims par ⑨ et la route de Laon (N 44) ; après la Neuvillette, prendre la 1re route à gauche (D 26).*
La D 26 gravit les pentes du massif de St-Thierry, avancée de la falaise de l'Ile-de-France *(p. 12)*, analogue à la Montagne de Reims, mais avec moins de vignes, plus de bois. Cette région est riche en modestes églises romanes précédées d'un porche.

St-Thierry. — 578 h. Ce village, sur les premières hauteurs dominant la plaine de Reims, possède une **église** du 12e s. à porche. L'édifice s'ouvre par une élégante galerie couverte d'un toit et adossée à la façade. Des colonnettes ornées de chapiteaux à feuillages portent de chaque côté quatre arcades romanes. Derrière le porche, une tour à trois étages s'élève, elle est percée de plusieurs baies. L'intérieur frappe par sa sobriété : une nef charpentée, deux bas-côtés, un chœur voûté en plein cintre terminé par une abside et deux absidioles en cul-de-four. Monseigneur de Talleyrand, archevêque de Reims et oncle du célèbre ministre, fit construire sous Louis XVI un château à l'emplacement d'une abbaye fondée au 6e s. par saint Thierry, disciple de saint Remi. De l'ancien monastère subsistent les cinq piliers romans de la salle capitulaire du 12e s. Cette salle est devenue l'oratoire du monastère actuel.

Chenay. — 291 h. Vues en direction de la Montagne de Reims.

A Trigny, prendre à droite la D 530 qui conduit à Hermonville.

On traverse une région sablonneuse, productrice d'asperges et de fraises.

Ⓥ **Hermonville.** — 924 h. Un imposant porche à arcatures occupe toute la largeur de la façade de l'**église** (fin 12e s.) dans laquelle on entre par un beau portail à imposte de bois et niche abritant une Vierge du 18e s. L'intérieur est d'un style gothique primitif très homogène que fait ressortir davantage encore un autel à baldaquin du 18e s.

Poursuivre par la D 30 qui franchit le faîte du massif. A Bouvancourt, tourner à gauche dans la D 375.

Peu avant d'arriver à Pévy, charmante vue plongeante sur le village niché au creux de son vallon et, au-delà, sur la vallée de la Vesle.

Ⓥ **Pévy.** — 194 h. Ce village possède une intéressante **église.** La nef romane contraste avec le haut chœur gothique que coiffe un clocher en bâtière ; à l'intérieur, fonts baptismaux romans et retable en pierre (16e s.) relatif à saint Jean-Baptiste.

Descendre par la D 75 jusqu'au niveau de la Vesle qu'il faut franchir à Jonchery ; revenir à Reims par la N 31.

RENWEZ   1 216 h.

Carte Michelin n° 53 pli 18 ou 241 pli 6.

Renwez (prononcer Renvé), gros bourg ardennais où l'historien **Michelet** séjourna maintes fois, possède une imposante **église** (début 16e s.), de style gothique flamboyant, intéressante par ses baies à remplages dessinant des « soufflets et mouchettes » (quatre-feuilles très étirés et découpure en forme d'ellipse). Remarquer la rose du portail Sud, les curieux arcs-boutants intérieurs et les voûtes compartimentées.

Ⓥ **Château de Montcornet-en-Ardenne.** — *2 km au Sud-Est.* Ce château construit au 11e s., remanié au 15e s., est tombé en ruine à la fin du 18e s. Un pont à parapet et un châtelet, tous deux munis de larges meurtrières à canons, donnent accès à l'intérieur de l'enceinte.

RETHEL   9 081 h. (les Rethélois)

Carte Michelin n° 56 pli 7 ou 241 pli 13.

Étagée dans un site plaisant, sur les bords de l'Aisne, que double le canal des Ardennes, Rethel offre un visage neuf. En effet, la ville a été détruite à 85 % en mai-juin 1940, lorsque la 14e D.I. et la 2e D.I. défendirent les passages de l'Aisne.
Rethel a donné naissance à **Louis Hachette** (1800-1864), fondateur de la maison d'édition qui porte son nom. De 1877 à 1879, Verlaine y enseigna la littérature.

Ⓥ **Église St-Nicolas.** — Savamment restaurée après la dernière guerre, l'église St-Nicolas occupe une position dominante sur une colline qui fait face à celle qui portait le château. C'est un édifice gothique original qui comprend, en fait, deux sanctuaires juxtaposés auxquels s'ajoute, hors œuvre, une tour imposante.
L'église de gauche, des 12e-13e s., a été revoûtée au début du 16e s. ; elle était affectée aux moines d'un prieuré bénédictin dépendant de l'abbaye St-Remi de Reims. L'église de droite (15e-16e s.) servait à la paroisse. Elle offre un vaste collatéral qu'éclairent de grandes baies flamboyantes et un riche portail terminé en 1511, où s'exprime toute l'exubérance du gothique flamboyant à son apogée : remarquer, au trumeau, la statue de saint Nicolas et, au pignon, une Assomption qui semble inspirée du célèbre Couronnement de la Vierge de la cathédrale de Reims.
La tour, élevée au début du 17e s., présente la superposition des ordres classiques.

Ⓥ **Musée du Rethelois et du Porcien.** — Il est consacré à l'archéologie, au folklore, aux anciennes colonies, à des estampes régionales et à l'art religieux.

REVIN

Carte Michelin n° 53 pli 18 ou 241 pli 6 — Schémas p. 76 et 77.

Couvrant deux méandres presque fermés de la Meuse, creusés dans le massif ardennais, Revin frappe d'abord par ce site exceptionnel. Le méandre Nord porte la ville ancienne entourant son église du 18e s. tandis que le méandre Sud a vu croître le quartier industriel aux usines spécialisées dans la fabrication d'appareils ménagers et d'articles sanitaires.

Parc Maurice Rocheteau. — Au cœur du parc, une **galerie d'art contemporain** présente toute l'année des expositions.

(Photo Gerster/Rapho)

Revin. — Le site avec les deux méandres.

EXCURSIONS

Circuit de 18 km. — *Environ 2 h 1/2 dont 1 h 1/4 à pied. Aux lisières de Revin se détache de la D 1 la route des Hauts-Buttés, en lacet, qui s'élève de 300 m. En bordure de la route apparaît bientôt le Monument des Manises.*

Monument des Manises. — Il commémore le sacrifice des combattants du maquis des Manises. Intéressante vue plongeante sur le site de Revin.

★**Point de vue de la Faligeotte.** — De la plate-forme d'observation, **vue** sur le site de Revin et les méandres de la Meuse de part et d'autre de la cité.

La route atteint le rebord du plateau.

★★**Mont Malgré Tout.** — *A 400 m du panneau « Point de vue à 100 m » s'amorce un chemin. Garer la voiture. 1 h à pied AR.* Le chemin en forte montée mène à un poste de relais TV. De là, on gagne à travers le taillis de bouleaux et de chênes, un second belvédère plus élevé (400 m d'altitude). **Vue** sur Revin, les méandres de la Meuse jusqu'aux Dames de Meuse, la vallée de la Misère qui monte en direction de Rocroi. Ce mont Malgré Tout a donné son nom à un roman de George Sand, paru en 1869.

Poursuivre la route des Hauts-Buttés sur 6 km jusqu'au panneau « Calvaire des Manises » où on laisse la voiture.

Calvaire des Manises. — *1/4 h à pied.* Un sentier conduit à la clairière où furent massacrés 106 maquisards : calvaire, monuments et fosses communes.

Revenir à Revin par la même route.

Vallée de Misère. — *Prendre la route de Rocroi (D 1).* En amont des anciennes forges de St-Nicolas commence la Vallée de Misère que la route remonte au long de pentes sinueuses et boisées. C'était jadis un coin sauvage et privé de ressources, occupé aujourd'hui en partie par le lac inférieur du barrage de la centrale hydroélectrique de Revin.

Les RICEYS

Carte Michelin n° 61 Sud des plis 17, 18 ou 241 plis 45, 46.

Cette petite ville pittoresque, qui produit des vins rosés réputés, se compose de trois agglomérations, jadis fortifiées, possédant chacune une église Renaissance.
A **Ricey-Bas,** l'église St-Pierre, bel édifice du 16e s., a une riche façade à triple portail.
A l'intérieur, dans les chapelles de la Passion des bas-côtés Nord et Sud, on peut voir deux retables en bois sculpté, restaurés en 1868.

L'église de **Ricey-Haute-Rive** renferme une belle chaire sculptée du 18e s. Celle de Ricey-Haut présente la particularité d'être composée de deux églises combinées, une seconde nef ayant été aménagée en allongeant le transept.

ROCROI

2 789 h. (les Rocroiens)

Carte Michelin n° 53 pli 18 ou 241 pli 6.

Remontant au 16e s. mais refaite par Vauban, la place forte de Rocroi *(illustration XIII p. 29)*, tapie sur le plateau ardennais, s'ordonne autour d'une immense place d'Armes. Baptisée Roc Libre sous la Révolution, Rocroi résista un mois aux Alliés en 1815.

« La valeur n'attend pas le nombre des années ». — La bataille de Rocroi fut livrée le 19 mai 1643, quelques jours après la mort de Louis XIII. Elle mit aux prises les Espagnols de Dom Francisco Mellos et les troupes royales commandées par le jeune duc d'Enghien (21 ans), futur prince de Condé, que l'Histoire immortalisa sous le nom de **Grand Condé.**

Venu de Péronne, le duc d'Enghien rencontra l'armée espagnole à environ 2 km au Sud-Ouest de Rocroi, en bordure d'une zone marécageuse, les « rièzes », et, le 19 au petit jour, il attaqua le centre du dispositif adverse et le rejeta.

Malheureusement, à l'aile gauche française, la situation était critique, les maréchaux de L'Hôpital et La Ferté Sennecterre étant encerclés par l'ennemi. C'est alors que, par une manœuvre hardie, le duc d'Enghien porta à leur aide la réserve de son aile droite qu'il lança sur les piques de l'infanterie espagnole, mettant celle-ci, réputée invincible, en déroute.

Voyant la bataille perdue, le général **Fuentes,** impotent et porté en chaise, fit former le carré aux troupes qui lui restaient. Trois fois les Français chargèrent, trois fois ils reculèrent. Ayant pénétré enfin dans le carré, ils firent grand carnage. Mellos et Fuentes périrent.

Les remparts. — Ils constituent une enceinte bastionnée caractéristique de l'architecture militaire du temps de Vauban *(détails p. 35)*. En partant de la porte de France, au Sud-Ouest, suivre le « sentier touristique » qui parcourt le front Est, permettant de se rendre compte de la complexité des défenses.

⊙ **Musée.** — Installé dans l'ancien corps de garde, ce musée présente une maquette lumineuse montrant le déroulement de la bataille de Rocroi ainsi que quelques documents se rapportant à l'histoire de la place forte.

EXCURSIONS

Bois des Potées. — *Suivre la D 877 et, au lieu-dit la Patte d'Oie, prendre à gauche la route de Censes-Gallois. Au-delà, continuer à pied jusqu'au principal carrefour de la forêt.*
A 100 m du carrefour s'élève, entouré de sapins, un **chêne** vénérable.

Lac des Vieilles Forges. — *12 km au Sud-Est par la D 22 et la D 31 jusqu'au vallon de la Faux où l'on prend à droite la route de Vieille-Forge.*
Le lac de barrage s'inscrit dans un cadre tranquille de collines boisées (chênes, sapins, bouleaux). *Base de voile, barques pour la promenade et la pêche, baignade, aires de pique-nique, camping.*

★ ST-AMAND-SUR-FION

711 h.

Carte Michelin n° 61 Nord du pli 8 ou 241 pli 30.

Ce village conserve nombre de fermes à pans de bois que domine l'élégante silhouette de son église.

★ **Église.** — Au 12e s., le comte de Champagne avait fait don du village de St-Amand aux chanoines de la cathédrale de Châlons. Ceux-ci édifièrent alors une église romane dont il subsiste le beau portail central, quelques parties de la nef. Au 13e s. le chœur et la nef furent reconstruits dans le pur style ogival champenois.

L'**intérieur** frappe par son élancement, sa grâce accentuée par les tons doux de la pierre rose. L'abside à pans est ajourée de trois rangées de fenêtres dont l'intermédiaire est un triforium qui se prolonge autour des croisillons.

Le transept, du 13e s. mais remanié au 15e s., montre des caractéristiques du style flamboyant.

Le beau porche à arcades date du 15e s. ainsi qu'une partie des chapiteaux au décor plein de fantaisie : petits animaux, grappes de raisin.

Devant l'abside se détache une poutre de gloire du 17e s.

Afin de donner à nos lecteurs l'information la plus récente possible, les Conditions de Visite des curiosités décrites dans ce guide ont été groupées en fin de volume.

Les curiosités soumises à des conditions de visite y sont énumérées soit sous le nom de la localité soit sous leur nom propre si elles sont isolées.

Dans la partie descriptive du guide, p. 39 à 124, le signe ⊙ placé en regard de la curiosité les signale au visiteur.

ST-DIZIER

37 445 h. (les Bragards).

Carte Michelin nº 🖾 pli 9 ou 🖾 pli 30.

Cette ville industrielle, important centre métallurgique avec ses fonderies, ses forges et ses aciéries, était au 16ᵉ s. une place forte redoutable. En 1544, elle tint tête, avec ses 2 500 hommes, à Charles Quint, pourtant accompagné d'une armée de 100 000 soldats. François Iᵉʳ avisé de cette résistance aurait dit : « Allez, braves gars. » La contraction en « bragards » aurait déterminé le nom des habitants. Ces derniers guidaient, dès le 16ᵉ s., le flottage des bois ou trains de brelles sur la Marne, navigable depuis St-Dizier.

La ville fut, le 26 mars 1814, témoin de la dernière victoire en France de Napoléon Iᵉʳ, avant son départ pour l'île d'Elbe (voir p. 22).

EXCURSION

⊙**Abbaye de Trois-Fontaines.** — *11 km au Nord. Sortir de St-Dizier par la D 157 et la D 16.* Au cœur de la forêt, l'ancienne abbaye de cisterciens, fille de Clairvaux, fondée en 1118, fut reconstruite au milieu du 18ᵉ s. et en grande partie détruite pendant la Révolution.

Les portes monumentales du 18ᵉ s., les ruines de l'église du 12ᵉ s., les anciens bâtiments de l'abbaye, dans le parc, retiennent l'attention.

ST-GOND (Marais de)

Carte Michelin nº 🖾 plis 5, 6 ou 🖾 pli 29.

Couvrant plus de 3 000 ha, ces marais, longs d'une quinzaine de kilomètres, larges de quatre, sont situés au pied de la falaise de l'Ile-de-France (p. 12) qui forme le rebord du plateau briard. Ils doivent leur nom à un cénobite retiré là au 7ᵉ s. Leurs eaux alimentent avec parcimonie le cours supérieur du Petit Morin (p. 87).

En septembre 1914, lors de la bataille de la Marne, les marais de St-Gond et les hauteurs avoisinantes furent le théâtre de combats acharnés entre la 2ᵉ armée allemande de Von Bülow, attaquant en direction du Sud, et la 9ᵉ armée française sous les ordres du **général Foch.** L'« enlisement » de la Garde prussienne dans les marais a été raconté par ce dernier : « Le 6, elle avait traversé les marais et s'était emparée de Bannes, qui est à l'une de leurs extrémités. Mais quand elle en voulut déboucher et pousser sur Fère, elle fut prise par l'artillerie du colonel Besse… Quatre fois la Garde — poursuit Foch —, avec un courage, un entêtement auxquels il faut rendre hommage, essaya de déboucher de Bannes : quatre fois ses colonnes oscillèrent, tourbillonnèrent. La Garde, ou du moins la fraction de ce corps qui s'était glissée dans Bannes, eut vraiment là son tombeau ». Foch réussit à contenir l'ennemi, notamment à Mondement, puis, à partir du 10, à le refouler en direction de la Marne.

Circuit de 36 km. — *Au départ de Mondement (Nord-Est de Sézanne). Environ 1 h 1/2.* Ce circuit permet de découvrir les étendues désertes et silencieuses des marécages. Une partie de ceux-ci, cependant, a été assainie et transformée en prairies ou en cultures (maïs). Les pentes Sud des buttes calcaires qui les bordent sont plantées en vignes produisant un « blanc nature » apprécié.

Mondement. — 51 h. Clé du dispositif militaire français couvrant les approches de la Seine, la butte de Mondement (alt. 223 m), dominant les marais, fut disputée avec acharnement du 7 au 9 septembre 1914. Dans le parc du château se livrèrent des combats d'une extrême violence entre la division marocaine du général Humbert et les troupes allemandes qui furent obligées de se retirer, laissant 3 000 cadavres sur place.

Le **monument commémoratif,** évoquant la « Borne » dressée devant l'invasion, est construit en ciment rouge et atteint 32 m de haut. Une victoire ailée le surmonte. La **vue** s'étend sur les marais de St-Gond jusqu'au mont Aimé et aux coteaux champenois.

Allemant. — 226 h. La petitesse de ce village, accroché au bord de la colline, étonne en regard de l'importance de son église gothique flamboyante à haute tour de croisée et double transept.

Du cimetière attenant, **vue** sur la falaise de l'Ile-de-France à gauche, les marais de St-Gond, la plaine de Fère-Champenoise à droite.

Coizard. — Carte Michelin nº 🖾 pli 16 — 118 h. Charmante église romane rustique.

Villevenard. — Carte Michelin nº 🖾 pli 15 — 217 h. Village vigneron. L'**église** du 12ᵉ s. attire les regards par ses proportions harmonieuses, sa nef romane à petites baies plein cintre, sa belle tour octogonale sur la croisée du transept ; l'ensemble a été restauré avec goût.

Attention, il y a étoile et étoile !

Sachez donc ne pas confondre les étoiles

- *des régions touristiques les plus riches et celles de contrées moins favorisées,*

- *des villes d'art et celles des bourgs pittoresques ou bien situés,*

- *des grandes villes et celles des stations élégantes,*

- *des grands monuments (architecture) et celles des musées (collections),*

- *des ensembles et celles qui valorisent un détail…*

Carte Michelin n° 61 pli 4 ou 237 pli 32 (9 km au Sud-Ouest de Provins).

Ce village, autrefois fortifié, se présente sur un éperon. Il faut en apprécier la silhouette en arrivant du Sud-
Ouest par la D 106.

★**Église.** — Commencée au début du
11e s., elle faisait partie d'un prieuré
bénédictin. Le porche et les deux travées de la nef qui s'y rattachent furent
bâtis au 12e s.

Le **portail**★★, sous le porche, admira-
blement conservé, présente par sa
disposition une grande analogie avec
le Portail royal de Chartres : Christ en
majesté entouré des symboles des
Évangélistes au tympan, apôtres
abrités sous des arcatures au linteau,
statues-colonnes dans les ébrasements, personnages dans les voussures. Les sculptures de St-Loup
marquent le début d'une transition
qui aboutira au réalisme gothique.

A l'intérieur, les progrès de l'architecture aux 11e et 12e s. sont très
nets. On passe du roman primitif du
chœur au début de la technique gothique à l'entrée de la nef. Celle-ci
comprend tout d'abord deux travées
du 12e s. sur lesquelles ouvre la tribune du porche. Ces travées, qui se
divisent chacune en deux arcades
jumelles, sont voûtées sur croisée
d'ogives. Les deux travées suivantes,
plus anciennes, sont voûtées l'une en
berceau et l'autre d'arêtes. Le carré

(Photo S. Chirol)

St-Loup-de-Naud.
Statues-colonnes du portail de l'église.

du transept est couvert par une coupole, les bras du transept non saillant, du début du
12e s., par un berceau. Le chœur, datant de la fin du 11e s., offre un berceau et son
abside est voûtée en cul-de-four.

STE-MENEHOULD   5 807 h. (les Ménehildiens).

Carte Michelin n° 56 pli 19 ou 241 pli 22.

Située dans la vallée de l'Aisne, à la lisière Ouest des grandes forêts d'Argonne,
Ste-Menehould qui a vu naître **Dom Pérignon** *(p. 69)*, occupe une position clé au début
du défilé des Islettes.

Dominée par une butte appelée « le château », la ville est traversée par la N 3. Sa
spécialité est le pied de cochon.

La fuite de Louis XVI. — J.-B. Drouet, enfant du pays, joua un rôle essentiel dans
l'arrestation de Louis XVI. A la suite des difficultés causées par la question religieuse,
le roi se résolut à quitter secrètement Paris avec sa famille pour rejoindre à Metz le
marquis de Bouillé. De là, à la tête des troupes que Bouillé avait concentrées, et
appuyé au besoin par une armée autrichienne, il serait revenu sur Paris pour y rétablir
son autorité.

Dans la nuit du 20 au 21 juin 1791, le roi, accompagné de la reine, de ses deux
enfants et de sa sœur, Madame Élisabeth, quitta les Tuileries. La fuite avait été
soigneusement préparée, mais à Ste-Menehould, au moment où la berline relayait,
Drouet, fils du maître de poste, reconnut le roi qu'il n'avait vu, dit-on, que d'après un
écu de six livres. « Je laissai partir la voiture, déclara-t-il plus tard, mais voyant
aussitôt les dragons prêts à monter à cheval pour l'accompagner, je courus au corps
de garde, je fis battre la générale ; la Garde nationale s'opposa au départ des dragons,
et me croyant suffisamment convaincu, je me mis avec M. Guillaume à la poursuite du
roi ». Ardent patriote, il soupçonna une fuite vers la frontière. Devançant la lourde
voiture en empruntant un chemin de traverse, il galopa jusqu'à Varennes où il jeta
l'alarme.

La gendarmerie s'élève à l'emplacement de la maison de poste où Louis XVI fut
reconnu.

CURIOSITÉS *visite : 1 h*

Place du général Leclerc. — Coupée par la route nationale, cette place où se
dresse l'**hôtel de ville** (1730), offre un bel ensemble architectural, en briques roses à
chaînes de pierre et toitures d'ardoises bleutées, dû à Philippe de la Force qui
reconstruisit la cité après l'incendie de 1719.

« Le château ». — *Accès en voiture par une rampe ou à pied par un chemin et des escaliers.* C'est le quartier de la ville haute, à l'aspect de village champenois avec de vieilles maisons basses à pans de bois, fleuries de géraniums.

Au terme de la montée, s'offre une belle **vue★** sur la ville basse avec ses toits couverts de tuiles romaines et l'église St-Charles (19e s.).

◎ L'**église Notre-Dame** ou église du château est entourée de son cimetière. Édifiée aux 13e et 15e s., elle porte sur les murs, refaits au 18e s., des alignements de brique et de « gaize », pierre blanche du pays.

Château de Braux-Ste-Cohière. — *5,5 km à l'Ouest par la N 3 et la D 384. Description p. 47.*

SEDAN

24 535 h. (les Sedanais).

Carte Michelin n° 53 pli 19 ou 241 pli 10.

Très endommagée en 1940, la ville étendue le long de la Meuse, au pied de son château fort et de ses demeures des 17e et 18e s., a été reconstruite. Aménagé au Sud de la ville, un plan d'eau de 13 ha se prête à la baignade et à la voile. A l'industrie du drap sont venues s'ajouter les industries métallurgiques, chimiques, et alimentaires.

Heurs et malheurs. — La légende veut que Sedanus, fils du roi gaulois Bazon, vint s'établir à cet endroit et lui donna son nom ; en fait le nom Sedan n'apparaît qu'en 997 et en 1023, sur un « diplôme » confirmant les possessions de l'abbaye de Mouzon. Jusqu'au 15e s., la ville appartint aux moines de Mouzon puis aux évêques de Liège. Elle passa ensuite aux mains des La Marck (1424) puis des La Tour d'Auvergne (1594), d'où allait sortir le grand Turenne, *(voir ci-dessous)* et fut rattachée à la France en 1642. En 1685, la Révocation de l'édit de Nantes porta un coup sensible à la draperie de Sedan, développée par les protestants, et supprima la florissante Académie de la religion réformée.

Turenne. — Henri de La Tour d'Auvergne, vicomte de Turenne, petit-fils par sa mère de Guillaume le Taciturne, naquit à Sedan le 11 septembre 1611. D'une faible constitution, on raconte que son père ne voulait pas en faire un militaire et que, pour prouver sa robustesse, le jeune Turenne, âgé de 10 ans, passa une nuit d'hiver entière sur les remparts de Sedan et qu'on le retrouva endormi sur un affût de canon au petit matin. Elevé dans le protestantisme, Turenne entra au service de la France en 1630. La guerre de Trente Ans, à laquelle il participe, révèle sa haute valeur militaire, notamment dans le Piémont où il combat les Espagnols et s'empare de Turin (1640). Fait maréchal de France en 1643, il commande l'armée d'Allemagne et remporte la bataille de **Nördlingen** (1645).

La carrière de Turenne semble s'orienter différemment lorsque, prenant le parti de la Fronde, il se retrouve aux côtés des Espagnols à Rethel en 1650. Mais il se réconcilie avec la Cour et se retourne finalement contre les frondeurs : il bat Condé à Bléneau et à Paris en 1652, ce qui ouvre les portes de Paris au jeune roi Louis XIV. Il continue la guerre contre les Espagnols et Condé, et gagne les batailles décisives d'Arras (1654) puis des Dunes (1658) qui obligent l'ennemi à signer le traité des Pyrénées.

Nommé maréchal-général en 1660, Turenne participe à toutes les guerres de Louis XIV. On le rencontre sur tous les champs de bataille, de la Flandre (1667) à l'Allemagne (1675). Après avoir reconquis l'Alsace, il trouve la mort à la bataille de **Sasbach** le 27 juillet 1675. Converti par Bossuet, il avait abjuré la foi protestante en 1668. Il fut enseveli à St-Denis, mais Bonaparte fit transférer ses restes aux Invalides en 1800.

(Photo G. Martin-Guillou/Explorer)

Sedan. — La ville et le château.

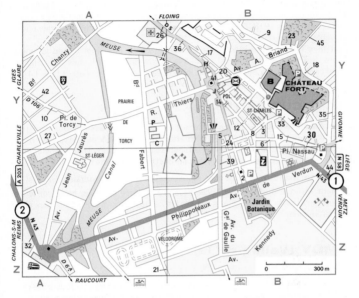

La capitulation du 2 septembre 1870. — A peu près au centre d'une poche fermée par deux rangées de hauteurs, Sedan, dépourvue d'artillerie et d'approvisionnements, ressemble néanmoins à une place de guerre lorsque l'armée de Mac-Mahon vient s'y enfermer le 30 août 1870.

La bataille commence le 1er septembre au matin à Bazeilles *(p. 45)*, mais l'essentiel se joue au Nord-Est dans le secteur du **plateau d'Illy.** Mac-Mahon blessé est remplacé par Wimpffen, mais c'est Ducrot qui dirige en fait les combats. Malgré plusieurs charges éblouissantes des généraux Margueritte et Galliffet, les troupes françaises doivent refluer vers le glacis de Sedan, après avoir essuyé de lourdes pertes infligées par la puissante artillerie prussienne. Le roi Guillaume, depuis son observatoire du **bois de La Marfée,** ne peut retenir son admiration devant tant d'héroïsme : « Ah ! les braves gens ! » s'exclame-t-il en se tournant vers Moltke et Bismarck.

Napoléon III, qui a cherché vainement la mort, ordonne de hisser le drapeau blanc pour éviter une inutile boucherie : 690 canons prussiens cernent Sedan au soir de la bataille. L'Empereur désire rencontrer Guillaume, mais c'est Bismarck qu'il trouve, le 2 au matin, sur la route de Donchéry. Le Chancelier désire négocier avec le vaincu, malheureusement celui-ci n'en a pas le pouvoir. On le conduit alors au château de Bellevue, près de Frénois, où Guillaume lui rend visite. Les conditions de la capitulation n'en sont en rien atténuées : 83 000 prisonniers seront internés en Allemagne et un matériel immense sera livré. Le lendemain 3 septembre, Napoléon, escorté par un peloton de hussards de la Mort, part pour Cassel. Tout au long de la route, jusqu'à la frontière belge, le malheureux vaincu se fait injurier par les soldats de son armée.

A la nouvelle du désastre de Sedan, Paris accomplit une nouvelle révolution : le 4 septembre, la foule envahit le Corps législatif et la République est proclamée.

C'est encore à Sedan (qui fut occupée durant la Première Guerre mondiale), que la IIIe République jouera son destin en mai 1940, à l'issue d'une bataille qui aboutit à la percée allemande en direction de la mer *(p. 24).*

★ CHÂTEAU FORT (BY)

Avec ses 35 000 m² sur 7 niveaux, le château fort de Sedan est le plus étendu d'Europe. Cet ensemble imposant est bâti sur un éperon rocheux encadré par deux ruisseaux. Son édification se fit par étapes. En 1424, Evrard de La Marck fait commencer les travaux en réutilisant une partie d'un ensemble monastique comprenant une église du 11e s. agrandie au 13e s. en prieuré. De cette époque datent le plan triangulaire, les tours jumelles et les remparts. Ceux-ci, hauts de 30 m, entourés de fossés, ont été complétés au 16e s. par des bastions transforment le château en place forte.

Les princes de Sedan avaient leurs appartements dans cette enceinte. Le logis seigneurial fut détruit en partie au 18e s. par la création d'une rampe d'accès aux terrasses : la **Galerie Sud.** On peut cependant présumer que la chambre où est né Turenne, en 1611, est la salle à la colonne qui faisait partie des appartements de la princesse.

Au début du 17e s., Henri de la Tour d'Auvergne fait édifier une nouvelle résidence : le château bas ou **Palais des Princes (BY B)** en dehors de l'enceinte.

Le château fort fut ensuite domaine militaire pendant plus de trois siècles de 1642 à 1962, date à laquelle la ville de Sedan en devint propriétaire et entreprit de le restaurer.

Au cours de la visite des tours et des remparts, des **panoramas** s'offrent sur la ville et ses toits d'ardoise, sur l'église St-Charles (16e s.) qui fut un temple calviniste jusqu'à la Révocation de l'édit de Nantes.

⊙ **Musée.** — Installé dans l'aile Sud du château, il occupe trois niveaux. Il rassemble des collections archéologiques (produits des fouilles effectuées dans les sous-sols du château : poteries médiévales, céramiques), des pièces d'ethnographie régionale et de nombreux documents sur l'histoire de Sedan. Une section est consacrée aux guerres de 1870 et de 1914-1918. Dans la **grosse tour,** on admirera la charpente rayonnante, remarquable ouvrage du 15e s.

On peut faire le tour de la place forte en voiture ou se promener à pied le long du boulevard du Grand Jardin (bancs) jusqu'à la résidence des Ardennes qui domine la ville. De l'esplanade où a été reconstruit le tombeau du maréchal Fabert (1599-1662), la **vue**★ est remarquable sur la vallée de la Meuse.

AUTRES CURIOSITÉS

Rue du Ménil (BY 30). — Dans cette rue préservée des destructions, on trouve plusieurs maisons du 17e et du 18e s. permettant d'évoquer le Vieux Sedan. Au no 1, la maison des Gros Chiens, ancienne manufacture royale de draps (1688) présente une cour intérieure décorée de têtes sculptées au-dessus des fenêtres.

Jardin Botanique (BZ). — Petit mais agréable avec une belle roseraie.

En prenant l'avenue du Maréchal Leclerc jusqu'à la place Calonne, on a, sur le pont enjambant un bras de la Meuse, une **vue** sur les berges verdoyantes et les deux arches de l'ancien moulin.

★ SEMOY (Vallée de la)

Carte Michelin no 53 plis 18, 19 ou 241 pli 6 — Schéma p. 76.

De la frontière belge à la Meuse, la Semoy (Semois en Belgique) dévide ses méandres tapissés de prairies, entre de rudes pentes schisteuses, revêtues de bois de chênes, de sapins, de bouleaux que hantent chevreuils et sangliers. La vallée, asile de verdure et de calme, plaît aux amateurs de solitude.

Les artisans cloutiers ou boulonniers et les chiens actionnant leurs soufflets ont disparu, si bien qu'on ne rencontre plus que quelques pêcheurs de truites.

DE MONTHERMÉ A LINCHAMPS *19 km — environ 1 h 1/2*

★**Monthermé.** — *Page 80.*

Sortir de Monthermé par la D 31.

La route passe au pied du Roc de la Tour puis gravit la falaise d'où l'on découvre une **vue**★ plongeante sur Tournavaux, niché dans un élargissement de la vallée.

De la D 31 prendre une petite route à droite vers Tournavaux puis poursuivre tout droit jusqu'au camping d'Haulmé.

Sentier des Rapides. — *1 h à pied AR.* Il s'amorce au fond du parking et longe la rivière tumultueuse qui coule dans des sites sauvages.

Revenir à la D 31.

La route coupe la racine du promontoire que contourne le sentier des Rapides. Dans la descente, vues sur Thilay où l'on franchit la Semoy. Après Naux, où la Semoy décrit un méandre prononcé, l'itinéraire traverse de nouveau la rivière.

Les Hautes Rivières. — *2 354 h.* Ce bourg, le plus important du cours français de la Semoy, s'allonge sur 2 km jusqu'à Sorendal.

En prenant la D 13 au Sud vers Nouzonville, on monte sur 1,5 km jusqu'à l'embranchement du chemin qui conduit à la Croix d'Enfer.

Croix d'Enfer. — *1/2 h à pied AR.* **Vue**★ sur la vallée, le bourg des Hautes-Rivières et, en face, le vallon de Linchamps.

★**Vallon de Linchamps.** — *Au Nord de Hautes-Rivières par la D 13.* Dans ce site sauvage subsistent quelques petites clouteries.

Du village de **Linchamps** rustique et isolé, peuvent s'effectuer des promenades dans le **Ravin de l'Ours** et le **Bois des Haies,** massif accidenté dont l'altitude approche les 500 m.

SÉZANNE   6 177 h. (les Sézannais)

Carte Michelin no 61 pli 5 ou 237 plis 22, 34.

Petite ville paisible, au charme provincial, Sézanne est sise au flanc d'une colline truffée de souterrains et de caves. Une ceinture de mails, tracés à l'emplacement des fossés des remparts, délimite son noyau ancien aux rues tortueuses.

Siège de foires fréquentes, dès le Moyen Age, Sézanne est un marché agricole (silos à céréales) et un centre industriel : usines de lunetterie, de produits pharmaceutiques, de détergents et de produits réfractaires. Par ailleurs, la viticulture a été remise à l'honneur sur les coteaux avoisinants qui produisent un agréable vin blanc nature.

De la route d'Épernay par la RD 51 au Nord, pittoresque **point de vue** sur la ville.

Église St-Denis. — De style gothique flamboyant, avec une tour Renaissance, elle s'élève au centre de la ville, en lisière de la place de la République. Au pied de l'imposante tour carrée, haute de 42 m, sont collées de minuscules habitations. Remarquer aussi l'horloge qu'encadrent deux frises sculptées.

Par un escalier à double volée montant à un petit portail aux vantaux de bois sculptés Renaissance, on pénètre dans l'église. L'intérieur, de style gothique flamboyant, est d'une rare unité. On y admire les voûtes compartimentées, en étoile. Dans une chapelle du bas-côté gauche : Ecce Homo (16ᵉ s.) ; dans une autre du bas-côté droit : statuette de saint Vincent qui surmontait, jadis, un bâton de confrérie.

En quittant l'église, jeter un coup d'œil sur le **« puits Doré »,** à couronnement de fer forgé, qui se trouve devant la façade.

Mail des Cordeliers. — Allée de marronniers longeant les anciens remparts et le château dont subsistent deux tours rondes arasées.
Vue sur le coteau planté de vergers et de vignes.

EXCURSIONS

Forêt de la Traconne. — *Circuit de 54 km — environ 2 h.*
Couvrant près de 3 000 ha, cette forêt, remarquable par la profondeur de ses sous-bois, est principalement exploitée en taillis de charmes, sous futaie de chênes.

Quitter Sézanne à l'Ouest et prendre la N 4 (route de Paris)

Château d'Esternay. — Ce château du 16ᵉ s. a été très remanié.

A la hauteur du château, prendre à gauche la route qui conduit à Châtillon-sur-Morin (église fortifiée) puis tourner vers Bricot-la-Ville.

La route suit la vallée du Grand Morin : clairières et bosquets se succèdent, harmonieusement disposés comme dans un jardin anglais.

Bricot-la-Ville. — Ce ravissant et minuscule village perdu dans une clairière de la forêt, avec sa petite église, son manoir, son étang tapissé de nénuphars, fut, du 12ᵉ au 16ᵉ s., le site d'une abbaye de moniales bénédictines.

Après Bricot, 500 m avant le Meix-St-Epoing, tourner à droite dans la route de Touraine puis, à droite dans la route de la Tournante jusqu'à la D 49, là à gauche.

L'Étoile. — En bordure de ce vaste rond-point herbeux où est érigée une colonne surmontée d'une croix en fer forgé (18ᵉ s.), on aperçoit un hêtre tortillard provenant du bois des Faux de Verzy (p. 78).

Prendre la D 49 vers Barbonne-Fayel puis tourner à droite.

Fontaine-Denis-Nuisy. — 268 h. Dans le transept gauche de l'**église** une fresque du Jugement Dernier du 13ᵉ s. représente les damnés rôtissant dans un vaste chaudron.

Prendre la D 350 vers St-Quentin-le-Verger.

Juste après le hameau de Nuisy sur la droite s'élève un dolmen.

A St-Quentin-le-Verger prendre à gauche la D 351 puis à droite la route de Villeneuve-St-Vistre. La D 373 ramène à Sézanne.

Corroy. — 18 km à l'Est par la N 4 puis de Conantre la D 305.
Ce village possède une **église** remarquable par son porche champenois du 13ᵉ s. plaqué sur la façade. Ce porche s'ouvrant par une arcature de baies géminées est couvert d'une savante charpente carénée du 15ᵉ s. A l'intérieur de l'église, la longue nef charpentée du 12ᵉ s. donne sur le chœur, l'abside et deux chapelles construits à la fin du 16ᵉ s.

SIGNY-L'ABBAYE
1 494 h. (les Signaciens)

Cartes Michelin nᵒ 🗫 plis 17, 18 et nᵒ 🗫 pli 7 ou 🗫 plis 9, 10.

Dans un site accidenté, au fond du vallon de la Vaux, Signy est née d'une célèbre et riche abbaye cistercienne, fondée en 1134 par saint Bernard et détruite en 1793. Au cœur du bourg, une résurgence, le gouffre de Gibergeon, alimente la Vaux.

FORÊT DE SIGNY *Circuit de 32 km — environ 2 h 1/2*

Couvrant 3 526 ha, la forêt de Signy comprend deux massifs séparés par le vallon de la Vaux : la Petite Forêt (chênes et hêtres) au Sud-Est et la Grande Forêt (chênes, frênes et érables) au Nord-Ouest.

Quitter Signy au Nord-Ouest par la route de Liart (D 27) le long du vallon de la Vaux. A 5 km de Signy, prendre à gauche la Route Forestière de la Grande Terre.

Cette route côtoie (50 m à droite) la **Fontaine Rouge,** source ferrugineuse et pétrifiante. Traversant de hautes futaies de chênes, la route de la Grande Terre parvient à hauteur du sentier bordé de sapins qui descend vers le **Gros Frêne** *(panneau de signalisation ; environ 3/4 à pied AR).*

Poursuivre jusqu'au **vallon de la Vaux** qu'on retrouve et y emprunter, à droite, la D 2 qui atteint **Lalobbe,** village entouré de vergers de pommiers produisant un cidre estimé. Au-delà de Lalobbe, tourner à gauche dans la D 102 et gagner, en aval, **Wasigny** dont le château (16ᵉ-17ᵉ s.) occupe un site plaisant auprès de la rivière.

Tourner à gauche dans la D 11. Il rejoint la D 985 qui ramène à Signy-L'Abbaye.

La route traverse la Petite Forêt. Dans la descente, après les Maisons Forestières, jolies **vues** sur Signy et ses abords.

Carte Michelin n° 🔲 plis 16, 17 ou 🔲 pli 37.

Ancienne capitale de la Champagne, dont les célèbres foires entretenaient déjà la prospérité, Troyes est une cité d'art, très riche en églises, en musées, vieux hôtels et maisons anciennes.

Aujourd'hui, la ville dépasse la ceinture de boulevards délimitant le centre, dont la forme évoque un « bouchon de champagne », et s'entoure de faubourgs et de zones industrielles. Première ville française pour la bonneterie depuis le 16e s., Troyes a vu s'implanter d'autres industries : constructions mécaniques, pneumatiques, imprimerie.

UN PEU D'HISTOIRE

Saint Loup et Attila. — Bâtie à l'emplacement d'une forteresse gauloise, la cité des Tricasses — qui est à l'origine du nom de Troyes — est évangélisée au 3e s. Le plus illustre de ses évêques, saint Loup, occupe le siège épiscopal durant 53 ans.

En 451, Attila et ses Huns envahissent la Gaule, pillant et détruisant tout sur leur passage. Reims est incendiée, l'ennemi est devant Troyes. Saint Loup se rend au camp d'Attila et s'offre en otage pour le salut de sa ville. Son caractère sacré, le rayonnement de ses vertus impressionnent le chef des Huns qui accepte de se détourner de Troyes.

Les comtes de Champagne. — Sous la dépendance des évêques jusqu'au 10e s., la cité passe ensuite aux mains des comtes de Champagne *(voir p. 18)*. Certains de ces comtes embellissent et enrichissent leur capitale. L'un d'eux, Henri Ier, fonde à lui seul 13 églises, 13 hôpitaux — dont l'hôtel-Dieu de Troyes —, agrandit la ville et mérite le beau surnom de « libéral ».

Son petits-fils, Thibaud IV, poète et chevalier, partage la renommée du poète local Chrestien de Troyes, auteur de maintes chansons de gestes. C'est Thibaud IV qui crée les foires de Troyes, sortes d'expositions universelles jouissant de la franchise, qui deviennent bientôt célèbres.

Lorsque la dernière héritière des comtes de Champagne, Jeanne, épouse le roi de France, Philippe le Bel, en 1284, elle apporte la province en dot à la Couronne.

Le honteux traité de Troyes. — Dans la lutte qui oppose les Armagnacs aux Bourguignons, **Isabeau de Bavière,** épouse du roi dément Charles VI, fait le jeu des Bourguignons et des Anglais. Abandonnant Paris, favorable aux Armagnacs, la reine fait à Troyes le piètre honneur de la choisir pour capitale.

Le 21 mai 1420, Isabeau signe avec les Anglais le traité de Troyes qui déshérite le dauphin et livre la France aux envahisseurs. Le pacte est scellé par le mariage de Henri V, roi d'Angleterre, avec Catherine de France, célébré en l'église St-Jean. Le prince anglais est proclamé régent du royaume en attendant de devenir roi, à la mort de Charles VI. Anglais et Bourguignons s'installent alors à Troyes en maîtres. La ville est délivrée par Jeanne d'Arc en 1429.

Les andouillettes de Troyes. — Au temps des guerres de la Ligue, à la fin du 16e s., Troyes, alors aux mains des Ligueurs, avait pour gouverneur un enfant de 11 ans, Claude de Guise. Une armée royaliste ayant mis le siège devant la ville, le gouverneur, affolé, se réfugia dans la tour de la cathédrale tandis que les assaillants se répandaient dans les faubourgs. Or, c'est dans le quartier St-Denis que l'on fabriquait les andouillettes.

Parvenus en ce lieu, les soldats du roi ne résistèrent pas à la tentation et... laissèrent aux assiégés le temps d'organiser la riposte. Surpris en pleine euphorie, les amateurs d'andouillettes furent massacrés par centaines et la ville resta aux mains des Ligueurs.

Un important foyer artistique. — A Troyes, les ateliers sont nombreux dès le 13e s., mais c'est à partir de la Renaissance que le mouvement artistique devient intense. Les artistes troyens se caractérisent alors par un style très original. Au moment où la vague de l'italianisme déferle sur la France, ils continuent à travailler dans le cadre de la grande tradition médiévale. Leur école d'architecture rayonne sur toute la Champagne et ses influences se manifestent en Bourgogne. Une pléiade de sculpteurs — parmi lesquels Jean Gailde et Jacques Julyot — exécutent quantité d'œuvres charmantes. Une autre manifestation de vitalité est fournie par les ateliers de peintres verriers ; du 14e au 17e s., ceux-ci ont produit des vitraux que l'on peut admirer dans les églises de la ville. Parmi les maîtres verriers de cette époque, citons Jehan Soudain et **Linard Gontier.** Cette tradition artistique se maintient au 17e s. avec Mignard et Girardon, nés à Troyes.

La capitale de la bonneterie. — « Pays des bonnets de coton », ainsi désigne-t-on Troyes jusqu'à ce que le bonnet de coton soit relégué au magasin des accessoires de vaudeville. En 1505, entrent en scène les premiers bonnetiers troyens. Leurs statuts datent de 1554 ; il s'agissait de fabricants de bonnets et de bas tricotés à la main.

En 1746, les administrateurs des hôpitaux de Troyes font venir à l'hôpital de la Trinité (hôtel de Mauroy) des métiers à fabriquer les bas afin de procurer du travail aux enfants pauvres qu'ils hébergent. Cette initiative est couronnée de succès. La manufacture de la Trinité ayant été imitée, la communauté des Bonnetiers compte 40 membres en 1774. A la Révolution, Troyes centralise la vente de l'industrie bonnetière de la région et son importance s'accroît au cours du 19e s. grâce aux constructeurs de métiers à bonneterie locaux qui mettent les bonnetiers de Troyes et de la région dans une situation privilégiée.

A l'heure actuelle, la bonneterie groupée en 300 entreprises, reste l'industrie dominante de Troyes et du département où elle occupe environ 19 000 personnes.

★★LE VIEUX TROYES *environ 2 h*

Au Moyen Age, Troyes comptait deux quartiers distincts : la Cité (dans la tête du bouchon), centre aristocratique et ecclésiastique autour de la cathédrale ; et le Bourg (dans le corps du bouchon), bourgeois et commerçant, où se tenaient les foires de Champagne.

En 1524, un incendie ravagea la ville. Ses habitants, connaissant alors un plein essor économique, en profitèrent pour construire des demeures plus luxueuses que l'on découvre aujourd'hui en parcourant le Vieux Troyes.

Architecture troyenne. — Les maisons, à colombages, se composent d'une charpente en poutres de chêne entre lesquelles est intercalé le torchis, mélange de terre et de paille.

Les étages en encorbellement, reposant souvent sur des consoles sculptées, sont surmontées de pignons pointus à auvent et de toits en tuiles plates. Dans les demeures plus riches apparaît l'appareil champenois, damier de briques et de moellons de craie.

Les hôtels particuliers les plus élégants sont construits en pierre, matériau qui était fort onéreux étant donné l'éloignement des carrières de pierre dure.

L'itinéraire décrit ci-dessous se déroule dans l'ancien Bourg qui a fait l'objet d'une mise en valeur remarquable. Débarrassées de leur enduit, les maisons à pans de bois forment des ensembles homogènes le long de rues entières. Devenues pour la plupart piétonnes, les rues ont retrouvé leur pavement ancien. Les commerçants, les cafés sont venus s'y installer redonnant au quartier sa fonction d'origine. Les jours de grande animation, on peut imaginer aisément l'atmosphère qui devait y régner quand marchands, changeurs, baladins accouraient de tout l'Occident pour participer aux célèbres foires.

Place du Maréchal Foch (CZ 22). — Elle est dominée par la façade Louis XIII de l'hôtel de ville.

Rue Champeaux (CZ 12). — Particulièrement large pour une rue du 16e s., elle était la principale artère du quartier.

Prendre la rue Champeaux.

Au coin de la rue Paillot-de-Montabert s'élève la **maison du Boulanger** (CZ N) qui abrite le centre culturel Thibaud de Champagne et, en face, la **Tourelle de l'Orfèvre** (CZ V). Celle-ci doit son nom à la profession de son premier propriétaire. Recouverte en partie d'un damier d'ardoise elle est soutenue par des cariatides et un atlante.

En se dirigeant vers l'église St-Jean *(p. 117)* et en se retournant s'offre un point de vue sur cet ensemble typiquement troyen du 16e s.

Longer l'église St-Jean puis prendre la rue Mignard qui ramène rue Champeaux en face de l'Hôtel Juvenal-des-Ursins.

Troyes.
La maison du Boulanger et la tourelle de l'Orfèvre.

Ruelle des Chats (CZ). —
Vision médiévale que celle de ces maisons aux pignons si rapprochés de part et d'autre de la ruelle, qu'un chat peut aisément sauter d'un toit à l'autre. Les bornes à l'entrée de la ruelle, empêchaient les roues des chariots de heurter les murs. La nuit, comme la plupart des autres rues, une herse la fermait. La ruelle s'élargit, devient rue des Chats.

Sur la gauche un passage donne accès à la **cour du Mortier d'or,** très belle reconstitution à partir d'éléments anciens : remarquer (du côté de la rue des Chats) une ravissante Annonciation sculptée dans le chambranle et au-dessous une tête d'un guerrier casqué qui pourrait être Charles Quint.

Reprendre la rue des Chats et poursuivre par la rue de la Madeleine qui mène à l'église du même nom (p. 117) puis revenir sur ses pas jusqu'à la rue Charbonnet.

Hôtel de Marisy (CZ R). — Édifié en 1551, ce bel hôtel de pierre, couvert de tuiles vernissées, est orné d'un ravissant lanterneau d'angle, de style Renaissance, décoré de figures et de blasons.

Tourner à gauche dans la rue des Quinze-Vingts qui mène à la Place Audiffred, où un hôtel du 18e s. abrite la Chambre de Commerce et d'Industrie. Poursuivre jusqu'à la place Jean-Jaurès.

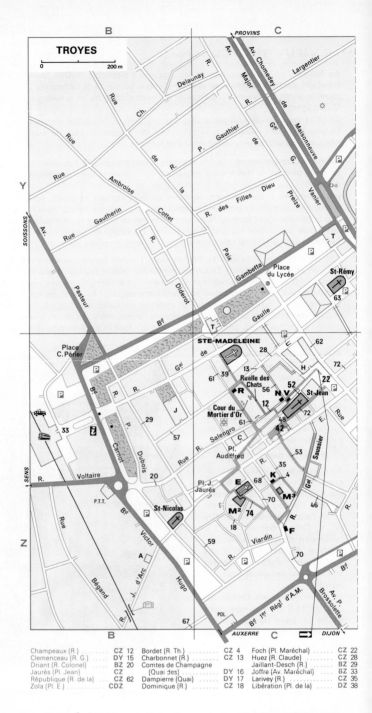

TROYES

0   200 m

Au coin de la rue Émile-Zola et de la rue Turenne, une maison a été surélevée sur un rez-de-chaussée moderne (remarquer la porte d'entrée au premier étage).

Longer la place Jean-Jaurès, ancienne place du Marché au blé, puis de la Bonneterie, jusqu'à la rue de Vauluisant.

Rue de Vauluisant (CZ 74). — La maison formant l'angle avec la place Jean-Jaurès montre un bel exemple de l'appareil champenois en brique et craie. L'encorbellement repose sur des consoles sculptées représentant des visages ; au coin une jolie Vierge de l'Apocalypse sur son croissant de lune.

La rue de Vauluisant croise la rue Dominique, rappelant la présence dans ce quartier du sculpteur Dominique Florentin dont plusieurs œuvres sont visibles dans l'église St-Pantaléon *(p. 117)*, puis longe l'Hôtel de Vauluisant *(p. 118)* et aboutit rue Turenne.

Hôtel des Chapelaines (CZ F). -- *55 rue Turenne.* Il fut construit en 1530 par un riche commerçant, dont les descendants furent annoblis en barons de Chapelaines. Belle façade Renaissance.

Prendre la rue du Général-Saussier puis tourner à gauche dans la rue de la Trinité, passer devant l'hôtel de Mauroy (p. 119) puis tourner à droite dans la rue Thérèse-Bordet.

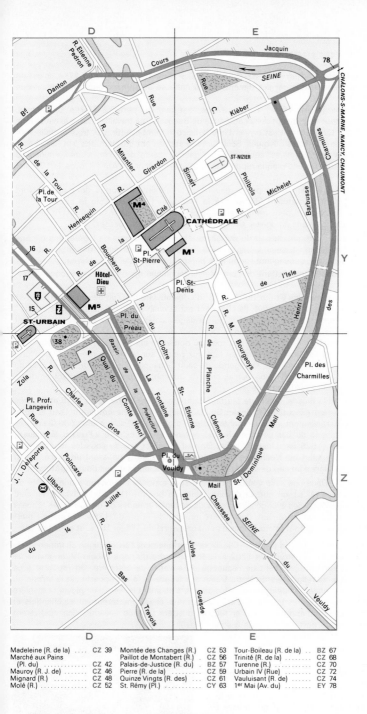

Maison des Allemands (CZ K). — Construite au 16e s. mais décorée au 18e s. comme l'attestent les consoles, cette maison accueillait les marchands venant d'Allemagne au moment des foires.

Par la rue Larivey, rejoindre la rue du Général-Saussier.

Rue du Général-Saussier (CZ). — Ancienne rue du Temple — une commanderie de Templiers y était située — elle présente un bel alignement de maisons anciennes : au no 26 : hôtel des Angoisselles agrémenté d'une tour à clocheton ; au no 11 : hôtel de pierre du 18e s. où Napoléon résida pendant la campagne de France ; au no 3 : belle maison de pierre et brique, construite sous Louis XIII, qui appartenait au Commandeur de l'Ordre de Malte.

Revenir sur ses pas et prendre à droite la rue de la Montée-des-Changes qui devient un passage avant d'atteindre la place du Marché au pain.

Place du Marché au pain (CZ 42). — Autrefois place aux Changes, elle voyait les changeurs installer leurs tables au cours des foires.

De cette place, belle vue sur la tour d'horloge de l'église St-Jean qui ressemble à un minaret.

La rue Urbain-IV ramène place du Maréchal-Foch.

LES ÉGLISES

★★Cathédrale St-Pierre-et-St-Paul (DEY). — Construite du 13ᵉ au 17ᵉ s., c'est un édifice remarquable par ses dimensions, la richesse de sa décoration et la beauté de sa nef.

La façade (début 16ᵉ s.) très ouvragée, est due en partie à Martin Chambiges, constructeur du transept de la cathédrale de Beauvais, qui travailla aussi à la cathédrale de Sens. Cette façade est ornée d'une belle rose flamboyante. Les trois portails sont surmontés de gâbles ouvragés. Sculptures et statues ont été détruites à la Révolution. Des deux tours prévues, seule celle de gauche, haute de 66 m, a été terminée au 17ᵉ s. A sa base une plaque rappelle le passage de Jeanne d'Arc à Troyes, le 10 juillet 1429.

Contourner la cathédrale par la gauche pour admirer le portail du transept Nord (13ᵉ s.) dont la statuaire (disparue à la Révolution) lui avait valu le nom de Beau Portail ; la partie supérieure est remarquable : une immense rose, qui inscrit dans un carré ses 12 rayons en ogives, est accompagnée de quatre rosaces.

Intérieur. — Une impression de puissance et en même temps de légèreté se dégage de cet immense vaisseau. L'élégance de l'architecture, l'harmonie des proportions et l'éclat des vitraux soulignent l'admirable perspective de la nef et du chœur.

Les **verrières★★** permettent de comparer la technique du vitrail à des époques différentes.

Du 13ᵉ s., datent les vitraux du chœur et du déambulatoire. D'un dessin primitif, qui se soucie peu de la perspective, ils charment par la chaleur et l'intensité de leur coloris : ils représentent surtout de grands personnages isolés — papes et empereurs — et des scènes de la Vie de la Vierge. Du début du 16ᵉ s., les verrières de la nef sont d'une autre facture : la pureté des tons où dominent les rouges et la souplesse de la composition forment de véritables tableaux peints sur verre. On remarque, au Nord, l'Histoire de la Vraie Croix, la Légende de saint Sébastien, l'Histoire de Job et celle de Tobie ; au Sud, l'Histoire de Daniel, celle de Joseph, la Parabole de l'Enfant prodigue et un magnifique Arbre de Jessé.

La rose de la façade, œuvre de Martin Chambiges, a été terminée en 1546 et décorée d'une verrière exécutée par Jehan Soudain : les Patriarches entourent Dieu le Père. Elle est partiellement masquée par le buffet d'orgue du 18ᵉ s., provenant de Clairvaux.

La 4ᵉ chapelle du bas-côté gauche est éclairée par le célèbre **« Pressoir Mystique »**, exécuté en 1625 par Linard Gontier. On voit le Christ étendu sous les montants du pressoir, le sang qui s'échappe de la plaie de son côté remplissant un calice. De sa poitrine s'élance un cep de vigne dont les rameaux supportent les douze apôtres.

★Trésor. — Dans une salle voûtée du 13ᵉ s., sont exposés une chape rouge brodée de ⓥ médaillons (14ᵉ s.), un coffret d'ivoire teinté de pourpre (11ᵉ s.), la châsse de saint Bernard (12ᵉ s.), des évangéliaires ornés de gemmes antiques ou de cornalines gravées du panthéon gréco-romain, des émaux mosans de la fin du 12ᵉ s. A l'étage : merveilleuse collection d'**émaux** limousins et d'orfèvrerie du 16ᵉ au 18ᵉ s. et autel baroque.

★Basilique St-Urbain (DY). — Elle illustre parfaitement l'art gothique champenois du 13ᵉ s. Elle fut construite de 1262 à 1286, par ordre du pape Urbain IV, originaire de Troyes, sur l'emplacement de l'échoppe de savetier de son père. On rapporte à ce sujet que les religieuses de Notre-Dame aux Nonnains, à qui appartenait le terrain où l'on commença à édifier l'église, décidèrent, s'estimant lésées, d'employer la manière forte pour reprendre leur bien : l'abbesse en tête, elles pénétrèrent sur les chantiers et les saccagèrent après avoir mis en fuite les ouvriers. L'année suivante, elles récidivèrent et l'abbesse porta le scandale à son comble en soufflettant l'évêque d'Auxerre qui venait bénir le cimetière de St-Urbain.

Extérieur. — La façade Ouest date du 19ᵉ s. ; sous le porche, portail du 13ᵉ s., dont le tympan représente le Jugement dernier. Longer l'édifice jusqu'au chevet pour admirer la légèreté des arcs-boutants, l'élégance des fenêtres, la grâce des pinacles, des gargouilles et des autres éléments décoratifs. Les portails latéraux s'abritent sous des porches du 14ᵉ s.

ⓥ **Intérieur.** — Tout l'intérêt se concentre sur le chœur, construit d'un seul jet. Exemple rare au début du gothique, les verrières occupent une surface considérable, réduisant les murs à une simple ossature de pierre. Les **verrières** du 13ᵉ s. occupent les médaillons des fenêtres basses du sanctuaire, les fenêtres hautes du sanctuaire et du chœur et les médaillons de la chapelle St-Joseph, à gauche du chœur (Annonciation, Visitation, Saints Innocents).

(Photo Lauros-Giraudon)

St-Urbain-de-Troyes. — **La Vierge au raisin.**

Dans la chapelle à droite du chœur, sur l'autel, la souriante **« Vierge au raisin »** est un bel exemple de la sculpture troyenne du 16e s. ; à gauche, remarquer le groupe avec saint Roch, en costumes de l'époque Louis XII.

Dans le chœur à gauche, remarquer un bas-relief polychrome, qui recouvre les restes d'Urbain IV (1185-1264).

★ **Église Ste-Madeleine** (CZ). — C'est la plus ancienne église de Troyes. L'église primitive de la fin du 12e s. a été très remaniée au 16e s. Elle reçut une nouvelle abside de 1498 à 1501, ainsi que la tour Renaissance de la façade Ouest et, rue de la Madeleine, la porte flamboyante de l'ancien charnier (1525) décorée de la salamandre, emblème de François Ier, et de son monogramme « F ».

La nef gothique reconstruite dans la seconde moitié du 19e s. a un triforium aveugle surmonté de fenêtres géminées, mais toute l'attention est attirée par le remarquable jubé de pierre.

★★ **Jubé.** — De style flamboyant il fut exécuté de 1508 à 1517 par Jean Gailde, sculpteur et architecte troyen. Composé de trois arcs d'ogive festonnés, il est enrichi d'une merveilleuse floraison de feuillages et de figurines sculptées portant les costumes Renaissance. Une balustrade fleurdelisée le surmonte ; côté chœur, un escalier, dont la rampe repose sur une corniche ornée de figures grotesques et de choux frisés, atteint la galerie. Sur la face collatérale Nord du jubé, un groupe de bois peint, délicatement sculpté est une œuvre flamande du 16e s.

★ **Sainte Marthe.** — *Dans le bas-côté droit contre un pilier de la nef.* Très représentative de l'école troyenne du 16e s., cette œuvre du Maître de Chaource *(voir p. 53)* frappe par son visage grave et très émouvant. Patronne des servantes (dont elle porte ici le costume du 16e s.) sainte Marthe est représentée terrassant la tarasque, que l'on voit à ses pieds, en l'aspergeant d'eau bénite avec un goupillon.

★ **Les verrières.** — Le chevet est orné de grandes verrières Renaissance au coloris éclatant : de gauche à droite la vie de Saint Louis (1507), la Création du Monde (1500) — dont les premières scènes en bas à gauche montrant la séparation des eaux, la lumière… sont des réalisations presque abstraites —, la légende de Saint Éloi (1506), l'Arbre de Jessé (1510), la Passion (1494) — en bas sont représentés les donateurs et leur saint Patron —, la vie de Sainte Madeleine (1506) et le triomphe de la Croix. Devant le vitrail de la Passion s'élève une très belle statue de saint Sébastien.

★ **Église St-Pantaléon** (CZ E). — Cette église du 16e s., voûtée de bois au 17e s., éclairée de hautes verrières Renaissance, présente un surprenant balcon sinueux. Les piliers de la nef sont ornés d'une double rangée de statues du 16e s. provenant d'églises détruites à la Révolution. Au premier pilier, à droite, la statue de **saint Jacques** par Dominique Florentin est un autoportrait de l'artiste. Face à la chaire la belle **Vierge de douleur** est d'esprit gothique, tandis qu'aux piliers du chœur, la **Charité et la Foi,** œuvres de Dominique Florentin sont teintées d'italianisme. On remarque dans la deuxième chapelle Sud, le groupe polychrome en bois de l'**Arrestation de saint Crépin et saint Crépinien** et, en sortant, à gauche du portail, une tribune avec deux prêtres juifs.

○ **Église St-Jean** (CZ). — Dans cette église dont la tourelle d'horloge est du 14e s., fut célébré, en 1420, le mariage de Catherine de France, fille de Charles VI et d'Isabeau de Bavière, avec Henri V d'Angleterre. La nef, assez basse, est de style gothique ; le chœur, réédifié au début du 16e s., est beaucoup plus élevé. Au-dessus de l'autel, deux tableaux de Mignard : Dieu le Père et le Baptême du Christ.

○ **Église St-Nicolas** (BZ). — Reconstruite après l'incendie de 1524, elle présente un portail Sud flanqué de pilastres et orné de statues de François Gentil. A l'intérieur, tribune très ouvragée, occupée par la chapelle du Calvaire, avec loggia et balustrade. Prendre l'escalier dans le bas-côté pour admirer la voûte à clés pendantes. Parmi les statues groupées dans cette chapelle, notons le Christ tombant sous sa croix, le Christ à la colonne et la Sainte Agnès souriant à un agneau. Sous la tribune, bas-reliefs du 16e s. et, au pilier central, Saint Bonaventure.

○ **Église St-Remy** (CY). — Élevée aux 14e et 16e s., restaurée, elle se signale par son fin clocher d'ardoises hélicoïdal, cantonné de clochetons aigus.

L'intérieur est orné de nombreux panneaux peints sur bois en grisaille, du 16e s. Médaillons en bas-relief (La Mort en prière, Jésus et la Vierge) et crucifix en bronze de Girardon, paroissien de St-Remy.

LES MUSÉES

★★ **Musée d'Art moderne** (DEY M¹). — En 1976, Pierre et Denise Levy, industriels troyens, firent don à l'État de l'importante collection d'œuvres d'art qu'ils avaient rassemblée depuis 1939. La ville de Troyes décida alors d'aménager les bâtiments de l'ancien palais épiscopal pour présenter cette collection.

Le bâtiment. — Encadrant une cour donnant sur un côté de la cathédrale, l'évêché comprend une partie Renaissance, où l'on retrouve le damier champenois en brique et pierre, et une aile, ajoutée au 17e s., dont le fronton est orné des armes de l'évêque, qui la fit construire.

Depuis 1905, ce bâtiment avait perdu sa fonction d'origine pour abriter des bureaux administratifs. Sa restauration a remis en valeur les vastes pièces aux plafonds à poutres ou à caissons, les cheminées monumentales et le très bel escalier Renaissance sculpté. Les aménagements modernes : éclairages indirects, grandes baies vitrées se marient fort bien avec le style dépouillé de l'architecture.

(Photo Musée d'Art Moderne/A.D.A.G.P. 1985)

« Port de Collioure, le cheval blanc » par André Derain.

La collection. — Elle comprend 388 peintures (toutes de la fin du 19e s. et du début du 20e s.), 1 277 dessins, 104 sculptures, des verreries et des pièces d'art africain. Elle est particulièrement riche en **œuvres des peintres fauves★★**. Le surnom de fauve avait été donné, au salon de 1905, à quelques peintres qui « faisaient rugir la couleur ». Les formes étranges et l'absence de perspective leur avaient aussi valu le surnom d'invertébrés. Les toiles de Derain, grand ami de M. Levy, explosent de couleurs dans les représentations de Londres (Hyde Park, Big Ben) et de Collioure, ainsi que celles de Vlaminck (Paysage à Chatou), de Braque (Paysage à l'Estaque), et de Van Dongen qui utilise le même procédé « fauve » de la couleur pure étendue en larges aplats dans ses portraits mondains.

De la période antérieure aux fauves, on remarquera dans les premières salles, deux petits Courbet, un beau double portrait de Degas, une saisissante esquisse de Seurat « les pêcheurs à la ligne » qui servit pour son tableau « La grande jatte », un attachant Vallotton « Femme cousant dans un intérieur » et les insolites représentations d'usines de Vuillard.

Les œuvres plus récentes comptent des tableaux de Robert Delaunay, avant sa période abstraite, des œuvres de Roger de La Fresnaye, de Modigliani, de Soutine, de Buffet, de Nicolas de Staël, de Balthus et des toiles de Derain postérieures à sa période fauve.

Pierre Levy a aussi rassemblé un important fonds d'un autre Troyen, Maurice Marinot, peintre qui devint verrier et dont on admirera les curieuses créations de style Arts Déco.

Les dessins, en nombre important, sont présentés par roulement dans une vaste salle d'exposition aménagée dans les combles sous une superbe charpente.

Enfin la collection d'art africain, présentée comme dans un écrin comprend des statues, des boîtes reliquaires Fang, des cimiers coiffes Bambaras représentant des antilopes stylisées qui inspirèrent de nombreux peintres du début du siècle.

★Hôtel de Vauluisant (CZ M²). — Construit au 16e s. sur l'emplacement d'un édifice appartenant aux abbés de Vauluisant, cet hôtel présente une belle façade Renaissance à tourelles, dont les toits sont surmontés d'épis représentant le soleil et la lune, et des bâtiments du 17e s.

Il a conservé sa grande salle d'apparat avec son plafond à la française et sa magnifique cheminée de pierre.

Il abrite deux musées.

★Musée historique de Troyes et de Champagne. — Une première section présente un panorama de l'art en Champagne méridionale, de la fin du 15e s. à la fin du 16e s., par la fameuse école troyenne : sculptures (Christ en croix attribué au Maître de Chaource, Vierge polychrome de Villenauxe, Mise au tombeau de Montier-la-Celle), peintures (la Vierge au manteau rouge, le Songe de saint Joseph, l'Assomption de la Vierge), quelques vitraux et objets d'art.

Une seconde section « Troyes à travers les âges » retrace l'évolution de la ville et de sa région à l'aide de documents graphiques (dessins, peintures, gravures) ou d'objets divers (éléments d'architecture, costumes...).

Musée de la Bonneterie. — Il est consacré à l'activité essentielle de la ville, capitale française de la bonneterie. Plusieurs salles illustrent les procédés de fabrication et l'histoire de la bonneterie, puis sont exposées des collections exceptionnelles de bas, chaussettes, gants, maillots... dont certaines pièces remontent au 18e s. Un ensemble de machines et de métiers et la reconstitution d'un atelier artisanal de bonnetier au 19e s. montre l'évolution des techniques.

★Maison de l'Outil et de la Pensée ouvrière (CZ M³). — Elle occupe l'hôtel de
Ⓥ **Mauroy★**, intéressant exemple de l'architecture troyenne du 16ᵉ s. Sa façade sur la rue
est appareillée en damier champenois tandis que dans la cour s'intercalent colombages,
briques, damier d'ardoise, bandeaux, autour d'une tourelle polygonale. Cet hôtel
construit en 1550 par de riches marchands devint, grâce à la générosité de Jean de
Mauroy, l'hôpital de la Trinité. On y accueillait les enfants pauvres pour leur apprendre
un métier. En 1745 des machines pour la fabrication de bas y furent introduites. Ce
fut le début de la bonneterie mécanique à Troyes. En 1966 la ville de Troyes remit cet
hôtel entre les mains des Compagnons du Devoir qui le restaurèrent et y installèrent
un musée original regroupant une remarquable collection d'outils.

Le 1ᵉʳ étage, bâti en portique de chêne apparent, renferme des vitrines, véritables
« monographies » sur les outils du bois, du fer et de la pierre.

Au 2ᵉ étage, sous les combles : outils de chaque métier, du maréchal-ferrant au
cordonnier en passant par le tanneur.

La bibliothèque, maison à pans de bois, à côté de l'hôtel de Mauroy, rassemble de
nombreux volumes sur la littérature ouvrière et l'histoire des métiers.

Ⓥ **Musée St-Loup** (DY M⁴). — Les bâtiments de l'ancienne abbaye St-Loup des 17ᵉ et
18ᵉ s., agrandie aux 19ᵉ et 20ᵉ s. abritent aujourd'hui deux musées et la bibliothèque.

Musée d'Histoire naturelle. — Occupant le rez-de-chaussée, il présente entre autres une
belle collection d'oiseaux du monde entier et un ensemble rare de météorites.

★Musée des beaux-arts et d'archéologie. — Situées dans les vastes caves de l'ancienne
abbaye, les collections d'**archéologie régionale★** vont de la Préhistoire aux Mérovingiens.
Parmi les pièces maîtresses citons : l'Apollon de Vaupoisson, bronze gallo-romain de
1,10 m de haut, et « le trésor de Pouan » ensemble exceptionnel d'armes et d'objets
de parure en orfèvrerie cloisonnée, provenant d'une tombe princière de la période
mérovingienne (5ᵉ s.).

La galerie des **sculptures médiévales** montre l'activité qui régna sur les chantiers de la
Champagne méridionale du 13ᵉ au 15ᵉ s. : chapiteaux, gargouilles, clefs de voûte,
statues ; très beau Christ en croix du 13ᵉ s.

Au 1ᵉʳ étage, les galeries de **peintures** exposent des œuvres de toutes les écoles du
15ᵉ s. au 19ᵉ s. Le 17ᵉ s. est particulièrement bien représenté avec des œuvres de
Rubens, Van Dyck, Philippe de Champaigne, Le Brun, Mignard... ainsi que le 18ᵉ s.
avec des tableaux de Watteau (l'Enchanteur et l'Aventurière), de Natoire, de Boucher,
de Fragonard, de Lépicié, de Greuze (portrait d'enfant au chat), de David, de Mme
Vigée-Lebrun. Dans ces galeries sont également présentés des tapisseries, des sculptures (œuvres de Girardon), des émaux du 16ᵉ s. et des meubles.

Bibliothèque. — Fondée en 1651, elle possède plus de 230 000 volumes. L'histoire du
livre est représentée depuis le 7ᵉ s. avec plus de 8 000 manuscrits et 700 incunables.
La **salle ancienne,** visible à travers une paroi vitrée au 1ᵉʳ étage du musée, était le
dortoir des chanoines.

Ⓥ **Hôtel-Dieu** (DY). — Édifice du 18ᵉ s. La belle grille monumentale donnant rue de la
Cité a été exécutée en 1760 par Pierre Delphin. La **pharmacie★** (M⁵) possède une riche
collection de bocaux en faïence du 18ᵉ s., 320 boîtes de bois peint décorées de
motifs (souvent végétaux) représentant les différentes variétés médicinales, des mor-
tiers de bronze des 16ᵉ et 17ᵉ s., des assiettes et des pichets d'étain. L'ancien
laboratoire est aménagé en musée. Chapelle du 18ᵉ s.

EXCURSIONS

★★Lac et forêt d'Orient. — *21 km à l'Est, Quitter Troyes par l'avenue du 1ᵉʳ-Mai puis
laisser la N 19 pour prendre, à gauche, la route de Mesnil-St-Père. Description p. 85.*

St-André-les-Vergers. — *10 692 h. 4 km au Sud. Quitter Troyes par le boulevard
Victor-Hugo, le boulevard de Belgique et la N 77, tourner à droite dans la rue de la
Ⓥ Croix-Blanche.* L'**église** du 16ᵉ s., restaurée, s'ouvre à l'Ouest par le « Portail des
Maraîchers », décoré de guirlandes de fruits et de légumes.

A l'intérieur : très belles statues en bois polychromes du 16ᵉ s. de la Vierge et de saint
Jean. Un retable Renaissance de l'école florentine décrit la vie de sainte Anne d'après
la Légende dorée.

St-Parres-aux-Tertres. — *2 406 h. 5 km à l'Est par l'avenue du 1ᵉʳ-Mai et N 19.*
Construite à l'emplacement où aurait été enseveli saint Parres, martyr troyen du 3ᵉ s.,
Ⓥ l'**église** date du 16ᵉ s. et le portail méridional a conservé son ornementation Renaissance. A l'intérieur de beaux vitraux du 16ᵉ s. qui avaient été déposés en 1939 ont
retrouvé leur place. De nombreuses œuvres d'art sont à remarquer : statue de saint
Parres tenant sa tête, dans la chapelle Nord, une ravissante Vierge à l'Enfant dans la
chapelle Sud. Sept sarcophages gallo-romains découverts à proximité de l'église y
sont aussi exposés...

Bouilly. — *911 h. 13 km au Sud par le boulevard Victor-Hugo, le boulevard de
Belgique et la N 77.*
Ⓥ Ce village est situé au pied du versant Est de la forêt d'Othe. L'**église St-Laurent** du
16ᵉ s. restaurée au 18ᵉ s. offre, au-dessus du maître-autel, un remarquable retable
Renaissance en pierre, représentant des scènes de la Passion ; sous ce retable, un
bas-relief d'une grande finesse a pour thème la Légende de saint Laurent ; statues du
16ᵉ s. parmi lesquelles un curieux Saint Sébastien décoré d'un collier en coquilles
St-Jacques, et une belle Sainte Marguerite.

Circuit de 46 km. — *Quitter Troyes au Nord-Ouest par l'avenue du 1ᵉʳ-Mai.*

ⓥ**Pont-Ste-Marie.** — 5 136 h. Au bord de la Bâtarde, **l'église,** construite au 16ᵉ s., présente une belle façade ornée de trois portails monumentaux, celui du centre est de style flamboyant (niches, archivolte à crochets) tandis que les deux autres sont de pur style Renaissance (guirlandes, rinceaux). A l'intérieur, nombreuses œuvres d'art et une très belle verrière de Linard Gontier *(voir p. 35).*

Suivre à gauche la D 78.

ⓥ**Ste-Maure.** — 1 567 h. **Église** du 15ᵉ s. au chœur Renaissance. Elle renferme le tombeau de sainte Maure (sarcophage du 9ᵉ s.).

A Rilly-Ste-Syre, prendre à gauche vers Fontaine-lès-Grès.

Fontaine-lès-Grès. — 863 h. L'**église Ste-Agnès★** fut construite en 1956 par l'architecte Michel Marot. De plan triangulaire, elle est surmontée d'un clocher élancé dont les arêtes prolongent celles du toit. A l'intérieur, des lambris de bois aux teintes chaudes recouvrent une ossature métallique. Chaque angle est coupé par un autel, disposition qui tempère la sécheresse du triangle. Sur le maître-autel, la lumière tombe d'une baie dissimulée dans le clocher, éclairant un Christ en bois, du 13ᵉ s., de l'école espagnole.

Prendre la N 19 en direction de Troyes.

VALMY   290 h.

Carte Michelin nº 🔢🔢 pli 19 ou 🔢🔢🔢 pli 22.

Près de ce petit village, voisin de la forêt d'Argonne, eut lieu le 20 septembre 1792, entre Français et Prussiens, un engagement qui se termina par une victoire française.

Un succès décisif des « Sans-Culottes ». — Ayant réussi à franchir à Grandpré les défilés de l'Argonne et à déborder l'armée de Dumouriez, les Prussiens, attaquant en direction de l'Est, avaient derrière eux le pays qu'ils avaient pour mission d'envahir, tandis que Dumouriez faisait face à la France qu'il était chargé de défendre.

Après une violente canonnade, les Prussiens tentèrent de gravir le plateau de Valmy. Mais les Français, jeunes volontaires dont l'ardent patriotisme suppléait à l'inexpérience du combat, firent bonne contenance, encouragés par Kellermann. Aux cris de « Vive la Nation », ils tinrent en échec les Prussiens et, le soir, Brunswick donnait l'ordre de retraite. En fait, la bataille de Valmy ne fut qu'un modeste engagement : sur une masse de 90 000 hommes, il y eut 184 Prussiens et 300 Français blessés ou tués. Mais ses conséquences psychologiques furent énormes ; elle contribua à affermir la Révolution. En effet, deux jours après la République était proclamée.

Moulin de Valmy. — Il a été reconstitué en 1947 exactement à l'image de celui auprès duquel se trouvait Kellermann au moment de l'attaque des colonnes prussiennes. Autour quatre tables d'orientation indiquent la position des armées en présence le 20 septembre 1792. Du moulin, **vue** étendue sur la Champagne et la forêt d'Argonne.

VARENNES-EN-ARGONNE   700 h. (les Varennois)

Carte Michelin nº 🔢🔢 plis 10, 20 ou 🔢🔢🔢 pli 18 — Schéma p. 41.

Cette petite ville, bâtie sur les bords de l'Aire, est surtout célèbre dans l'histoire par la fuite et l'arrestation de Louis XVI. Ayant reconnu le roi à Ste-Menehould le 21 juin 1791 *(p. 107),* **Drouet,** traversant à cheval la forêt d'Argonne par des raccourcis, arriva à 11 heures du soir à Varennes où il donna l'alerte. « Il faisait très noir, raconta-t-il, les voitures étaient le long des maisons. Pour ne pas être reconnus ni soupçonnés, nous jetâmes nos baudriers et nous ne gardâmes que nos sabres ». Aidé de son compagnon Guillaume, commis du district, de quatre gardes nationaux et de deux étrangers, Drouet arrêta la berline royale et son escorte près du beffroi actuel dit Tour de l'Horloge. Ayant montré leurs passeports mais n'ayant pu répondre sans se troubler aux questions qui leur étaient posées, le roi et sa famille furent conduits, près de là, dans la maison de l'épicier Sauce, procureur de la commune (un monument s'élève actuellement à l'emplacement de cette maison). Louis XVI ne chercha plus à nier qui il était et embrassa Sauce en lui disant : « Oui, je suis votre roi. » Tous ses espoirs de se voir délivrer par les troupes de Bouillé allaient s'envoler devant l'attitude énergique des habitants de Varennes et des gardes nationaux accourus des environs au son du tocsin. Le lendemain, 22 juin, arrivait le décret de l'Assemblée ordonnant l'arrestation du roi. Le retour à Paris s'acheva le 25 juin.

ⓥ**Musée d'Argonne.** — Le musée, installé dans un bâtiment moderne, comprend, sur deux niveaux, une exposition Louis XVI présentant des documents relatifs au roi et à son arrestation, une galerie consacrée aux arts et traditions de l'Argonne (faïences de l'Est), une grande salle groupant des souvenirs de la Guerre de 1914-1918 (combats souterrains de l'Argonne et intervention américaine).

Mémorial de Pennsylvanie. — Grandiose monument aux morts américains commémorant les combats de 1918. Jolie vue sur l'Aire et sa campagne, au Nord.

EXCURSION

★**Circuit de l'Argonne.** — *Page 40.*

VENDEUVRE-SUR-BARSE

2 980 h.

Carte Michelin n° 61 pli 18 ou 241 pli 38.

A mi-chemin entre Troyes et Bar-sur-Aube, Vendeuvre profite de la proximité du Parc naturel régional de la Forêt d'Orient.

Église. — Cet édifice du 16e s. présente au-dessus du portail Nord une intéressante sculpture Renaissance et à l'extérieur à droite une Pietà du 16e s.

Château. — Construit aux 16e et 17e s. au-dessus des vestiges d'un château antérieur, ce vaste édifice dominant un agréable parc ouvert au public, sert de cadre chaque été à un grand spectacle son et lumière.

VERTUS

2 870 h.

Carte Michelin n° 56 pli 16 ou 241 pli 25.

Au pied de la fameuse « Côte des Blancs » *(p. 46)*, Vertus est vouée à la vigne (450 ha de vignobles). C'était une possession des comtes de Champagne qui résidaient dans un château dont il ne subsiste que la porte Baudet. La cité fut, dès le Moyen Age, un centre commercial actif, doté de nombreuses fontaines d'eau vive et d'une enceinte dont les actuels boulevards circulaires indiquent le tracé. Elle offre l'image d'une tranquille petite ville aux rues irrégulières entrecoupées de charmantes placettes.

Vertus a donné naissance au poète **Eustache Deschamps** qui servit les rois Charles V et Charles VI, tout en exerçant la charge de Maître des Eaux et Forêts de Champagne.

Église St-Martin. — St-Martin de Vertus, dont l'origine est probablement mérovingienne, était le siège d'une communauté de chanoines réguliers aux 11e et 12e s. Ravagée par un incendie en 1167, elle devint église paroissiale. Elle a subi de nombreuses transformations au cours des siècles, pour être finalement restaurée à la suite de l'incendie de juin 1940.

A l'intérieur, le transept et le chœur à chevet plat comportent des voûtes d'ogives primitives. Sur un autel du croisillon droit, Pietà (16e s.) finement sculptée ; dans la chapelle des fonts, statue de saint Jean-Baptiste (16e s.), en pierre. Du croisillon gauche, un escalier mène aux quatre cryptes du 12e s. formant un ensemble curieux ; remarquer dans la crypte centrale de beaux chapiteaux ornés de grandes feuilles larges. Elles s'appuient sur des pilotis de bois plongés dans une rivière souterraine alimentant le puits St-Martin.

*Les **cartes Michelin** sont constamment tenues à jour.*
Ne voyagez pas aujourd'hui avec une carte d'hier.

★ VIGNORY

385 h.

Carte Michelin n° 61 pli 20 ou 241 pli 39.

Dominé par les ruines de son château, Vignory se niche aux creux d'un vallon.

★ **Église St-Étienne.** — Bâtie de 1032 à 1057 en même temps que le prieuré dont elle dépendait, c'est un exemple précieux de l'architecture romane au milieu du 11e s.

La tour du clocher, de plan rectangulaire, montre, sur chacune des faces des deux étages supérieurs, deux couples de baies géminées et, au-dessous, un étage de baies murées assez profondes. Elle est coiffée d'un cône de pierre que recouvre un toit octogonal.

★ **Intérieur.** — Bien que remaniée, l'église a conservé son aspect primitif avec sa nef de 9 travées séparée des collatéraux par un mur qui s'élève sur trois étages : grandes arcades, claire-voie et fenêtres hautes *(voir illustration p. 33)*. A l'étage inférieur les grandes arcades reposent sur des piles rectangulaires ; au-dessus, chaque baie géminée est séparée par une colonne à fût trapu dont le chapiteau montre des influences celtes et orientales : triangles, chevrons, billettes, feuillages et animaux stylisés. Le chœur, réuni à la nef par un arc triomphal très élevé, se divise en deux parties : un avant-chœur à deux étages et une abside en cul-de-four séparée du déambulatoire par sept colonnes, alternativement rondes et trapézoïdales, dont deux présentent des chapiteaux ouvragés (lions ailés).

Cinq chapelles ont été ajoutées du 14e au 16e s. dans le bas-côté Sud.

L'église est riche en **sculptures** des 14e, 15e et 16e s. provenant d'ateliers provinciaux. Dans la chapelle axiale une grande statue de la Vierge portant l'enfant Jésus un oiseau à la main (14e s.) a un caractère monumental. L'ensemble le plus remarquable se trouve dans la première chapelle du bas-côté, il comprend un devant d'autel représentant le Couronnement de la Vierge entre saint Pierre et saint Paul et un retable sur lequel se déroulent les scènes de la Passion encadrées par les deux donateurs présentés par saint Jean-Baptiste et sainte Catherine. De ce même atelier de sculpture champenois (fin du 14e s., 15e s.) provient la série des petites scènes de la Nativité (quatrième chapelle).

VILLEMAUR-SUR-VANNE
390 h.

Carte Michelin n° **61** pli 15 ou **237** pli 46 — 27 km à l'Ouest de Troyes.

Cet humble village fut, au 17ᵉ s., érigé en duché-pairie pour le chancelier Séguier.

⊘ **Église.** — 12ᵉ et 16ᵉ s. Elle est caractérisée par un clocher en charpente recouvert de bardeaux.

A l'intérieur, très beau **jubé**★ en bois (1521), sculpté par deux frères, maîtres menuisiers à Troyes : les panneaux évoquent la Vie de la Vierge et la Passion. Le lutrin (16ᵉ s.) et les boiseries du chœur (17ᵉ s.) proviennent de St-Loup de Troyes.

Villemaur-sur-Vanne.
Détail du Jubé.

Créez vos propres itinéraires
à l'aide
de la carte des principales curiosités et régions touristiques (p. 4 à 7).

VILLENAUXE
1 831 h.

Carte Michelin n° **61** pli 5 ou **237** pli 33 (15 km au Nord de Nogent).

Villenauxe-la-Grande est située sur la « falaise » de l'Ile-de-France à la limite de la Brie champenoise. La petite ville se blottit dans les vallonnements d'une terre bien cultivée, où apparaissent de place en place de blanches taches crayeuses.

Église. — Les carrières de grès de Villenauxe ont fourni le matériau de cette église, ce qui explique sa fruste décoration extérieure. Sa tour du 16ᵉ s. s'élève sur les premières travées du bas-côté Nord. Le portail flamboyant, très dégradé, porte les effigies de saint Pierre et de saint Paul.

Intérieurement, on est frappé par l'ordonnance du chœur gothique et du déambulatoire du 13ᵉ s. La voûte lambrissée du chœur est soutenue par de hautes arcades en tiers-point qui retombent sur des piliers ronds.

Le **déambulatoire**★ recouvert de nervures en amandes est éclairé par des doubles fenêtres surmontées d'oculi à cinq lobes.

Pour avoir la meilleure perspective du vaisseau, se placer dans le déambulatoire à hauteur de l'autel. La nef Renaissance, aux arcades plus spacieuses et moins décorées que celles du chœur, est couverte de voûtes d'ogives ramifiées plus élevées.

Bas-côtés de la même époque. Le bas-côté Sud possède de belles clés pendantes.

EXCURSION

Nesle-la-Reposte. — 105 h. *6 km au Nord. Quitter Villenauxe par la route d'Esternay (D 52) et, avant la voie ferrée, prendre à gauche la D 197 qui remonte un frais vallon.* Charmant village campagnard, Nesle-la-Reposte est né d'une abbaye bénédictine des 12ᵉ-13ᵉ s., dont subsistent quelques vestiges.

⊘ Au déclin du plateau, l'**église** paroissiale abrite un tombeau d'abbé (début 13ᵉ s.) provenant du cloître de l'abbaye.

VITRY-LE-FRANÇOIS
18 829 h. (les Vitryats)

Carte Michelin n° **61** pli 8 ou **241** pli 30.

Nœud de communications et place stratégique, Vitry-le-François est la capitale du **Perthois,** plaine fertile s'étendant entre la Marne et la forêt de Trois-Fontaines.

En effet, Vitry occupe une situation géographique exceptionnelle sur la rive droite de la Marne, au pied de la falaise crayeuse de Champagne, en amont du confluent de la Saulx et à la jonction des canaux de la Marne au Rhin et de la Marne à la Saône.

Une vocation militaire. — L'origine de Vitry-le-François est relativement récente puisque c'est **François Iᵉʳ** qui la fit construire pour remplacer la cité primitive, Vitry-en-Perthois, rasée en 1544 par les troupes de Charles Quint. A la nouvelle ville forte le roi chevalier donna son nom et ses armes « d'azur à la salamandre d'or… chargé de trois fleurs de lis d'or… ». Un ingénieur bolonais, Jérôme Marini, en conçut le plan géométrique en damier, avec une grande place d'armes pourvue d'un pilori, des fortifications bastionnées et, à l'Est, une citadelle détruite au 17ᵉ s.

En fait, le rôle stratégique de Vitry ne se révéla guère avant 1814 : **Napoléon,** qui mena un raid hardi sur les arrières ennemis, manqua de peu d'y capturer l'empereur Alexandre de Russie, le roi de Prusse et le généralissime autrichien Schwartzenberg.

En 1940, un bombardement aérien, le 16 mai, et surtout le 13 juin des tirs d'artillerie incendièrent l'agglomération et la démolirent à 90 %. Elle est aujourd'hui reconstruite sur son plan primitif.

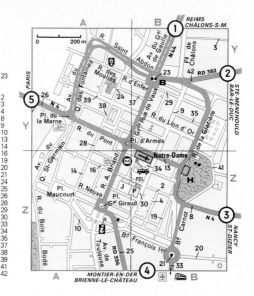

CURIOSITÉS

⊙ **Église Notre-Dame** (BZ). — Dominant la place d'Armes, cette église des 17e et 18e s. constitue un intéressant exemple de style classique par les lignes équilibrées et les proportions rigoureuses de sa façade : typiques tours jumelles cantonnées de volutes et surmontées de pots à feu.

A l'intérieur, on apprécie la majesté de la nef et du transept que prolonge une abside datant seulement de la fin du 19e s. Le mobilier comprend, entre autres, un autel surmonté d'un baldaquin, un buffet d'orgue provenant de l'abbaye de Trois-Fontaines *(p. 106)* et des boiseries (chaire, banc d'œuvre) du 18e s. Remarquer une Crucifixion peinte par Jean Restout en 1737 *(dernière chapelle du bas-côté gauche)*.

Hôtel de Ville (BZ H). — Il occupe les bâtiments du 17e s. d'un couvent de récollets.

Porte du Pont (BY B). — Ce bel arc de triomphe (1748) portant des trophées avait été élevé en l'honneur de Louis XIV. Il fut démonté en 1938 et il fallut attendre 1984 pour le voir s'élever de nouveau à l'entrée Nord de la ville.

EXCURSIONS

★ **St-Amand-sur-Fion.** — *10 km au Nord par ①, la route de Châlons (N 44) et la D 260. Description p. 105.*

Vitry-en-Perthois. — *920 h. 4 km par la RD 382.*
Ce village reconstruit à l'emplacement de l'ancienne ville médiévale, incendiée en 1544, reçut à la suite de ce tragique événement le nom de Vitry-le-Brûlé.
Du pont sur la Saulx, agréable vue sur la rivière et un moulin.

VOUZIERS
5 214 h. (les Vouzinois)

Carte Michelin n° 56 pli 8 ou 241 pli 18.

Simple village au Moyen Age, cette petite ville baignée par l'Aisne devint au 16e s. un centre commercial important, grâce à la création d'une foire par François Ier, en 1516.
Au cours des deux dernières guerres, la ville subit d'importants dommages.
C'est la patrie de Taine (1828-1893), philosophe et historien, et du poète Paul Drouot (1886-tué en 1915), auteur d'une Histoire de Vouziers.
Au cimetière repose l'aviateur Roland Garros qui traversa la Méditerranée en 1913.

Église St-Maurille. — Elle s'ouvre par un triple **portail** ★ Renaissance, extrêmement curieux.
Commencés en 1534, ces portails très richement décorés, devaient être l'amorce d'une église nouvelle dont la construction fut interrompue par les guerres de Religion. Pendant plus de deux siècles, le portail resta isolé en avant de l'église. En 1769, on le réunit à l'édifice par la construction de deux travées intermédiaires auxquelles on ajouta, sur la façade, un campanile d'un style regrettable.

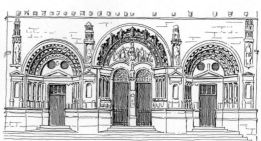

Vouziers. — Portails Renaissance.

Les statues des quatre Évangélistes occupent des niches séparant les trois porches. Le tympan du porche de gauche montre un squelette, celui du porche de droite le Christ ressuscité. A la première voussure du porche du portail central, dont le tympan évoque l'Annonciation, de curieux pendentifs figurent le Bon Pasteur et six apôtres.

L'église possède quelques statues anciennes dont une jolie Vierge Renaissance.

EXCURSION

St-Morel. — 212 h. *8 km au Sud. Quitter Vouziers par la D 982 ; à 7 km prendre à droite la D 21.*

L'église du 15ᵉ s. possède trois nefs d'égale hauteur.

C'est sur le territoire de St-Morel que fut abattu, en octobre 1918, le grand aviateur Roland Garros.

WASSY
3 596 h. (les Wasseyens)

Carte Michelin nº 61 pli 9 ou 241 pli 34.

Wassy appartient au Vallage, « pays » de la Champagne humide, entre Blaise et Marne. C'est une petite ville, tranquille et retirée, dont l'activité industrielle se compose surtout de fonderies installées à Brousseval et Wassy, sur les bords de la Blaise : avant la Première Guerre mondiale, la **vallée de la Blaise** *(voir aussi p. 46)* était un des principaux centres de l'industrie du fer en France, grâce au bois des forêts du Val ou du Der pour le combustible et l'eau de la Blaise pour la trempe.

Revenant de Joinville où il était allé visiter sa mère, **François de Guise** (1519-1563) entra en son fief de Wassy, partiellement gagné à la Réforme, un dimanche (1ᵉʳ mars 1562) à l'heure du prêche. Là, ses gens se prirent de querelle avec des protestants qui assistaient à leur assemblée dans une vaste grange, et bientôt on en vint aux mains. Les arquebusiers du duc pénétrèrent dans la grange et massacrèrent les « parpaillots » qui leur tombaient sous la main.

Ce « massacre de Wassy », que François de Guise devait désavouer, bien qu'il y eût assisté, causa une profonde émotion dans toute la France protestante et fut à l'origine des guerres de Religion qui déchirèrent le royaume jusqu'en 1598, année de l'édit de Nantes.

Place Notre-Dame. — Elle constitue le centre de Wassy.

Église Notre-Dame. — C'est dans l'ensemble un édifice de la seconde moitié du 12ᵉ s. qui offre des éléments romans et gothiques : à l'extérieur, tour romane et portail gothique, à l'intérieur, chapiteaux romans, offrant une gamme particulièrement riche de motifs décoratifs, et voûtes gothiques.

Hôtel de Ville. — Daté de 1775, il abrite une intéressante horloge astronomique du début du 19ᵉ s.

De la place Notre-Dame, on accède, par la rue du Temple, à la **Grange de Wassy,** reconstruite en face de la maison qu'habita **Paul Claudel** de 1879 à 1881 ; fils d'un conservateur des Hypothèques, Paul Claudel fut élève du collège de Wassy durant un an.

Lac-réservoir des Leschères. — *1 km au Sud ; signalé « La Digue » au départ de Wassy.*

Dans un cadre verdoyant, cette retenue alimente le canal de la Blaise. *Baignade, barques.*

Renseignements pratiques

LOISIRS

Principaux plans d'eau

	Page du guide	Ville proche	Superficie en ha	Voile et planche à v.	Baignade	Moto-nautisme
Bairon	59	Le Chesne	80	oui	oui	non
Charmes	70	Langres	197	oui	oui	non
Der-Chantecoq	61	Vitry-le-François	4 800	oui	oui	oui
Forêt-d'Orient	85	Troyes	2 300	oui	oui	non
Liez	70	Langres	270	oui	oui	oui
Mouche	70	Langres	94	oui	oui	non
Vieilles-Forges	105	Revin	160	oui	oui	non
Villegusien	70	Langres	197	oui	oui	non

Tourisme fluvial. — Pour les renseignements concernant la navigation et la location de bateaux habitables s'adresser :
- en Champagne : pour la navigation : Service de la navigation de la Seine, arrondissement Champagne, 76, rue de Talleyrand, 51100 Reims. ✆ 26 40 36 42 ; pour la location : Comité Régional de Tourisme Champagne-Ardenne, 5, rue de Jéricho 51000 Châlons-sur-Marne, ✆ 26 64 35 92.
- en Ardennes : Loisirs-Accueil en Ardennes, Résidence Arduinna, 18, avenue Georges-Corneau, 08000 Charleville-Mézières. ✆ 24 56 00 63.

Des **croisières en vedettes panoramiques** sur la Meuse sont organisées par Loisirs-Accueil en Ardennes *(voir ci-dessus)* au départ de Charleville, Monthermé et Revin.

Randonnées pédestres. — Les topoguides sont édités par la Fédération française de la Randonnée pédestre — Comité national des sentiers de Grande Randonnée. Pour les acheter s'adresser au 64, rue de Gergovie 75014 Paris ✆ 45 45 31 02.

Randonnées équestres. — Toutes les adresses des centres équestres et les possibilités de randonnées sont regroupées par l'Association Champagne-Ardenne pour le Tourisme Equestre (A.C.A.T.E.) St-Étienne-à-Arnes, 08310 Juniville, ✆ 24 30 34 52.

QUELQUES LIVRES

La Champagne et la Lorraine, par Lucienne ROME *(Édition Solar)*

Champagne-Ardenne *(Collection Beautés de la France - édition Larousse)*

Le Guide des Ardennes, de Yanny HUREAUX *(Édition La Manufacture)*

Champagne, par M. CRUBELLIER, P. DEMOUY, R. et R. TEBIB, H. BOURCELOT, C. DUMENIL, R. CHOISELLE *(Éditeur : Christine Bonneton)*

La Champagne, les Ardennes, par P. DEMOUY et J.F. WIEDEMANN *(Éditions S.A.E.P., Colmar)*

Pays et gens de Champagne et des Ardennes *(Larousse, collection Pays et gens de France)*.

Gastronomie champenoise et ardennaise, par A. et P. DEMOUY *(Édition S.A.E.P., Colmar)*

Champagne romane (collection Zodiaque, exclusivité Weber)

Gîtes et refuges en France, par Annick et Serge MOURARET *(Créer)*.

ROMANS

Le pays où l'on n'arrive jamais, par A. Dhôtel (P. HORAY, Paris)

Le balcon en forêt, par J. Gracq (José Corti, Paris)

Tourisme et handicapés. — Un certain nombre de curiosités décrites dans ce guide sont accessibles aux personnes handicapées. Pour les connaître, consulter l'ouvrage « Tourisme quand même ! Promenades en France pour les voyageurs handicapés », édité par le Comité National Français de Liaison pour la Réadaptation des Handicapés (38, bd. Raspail, 75007 Paris - 45 48 90 13/48 76). Ce recueil fournit, par ailleurs, pour près de 90 villes en France de très nombreux renseignements d'ordre pratique, facilitant le séjour aux personnes à mobilité réduite, déficients visuels et mal-entendants.

Les **guides Michelin France** et **Camping Caravaning France** indiquent respectivement les chambres accessibles aux handicapés et les installations sanitaires aménagées.

PRINCIPALES MANIFESTATIONS

Samedi ou dimanche suivant le 22 janvier

Autour de Bar-sur-Aube et Epernay . . . . Fête de la Saint Vincent patron des vignerons, dans le vignoble

Ambonnay 🔲 pli 17 . . . . Fête de la Saint Vincent

Mars

Châlons-sur-Marne . . . . Carnaval

Jeudi saint

Les Riceys . . . . Foire du Grand Jeudi

Troyes . . . . Foire au Jambon

1er mai

Chaource . . . . Fête du muguet

La veille de l'Ascension jusqu'au dimanche suivant

St-André-les-Vergers . . . . Fête locale

Juin

Givet . . . . Fête de l'eau vive

Provins . . . . Fêtes médiévales

Troyes . . . . Foire de Champagne

2e dimanche de juin

Reims . . . . Fête de Jeanne d'Arc

4e dimanche de juin

Givet . . . . Fête des roses

Mi-juin à mi-septembre

Notre-Dame de l'Epine . . . . « Cathédrale de Lumière » Pélerinage tout l'été

Dimanche le plus proche du 24 juin

Château-Thierry . . . . Fête de La Fontaine

Fin juin - juillet-août

Braux-Ste-Cohière . . . . Festival d'été

Juin à septembre

Reims . . . . Festival « Cathédrale de Lumière »

Troyes . . . . « Cathédrale de Lumière »

Juillet

Château de Jean d'Heurs . . . . Spectacle son et lumière

1er dimanche de juillet

Fumay . . . . Fêtes nautiques

Dimanche avant le 14 juillet

Rocroi . . . . Foire aux fromages

Fin juillet

Brienne-le-Château . . . . Rassemblement aérien

Septembre ou octobre

Verzy . . . . Marché au miel

1er dimanche après le 8 septembre

Bar-sur-Seine . . . . Pèlerinage à Notre-Dame-du-Chêne

2e dimanche de septembre

Bar-sur-Aube . . . . Foire aux vins de Champagne

Pays d'Othe . . . . Fête du cidre

3e dimanche de septembre

Brienne-le-Château . . . . Fête de la choucroute de Champagne

Rocroy . . . . Spectacle historique

Octobre, tous les 2 ans (année paire)

Chaource . . . . Foire aux fromages

11 novembre

Givet . . . . Foire aux oignons

24 décembre

Braux-Ste-Cohière . . . . Noël des Bergers.

---

(1) Pour les localités non décrites dans ce guide, nous indiquons le n° de la carte Michelin et le n° du pli.

Conditions de visite

En raison des variations du coût de la vie et de l'évolution incessante des horaires d'ouverture de la plupart des curiosités, nous ne pouvons donner les informations ci-dessous qu'à titre indicatif.

Ces renseignements s'appliquent à des touristes voyageant isolément et ne bénéficiant pas de réduction. Pour les groupes constitués, il est généralement possible d'obtenir des conditions particulières concernant les horaires ou les tarifs, avec un accord préalable.

Les églises ne se visitent pas pendant les offices ; elles sont ordinairement fermées de 12 h à 14 h. Les conditions de visite en sont données si l'intérieur présente un intérêt particulier. La visite de la plupart des chapelles ne peut se faire qu'accompagnée par la personne qui détient la clé. Une rétribution ou une offrande est toujours à prévoir.

Des visites-conférences sont organisées de façon régulière, en saison touristique, à Châlons-sur-Marne, Charleville-Mézières, Château-Thierry, Langres, Provins, Reims, Ste-Menehould, Sedan, Troyes. S'adresser à l'office de tourisme ou au syndicat d'initiative.

AIX-EN-OTHE

Église. — S'adresser au presbytère.

ANDILLY-EN-BASSIGNY

Fouilles gallo-romaines. — Visite de Pâques à fin août le matin et l'après-midi. 6 F. ℰ 28 84 00 59.

AVENAY-VAL-D'OR

Église. — Ouverte pendant les offices. S'adresser au presbytère, 2, rue Charles-de-Gaulle. ℰ 26 52 30 14.

BAR-LE-DUC

Musée barrois. — Visite l'après-midi (les mercredis, samedis et dimanches seulement de mi-septembre à fin mai). Fermé les mardis et jours fériés. 4 F. ℰ 29 76 14 67.

Église Notre-Dame. — Fermée l'après-midi des dimanches et jours fériés.

BAYEL

Cristallerie. — Visite accompagnée (1 h 30) le matin à 9 h 30. Fermé les dimanches et jours fériés, et de fin juillet à fin août. 10 F. ℰ 25 92 05 02.

BAZEILLES

Maison de la dernière cartouche. — Visite le matin et l'après-midi. Fermée le vendredi. 10 F.

Château. — Visite le matin et l'après-midi. Fermé les lundis. 9 F. Parc ouvert toute l'année. ℰ 24 27 09 68.

Conditions de visite

BEAULIEU-EN-ARGONNE

Pressoir dans l'ancienne abbaye. — Si le guide n'est pas là, s'adresser au 5, ruelle de l'Abbaye, derrière la voûte. ✆ 29 70 72 81.

BELVAL

Parc de vision. — Visite de début février à fin juin et de septembre à mi-octobre les mercredis, samedis, dimanches et jours fériés l'après-midi ; pendant les vacances de printemps et en juillet et août tous les jours, toute la journée. 19 F. Nombreux aménagements dont un restaurant ; visites spéciales pour l'audition du brame et pour les photographes. ✆ 24 30 01 86.

BERULLE

Église. — S'adresser à M. Verhoye, cultivateur, Grande Rue.

BETON-BAZOCHES

Pressoir à cidre. — Visite accompagnée (1/2 h) le matin et l'après-midi. 5 F. ✆ 64 01 01 26.

BOUILLY

Église. — S'adresser au presbytère.

BRAUX-STE-COHIÈRE

Château. — Visite de fin juin à début septembre le matin et l'après-midi. Fermé les mardis. 15 F. ✆ 26 60 83 51.

BRAY-SUR-SEINE

Église. — Ouverte le matin des vendredis, samedis et dimanches.

BRIENNE-LE-CHATEAU

Château. — On ne visite pas.

Musée Napoléon. — Visite de mars à début décembre le matin et l'après-midi. Fermé les mardis et jours fériés. 6 F. ✆ 25 92 82 41.

Église. — Pour visiter, s'adresser à M. le Curé, 94, rue de l'École Militaire, ✆ 25 92 82 26 ou à la mairie de Brienne-le-Château.

BRIENNE-LA-VIEILLE

Musée du charronnage. — Visite de mai à fin octobre l'après-midi. 10 F. ✆ 25 92 85 65.

C

CHÂLONS-SUR-MARNE

Trésor de la cathédrale. — S'adresser au syndicat d'initiative ou au presbytère.

Musée du cloître de Notre-Dame-en-Vaux. — Visite le matin et l'après-midi ; les dimanches et jours fériés l'après-midi seulement. Fermé les mardis et 1er janvier, 1er mai, 1er et 11 novembre et 25 décembre. 15 F.

Église Notre-Dame-en-Vaux. — Fermée le dimanche après-midi.

Église St-Alpin. — Pour visiter, s'adresser au presbytère, 1, rue St Alpin. ✆ 26 64 18 30.

Bibliothèque. — Ouverte le matin et l'après-midi sauf les lundis, dimanches et jours fériés. ✆ 26 68 54 44.

Musée municipal. — Visite l'après-midi. Fermé les mardis et jours fériés. ✆ 26 68 54 44.

Musée Garinet. — Visite l'après-midi. Fermé les mardis et jours fériés. ✆ 26 68 54 44.

Église St-Loup. — Visite en juillet et août le mardi après-midi.

CHARLEVILLE-MÉZIÈRES

Musée Rimbaud. — Visite le matin et l'après-midi. Fermé les lundis, 1er janvier et 25 décembre. 4 F. ✆ 24 33 31 64.

CHÂTEAU-THIERRY

Maison natale de La Fontaine. — Visite accompagnée (1 h) toute la journée. Fermée les mardis et jours fériés. 11 F. ℰ 23 83 10 14.

Caves de champagne Pannier. — Visite accompagnée (1 h) en juillet et août à 11 h (15 h le dimanche) 16 h et 17 h ; le reste de l'année en semaine sur rendez-vous en s'adressant à Mme Martine Deshayes, 23, rue Roger Catillon 02400 Château-Thierry. ℰ 23 69 13 10, le dimanche à 15 h, 16 h et 17 h. Fermé le jour de Pâques, le 25 décembre et en janvier et février.

CHAUMONT

Musée municipal. — Visite l'après-midi. Fermé les mardis et jours fériés.

CHAVANGES

Église. — En travaux actuellement.

CHOOZ

Centrales nucléaires des Ardennes. — **Chooz A :** visite accompagnée tous les jours sauf les dimanches et jours fériés. Prendre rendez-vous 15 jours avant la visite. ℰ 24 42 05 26 poste 8433. Durée : 2 h.
Chooz B : Visite accompagnée l'après-midi des 1er et 3e samedis du mois ainsi que le 2e lundi du mois. Durée : 2 h. Pour tous renseignements : ℰ 24 42 20 96.

CIREY-SUR-BLAISE

Château. — Visite accompagnée (1/2 h) de mi-juin à mi-septembre l'après-midi. Fermé le mardi. 15 F. ℰ 25 55 43 04.

CLAIRVAUX

Abbaye. — Visite accompagnée (1 h 30) le 1er samedi du mois de mai à octobre à 13 h 45 et à 15 h 30 ainsi que le 3e samedi de septembre. 30 F. Pas d'appareil photographique. Pièce d'identité.

CLERMONT-EN-ARGONNE

Chapelle Ste-Anne. — S'adresser à la gardienne, maison attenante à la chapelle.

COLOMBÉ-LE-SEC

Cellier. — Visite possible en s'adressant à la ferme.

COLOMBEY-LES-DEUX-ÉGLISES

La Boisserie. — Visite le matin et l'après-midi. Fermée le mardi. 14 F. ℰ 25 01 52 52.

CONDÉ-EN-BRIE

Château. — Visite accompagnée (3/4 h) l'après-midi des dimanches et jours fériés de Pâques à début novembre, tous les jours en août. 20 F. ℰ 23 82 42 25.

DER-CHANTECOQ (Lac du)

Pour tout renseignement s'adresser à la Maison du Lac à Giffaumont-Champaubert ; adresse : 51290 St-Remy-en-Bouzemont, ℰ 26 72 62 80.

Promenades en bateau. — A partir de Giffaumont-Champaubert. De mi-avril à mi-septembre tous les après-midi. 21 F.

La Grange aux abeilles. — A Giffaumont. Visite tous les après-midi en juillet et août ; l'après-midi des samedis, dimanches et jours fériés en avril, mai, juin et septembre ; le dimanche après-midi en octobre. ℰ 26 72 61 97.

Château d'eau panoramique sur la D 55. — Visite d'avril à septembre les dimanches et jours fériés sur rendez-vous : ℰ 26 72 62 30.

Village-musée de Ste-Marie-du-Lac-Nuisement. — Visite d'avril à fin juin et en septembre les samedis, dimanches et jours fériés l'après-midi ; en juillet et août tous les après-midi. 6 F. ℰ 26 72 36 33.

Château d'eau panoramique de Ste-Marie-du-Lac. — Visite d'avril à octobre tous les jours le matin et l'après-midi. ℰ 26 72 37 19.

DORMANS

Chapelle de la Reconnaissance. — Ouverte en mai, juin et de début octobre à mi-novembre le samedi après-midi, et le matin et l'après-midi des dimanches et jours fériés ; en juillet, août et septembre tous les jours le matin (sauf le samedi) et l'après-midi.

DOUE

Église. — Ouverte les dimanches et jours fériés des Rameaux à la Toussaint l'après-midi. En dehors de cette période, s'adresser à M. Laverdet, 24 rue Renoux Prieux.

ÉPERNAY

Moët et Chandon. — Visite accompagnée (50 mn) le matin et l'après-midi. Fermée les samedis, dimanches et jours fériés de novembre à fin mars. ℘ 26 54 71 11.

Mercier. — Visite accompagnée (1/2 h) le matin et l'après-midi, toute la journée sans interruption les dimanches et jours fériés d'avril à octobre. Fermé du lundi au vendredi en décembre, janvier et février. ℘ 26 54 75 26.

de Castellane. — Visite accompagnée (3/4 h) de début mai à mi-octobre le matin et l'après-midi. ℘ 26 55 15 33.

Musée municipal. — Visite de mars à novembre le matin et l'après-midi. Fermé les mardis et jours fériés, et le 2e ou 3e dimanche de septembre (fête d'Épernay). 6,50 F. ℘ 26 51 90 31.

Jardin des Papillons. — Visite de mai à mi-octobre le matin et l'après-midi. 18 F. ℘ 26 55 15 33.

Parc du Sourdon. — Ouvert de Pâques à fin octobre toute la journée.

ESSÔMES

Église. — S'adresser à la mairie d'Essômes ou au presbytère de Château-Thierry, 1 rue de la Madeleine, ℘ 23 83 25 77.

La FERTÉ

Fort. — Visite des Rameaux à fin octobre les dimanches et jours fériés l'après-midi, en juillet et août tous après-midi. 10 F. ℘ 24 22 06 72.

GÉRAUDOT

Église. — Si l'église est fermée, s'adresser à Mme Carré. 1 rue du Général-Bertrand. ℘ 25 41 24 21.

GERMAINE

Maison du bûcheron. — Visite de mi-mars à mi-novembre les samedis, dimanches et jours fériés l'après-midi. 10 F. ℘ 26 59 44 44.

GIVET

Tour Victoire. — Visite accompagnée (1/2 h) de mi-juin à mi-septembre le matin et l'après-midi. 10 F.

Forge Toussaint. — Mêmes conditions de visite que la tour Victoire. Billet combiné.

Fort de Charlemont. — Visite accompagnée (1 h) en juillet et août le matin et l'après-midi. 15 F.

Grottes de Nichet. — Visite accompagnée (1 h) d'avril à fin septembre le matin et l'après-midi. 20 F. ℘ 24 42 00 14.

GRAND

Amphithéâtre. — Visite (accompagnée en juillet et août - 35 mn) le matin et l'après-midi. 4 F.

Mosaïque romaine. — Visite d'avril à mi-novembre le matin et l'après-midi ; le reste de l'année seulement le samedi après-midi et le dimanche matin et après-midi. Fermé en février. 4 F. ℘ 29 06 63 43.

h – i – j

HERMONVILLE

Église. — Ouverte le dimanche de 11 h 30 à 12 h. Sinon s'adresser au presbytère, 6 rue Nicolas Picotin ✆ 26 61 51 36 ou à la mairie.

ISLE-AUMONT

Église et site. — Visite guidée (1 h) tous les dimanches à 15 h. Les autres jours prendre rendez-vous avec M. Scapula. ✆ 25 41 81 94 (avant 9 h ou après 21 h).

JOINVILLE

Château du Grand-Jardin. — On ne visite pas. En cours de restauration.

l

LANGRES

Trésor de la cathédrale St-Mammès. — En cours de réaménagement. On ne visite pas actuellement.

Église St-Martin. — Pour visiter, s'adresser à M. Jourdain, rue du Champ-de-Navarre. ✆ 25 87 11 63.

Tours de Navarre et d'Orval. — Visite accompagnée (1 h) de mi-juin à mi-septembre les dimanches et jours fériés à 15 h, les mardis et jeudis à 17 h, en outre le lundi à 20 h 30 en juillet. 15 F. ✆ 25 87 03 32.

Musée du Breuil-de-St-Germain. — Visite le matin et l'après-midi. Fermé les mardis, 1er janvier, 1er mai, 1er novembre et 25 décembre. 3 F. ✆ 25 87 08 05.

Musée St-Didier. — Fermé provisoirement pour travaux d'agrandissement.

LOUVOIS

Château. — On ne visite pas.

m

MOLHAIN

Ancienne collégiale. — S'adresser à M. Jules Dethier, 7 rue Gambetta, Vireux-Molhain. ✆ 24 55 67 97.

MONTAGNE DE REIMS

Pour tout renseignement sur le Parc naturel régional, s'adresser à la Maison du Parc, 51160 Pourcy, ✆ 26 59 44 44. Pour les curiosités du Parc voir à Germaine, Pourcy et Ville-en-Tardenois.

MONTCORNET-EN-ARDENNE

Château. — En cours de restauration. Visite de Pâques à la Toussaint les samedis et dimanches après-midi, en juillet et août tous les après-midi sauf le lundi. 10 F. ✆ 24 54 93 48.

MONTHERMÉ

Église St-Léger. — Visite en juillet et août en semaine ; le reste de l'année, s'adresser à M. Lardenois. ✆ 24 53 08 74.

MONTIER-EN-DER

Haras national. — Visite accompagnée (1 h) tous les après-midi. ✆ 25 04 22 17.

Conditions de visite

MONTMORT-LUCY

Château. — Visite accompagnée (1 h) de mi-juillet à mi-septembre à 14 h 30 et, 16 h 30 ; les dimanches et jours fériés à 14 h 30, 15 h 30, 17 h et 17 h 30. Fermé le lundi. Entrée : 20 F. ☎ 26 59 10 04.

MONTSAUGEON

Église. — Ouverte les samedis et dimanches.

La MOTTE-TILLY

Château. — Visite accompagnée (50 mn) d'avril à fin septembre le matin et l'après-midi, en octobre et novembre seulement les samedis et dimanches après-midi. Fermé les mardis, 1er mai, 1er et 11 novembre. 22 F. ☎ 25 39 84 54.

MOUZON

Musée du Feutre. — Visite en juillet et août tous les jours le matin et l'après-midi ; en juin et septembre tous les jours l'après-midi seulement ; en mai et octobre, l'après-midi des samedis et dimanches. 10 F. ☎ 24 26 10 63.

MUSSY-SUR-SEINE

Église St-Pierre-ès-Liens. — S'adresser à M. Maurès, 2 rue des Ursulines, ☎ 25 38 42 89 ou à M. Potherat, 37 rue Gambetta. ☎ 25 38 43 33.

Musée de la Résistance. — Visite de mai à fin octobre les samedis, dimanches et jours fériés l'après-midi : 3 F. ☎ 25 38 40 10.

NESLE-LA-REPOSTE

Église. — S'adresser à M. Milcent. ☎ 26 80 41 27.

NOGENT-SUR-SEINE

Église St-Laurent. — Fermée les dimanches après-midi.

Musée Dubois-Boucher. — Visite d'avril à mi-juin et de mi-septembre à fin novembre les samedis et dimanches après-midi ; de mi-juin à mi-septembre tous les jours l'après-midi. 5 F.

Centrale nucléaire. — Visite accompagnée (3 h) le matin et l'après-midi ; fermée le samedi après-midi, les dimanches et jours fériés. Age minimal : 14 ans. Pièce d'identité exigée. Téléphoner au préalable au 25 39 32 60. Pour les étrangers, la demande doit être faite 10 jours avant la date de la visite. Le Centre d'Information est ouvert du lundi au vendredi le matin et l'après-midi, les samedis et dimanches l'après-midi seulement.

ORBAIS-L'ABBAYE

Église. — S'adresser à M. Georges Morand, 1 rue Thiers. ☎ 26 59 20 04.

ORIENT (Lac de la Forêt d')

Maison du Parc. — Renseignements sur le Parc naturel régional, expositions, projection d'un diaporama, location de bicyclettes. Ouverte le matin et l'après-midi sauf le 1er janvier et le 25 décembre. ☎ 25 41 35 57.

Promenade sur le lac. — Départ du port de Mesnil-St-Père de début mars à mi-septembre l'après-midi. Durée : 1 h. 22 F. Pour information, ☎ 25 41 21 64.

Parc de vision de gibier. — Visite d'avril à fin septembre les samedis, dimanches et jours fériés en fin d'après-midi ; le reste de l'année les 1er et 3e dimanches du mois. 10 F. ☎ 25 41 35 57.

Le PARACLET

Ancienne abbaye. — Prendre rendez-vous avec le Baron Walckenaer, Le Paraclet, Ferreux-Quincey 10400 Nogent-sur-Seine. ℰ 25 39 80 22.

PEVY

Église. — Pour visiter, s'adresser à Mme Letanneaux, face à l'église.

POISSONS

Église. — Pour visiter, s'adresser à Mme B. Donot, place de l'Église ou à M. J.-P. Saget, rue des Moines.

POMPELLE (Fort de la Pompelle)

Musée. — Visite toute la journée sans interruption. 20 F. ℰ 26 49 11 85.
La visite comprend un spectacle audiovisuel (20 mn) sur l'histoire du fort.

PONT-STE-MARIE

Église. — S'adresser à la mairie.

POURCY

Maison du Parc. — Visite du lundi au vendredi toute la journée. ℰ 26 59 44 44.

PREZ-SOUS-LAFAUCHE

Zoo de bois. — Visite de juin à mi-septembre l'après-midi. Fermé le lundi. 9 F. ℰ 25 31 57 76.

PROVINS

Pépinières de rosiers. — Visite libre le matin et l'après-midi.

Grange aux Dîmes. — Fermée pour restauration.

Musée du Provinois. — Visite des Rameaux au 11 novembre l'après-midi des dimanches et jours fériés ; tous les jours en juillet et août. 7 F. ℰ 64 00 16 65.

Église St-Quiriace. — Pour visiter, s'adresser à l'office de tourisme, à la tour de César. ℰ 64 00 16 65.

Tour de César. — Visite le matin (sauf les dimanches et jours fériés d'octobre à fin mars) et l'après-midi. Fermée les 1er janvier et 25 décembre. 8 F ; billet combiné avec les souterrains : 16 F, avec le musée 15 F, billet global : 18 F. ℰ 64 00 16 65.

Église St-Ayoul. — Fermée le mercredi.

Église Ste-Croix. — Fermée pour restauration.

Souterrains à graffiti. — Visite accompagnée (3/4 h) des Rameaux à fin juin et de septembre à mi-novembre les samedis, dimanches et jours fériés l'après-midi ; en juillet et août tous les jours l'après-midi. 18 F.

RARÉCOURT

Maison forte. — Visite en juillet et août le matin et l'après-midi. 15 F. ℰ 82 46 15 54.

Le RECLUS

Abbaye. — Visite accompagnée (1/2 h) en juillet et août à 15 h 30 et 16 h 30. Fermée le mardi. 12 F.

REIMS

Cathédrale Notre-Dame. — En été des visites-conférences par les guides des Monuments historiques ont lieu le matin (sauf dimanche) et l'après-midi. De juillet à mi-septembre le matin (sauf le dimanche) et l'après-midi, on peut aussi visiter les parties hautes ; 15 F.

Palais du Tau. — Visite le matin et l'après-midi. Fermé les 1er janvier, 1er et 8 mai, 1er et 11 novembre et 25 décembre. 16 F. ℰ 26 47 49 37.

Conditions de visite

Basilique St-Rémi. — Évocation « musique et lumière » tous les samedis à 21 h 30 de fin juin à début octobre.

Musée St-Rémi. — Visite l'après-midi. Fermé les 1er janvier, 1er mai, 14 juillet, 1er et 11 novembre et 25 décembre. 7 F. ✆ 26 85 23 36.

Caves de Champagne

Pommery. — Visite accompagnée (45 mn) le matin et l'après-midi ; de la Toussaint à Pâques, à 10 h, 11 h, 14 h 30, 15 h 30 et 16 h 30. Fermé entre le 25 décembre et le 1er janvier. ✆ 26 05 05 01. Escalier de 113 marches.

Taittinger. — Visite accompagnée (45 mn) le matin et l'après-midi. Fermé les samedis et dimanches de décembre à février. ✆ 26 85 45 35 poste 155.

Veuve Clicquot-Ponsardin. — Visite accompagnée (1 h) d'avril à fin octobre le matin et l'après-midi. Fermé le dimanche sauf si c'est un jour férié. ✆ 26 85 00 68. Il est préférable de prendre rendez-vous.

Ruinart. — Visite accompagnée (1/2 h) en semaine le matin et l'après-midi, uniquement sur rendez-vous. ✆ 26 85 40 29. Service Relations Publiques, 4 rue des Crayères, 51053 Reims.

Piper Heidsieck. — Visite accompagnée (25 mn) le matin et l'après-midi. Fermé les samedis, dimanches et jours fériés de mi-novembre à fin mars. ✆ 26 85 01 94 poste 1137.

Mumm. — Visite accompagnée (45 mn) le matin et l'après-midi. Fermé les samedis, dimanches et jours fériés. ✆ 26 88 29 27.

Besserat de Bellefon. — Visite accompagnée (1 h) le matin et l'après-midi, sur rendez-vous. Fermé les vendredis après-midi, samedis et dimanches. ✆ 26 36 09 18.

Musée St-Denis. — Visite le matin et l'après-midi. Fermé les mercredis, 1er janvier, 1er mai, 14 juillet, 1er et 11 novembre et 25 décembre. 7 F. ✆ 26 47 28 44.

Musée-hôtel Le Vergeur. — Visite accompagnée (1 h) l'après-midi. Fermé les lundis et 1er janvier, 1er mai, 14 juillet, 1er novembre, 25 décembre. 10 F. ✆ 26 47 20 75.

Chapelle Foujita. — Visite le matin et l'après-midi. Fermée lors des périodes de froid et le mercredi. 7 F, gratuit le samedi. ✆ 26 47 28 44.

Centre historique de l'automobile française. — Visite le matin et l'après-midi. Fermé en semaine en janvier et février. 25 F. ✆ 26 82 83 81.

Cryptoportique gallo-romain. — Visite de mi-juin à mi-septembre tous les après-midi sauf le 14 juillet. 7 F. ✆ 26 85 23 36.

Ancien collège dès jésuites. — Visite accompagnée (3/4 h) à 10 h, 11 h, 14 h 15, 15 h 30 et 16 h 45. Fermé le matin des mardis, samedis et dimanches et 1er janvier, 1er mai, 14 juillet, 1er et 11 novembre, 25 décembre. 7 F. ✆ 26 85 51 50.

Planétarium et horloge astronomique. — Séances toute l'année les samedis à 15 h 15 et les dimanches à 14 h 15, 15 h 30 et 16 h 45 ; en juillet et août séances en semaine et le samedi à 15 h 15 et 16 h 30. 7 F. ✆ 26 85 51 50.

Salle de Guerre. — Visite de mars à fin novembre le matin et l'après-midi. Fermée les mardis, 1er mai, 14 juillet, 1er et 11 novembre. 7 F. ✆ 26 47 28 44.

Église St-Jacques. — Fermée le lundi.

Parc Pommery. — Visite toute la journée. 6 F.

RETHEL

Église St-Nicolas. — Pour visiter, s'adresser au presbytère 13, rue Carnot, ✆ 24 38 41 50.

Musée du Rethelois et du Porcien. — En cours de réaménagement.

REVIN

Galerie d'art contemporain. — Visite les mercredis, samedis et dimanches après-midi. 4 F.

LES RICEYS

Église de Ricey Haute-Rive. — Fermée pour travaux.

RIGNY-LE-FERRON

Église. — S'adresser au presbytère ou à la mairie ou à M. Régis.

ROCROI

Musée. — Visite de Pâques à fin septembre le matin et l'après-midi ; le reste de l'année l'après-midi seulement. 12 F. ✆ 24 54 24 46.

RUMILLY-LES-VAUDES

Église. — Ouverte toute la journée les dimanches et pendant les grandes vacances.

ST-ANDRÉ-LES-VERGERS

Église. — Ouverte en juillet et août sauf le dimanche.

STS-GEOSMES

Église. — S'adresser à la mairie. ✆ 25 87 03 37.

ST-PARRES-AUX-TERTRES

Église. — Ouverte les dimanches matin. Sinon s'adresser à M. le curé, 5 rue Denizot.
✆ 25 81 18 95.

STE-MAURE

Église. — S'adresser au presbytère. ✆ 25 81 51 48.

STE-MENEHOULD

Église Notre-Dame ou du Château. — Fermée pour travaux.

SEDAN

Château fort. — Visite accompagnée (1 h 15) d'avril à début septembre toute la journée ; de début septembre à mi-novembre en semaine, sauf le lundi, l'après-midi, le dimanche toute la journée. 18 F. ✆ 24 27 22 93.

Musée. — Mêmes horaires que pour le château. Visite libre. 12 F. ✆ 24 29 03 28.

TROIS-FONTAINES

Abbaye. — Spectacle « Son et Lumière » tous les samedis en août à 22 h. 15 F.

TROYES

Trésor de la cathédrale St-Pierre et St-Paul. — Visite de mi-juin à mi-octobre tous les après-midi sauf le mardi, de Pâques à la Toussaint l'après-midi des samedis et dimanches. 8 F. ✆ 25 80 58 46.

Basilique St-Urbain. — Ouverte toute la journée de fin juin à mi-septembre ; le reste de l'année, s'adresser à la maison paroissiale, 5, rue Charbonnet ou au syndicat d'initiative.

Église Ste-Madeleine. — Ouverte le matin et l'après-midi de Pâques à fin septembre. Pour information, s'adresser au syndicat d'initiative. ✆ 25 73 00 36.

Église St-Pantaléon. — Ouverte en juillet et août ; le reste de l'année, s'adresser au syndicat d'initiative ou au presbytère.

Église St-Jean. — Mêmes conditions de visite que pour la basilique St-Urbain.

Église St-Nicolas. — Ouverte tous les après-midi.

Église St-Rémy. — En travaux actuellement.

Les musées

Un billet combiné (10 F) délivré par le Musée des beaux-arts, l'hôtel-Dieu ou l'hôtel de Vauluisant donne droit à la visite de ces musées ainsi qu'à celle du Musée d'Art moderne.

Musée d'Art moderne. — Visite de la fin de matinée à la fin de l'après-midi. Fermé les mardis, 1ᵉʳ janvier, lundi de Pâques, 1ᵉʳ et 8 mai, Ascension, lundi de Pentecôte, 14 juillet, 15 août, 1ᵉʳ et 11 novembre, 25 décembre. 10 F. (Billet combiné).

Hôtel de Vauluisant. — Visite le matin et l'après-midi. Fermé les mardis et jours fériés. 10 F. (Billet combiné). ✆ 25 73 49 49 poste 382.

Maison de l'Outil et de la Pensée ouvrière. — Visite le matin et l'après-midi. 10 F. ✆ 25 73 28 26.

Musée St-Loup : musée des beaux-arts et Musée d'Histoire naturelle. — Visite le matin et l'après-midi. Fermés les mardis et jours fériés. 10 F. (Billet combiné). ✆ 25 73 49 49 poste 382.

Pharmacie-musée de l'Hôtel-Dieu. — Visite le matin et l'après-midi. Fermé les mardis et jours fériés. 10 F. (Billet combiné). ✆ 25 73 49 49 poste 382.

VARENNES-EN-ARGONNE

Musée d'Argonne. — Visite en juillet, août et septembre le matin et l'après-midi ; en avril, mai, juin et octobre l'après-midi seulement, en semaine, le matin et l'après-midi les samedis, dimanches et jours fériés. Fermé le mardi. 10 F. ✆ 29 80 71 01.

VERDELOT

Église. — S'adresser au presbytère ou au café de la Poste.

VILLE-EN-TARDENOIS

Centre artisanal. — Visite de mi-mars à mi-novembre les samedis, dimanches et jours fériés l'après-midi. 10 F. ✆ 26 59 44 44.

VILLEMAUR-SUR-VANNE

Église. — Ouverte tous les jours en été ; les samedis et dimanches seulement en hiver. S'adresser à Mme Leloup. ✆ 25 40 56 81.

VITRY-LE-FRANÇOIS

Église Notre-Dame. — Fermée l'après-midi des dimanches et jours fériés.

WARCQ

Église. — S'adresser à la mairie du mardi au samedi. ✆ 24 56 01 62.

WASSY

Hôtel-de-ville : horloge astronomique. — Pour visiter, s'adresser au secrétariat de la mairie du lundi au vendredi. ✆ 25 55 31 90.

les cartes et les guides Michelin
sont complémentaires :
utilisez-les ensemble !

Index

Arcis-sur-Aube (Aube) . . . . Villes, curiosités et régions touristiques.

La Fontaine . . . . Noms historiques ou célèbres et termes faisant l'objet d'une explication.

Les curiosités isolées (châteaux, abbayes, monts, lacs…) sont répertoriées à leur nom propre.

Notes

MANUFACTURE FRANÇAISE DES PNEUMATIQUES MICHELIN
Société en commandite par actions au capital de 875 000 000 de francs
Place des Carmes-Déchaux - 63 Clermont-Ferrand (France)
R.C.S. Clermont-Fd 855 200 507
© **Michelin et Cie, Propriétaires-Éditeurs 1989**
Dépôt légal 2ᵉ trim. 89 - ISBN 2.06.003.162-1 - ISSN 0293-9436

Printed in France - 5.89.27
Photocomposition : S.C.I.A., La Chapelle d'Armentières - Impression : ISTRA, Strasbourg nº 906120